Michael Quante
Einführung in die Allgemeine Ethik

Einführungen Philosophie

Die Reihe „Einführungen“ (Philosophie) soll vor allem den Studienanfängern Orientierung bieten. Auf dem neuesten Stand der Forschung werden die wesentlichen Theorien und Probleme aller Hauptgebiete der Philosophie dargestellt. Dabei geht es nicht um Philosophiegeschichte, sondern um das Philosophieren selbst. Nicht Namen und Epochen stehen im Vordergrund, sondern Argumente. Jeder Band steht für sich und ermöglicht einen systematischen Überblick über das jeweilige Gebiet. Die didaktische Aufbereitung (Zusammenfassungen, Übungsaufgaben, Literaturhinweise ...), eine übersichtliche Gliederung und die gute Lesbarkeit machen die Bände zu einem hervorragenden Hilfsmittel für Studierende.

Michael Quante

Einführung in die Allgemeine Etkik

Wissenschaftliche Buchgesellschaft

Für Anna Caterina und Sophia Marie

Die Deutsche Bibliothek verzeichnet diese Publikation
in der Deutschen Nationalbibliografie;
detaillierte bibliografische Daten sind im Internet über
http://dnb.ddb.de abrufbar.

Einbandgestaltung: Neil McBeath, Stuttgart
Gedruckt auf säurefreiem und alterungsbeständigem Papier
Printed in Germany

Besuchen Sie uns im Internet: www.wbg-darmstadt.de

ISBN 3-534-15464-9

Inhalt

I. Dimensionen der Ethik

In diesem Kapitel wird in die philosophische Ethik eingeleitet, indem ihr Inhalt grob umrissen wird. Dies geschieht durch die Unterscheidung der drei ethischen Grundfragen sowie durch die Bestimmung des Verhältnisses der philosophischen Ethik zum alltäglichen Ethikverständnis einerseits und zu anderen philosophischen Disziplinen andererseits. Außerdem werden drei Ebenen der philosophischen Ethik und zwei Perspektiven unterschieden. Abschließend wird ein Überblick über den Aufbau dieser Einführung gegeben.

1. Einleitung

Ethik ist gegenwärtig in aller Munde. Sie füllt Feuilletons, Talk Shows und gelehrte Abhandlungen, ruft Ethik-Kommissionen und Ethik-Beiräte hervor. Die drängenden Probleme der Zeit – sei es die wieder aktuelle Frage nach gerechten oder zumindest gerechtfertigten Kriegen, seien es die vielfältigen Probleme der Medizin und Biotechnologien – bringen einen tiefgreifenden ethischen Orientierungsbedarf mit sich. Ethik scheint etwas für Experten zu sein, eine schwierige Sache, bei der zu befürchten steht, dass sie trotz ihrer Komplexität nicht in der Lage ist, die anstehenden Probleme in den Griff zu bekommen. Ethik scheint daher mit schwierigen Fällen oder extremen Problemen befasst zu sein. Sie scheint sowohl von ihrem Gegenstand wie auch von ihrer Methodik her eine Spezialdisziplin zu sein, die uns zwar alle mehr oder weniger direkt betrifft, aber doch an Experten delegiert wird.

Ethik ist jedoch auch alltäglich. Jeder von uns reagiert mit Empörung auf manches, was ihm angetan wird, oder auf Berichte darüber, was anderen widerfahren ist. Wir loben den selbstlosen Einsatz für eine gute Sache genauso wie die umsichtige Sorge für Freunde oder Verwandte. Die meisten von uns fragen sich gelegentlich, ob sie ihrem Leben diese oder jene Wendung geben, ob sie dies tun oder jenes lassen sollten. Manchmal fragen wir uns, ob wir das Richtige getan haben, ob wir in der Lage sind, unsere Entscheidungen und Handlungen vor uns selbst und vor allem auch vor anderen zu begründen.

Wir verlangen von anderen, dass sie uns gerecht behandeln, dass sie die Regeln der Höflichkeit einhalten und uns Respekt entgegenbringen. Geschieht dies nicht, fordern wir die Einhaltung der entsprechenden Regeln und Verhaltensnormen ein, durch die uns eine angemessene Behandlung zuteil werden kann. Wir verstehen, wenn andere unser Verhalten als ethisch falsch oder ungerecht kritisieren. Zumeist versuchen wir dann, entweder eine Rechtfertigung oder zumindest eine Entschuldigung vorzubringen. Oder wir sehen, wenn auch vielleicht nur insgeheim, ein, dass wir einen Fehler gemacht haben. Aber nicht nur Handeln gegenüber anderen bewerten wir auf diese Weise. Wir kritisieren auch, wenn jemand sein Talent verschwendet, mit seiner Gesundheit oder seiner beruflichen Zukunft verantwortungslos umgeht. Zumeist verstehen wir auch sehr gut, wenn andere unsere eigene Lebensführung unter dieser Perspektive kritisieren. Man kann Rauchern vorhalten, dass sie die Gesundheit anderer schädigen. Man kann Rasern im Straßenverkehr vorhalten, dass Sie andere gefährden. Man wird ihnen aber auch dann, wenn sie nur sich selbst schaden oder sich selbst leichtsinnig gefährden, Vorwürfe machen.

Wir sind, mit anderen Worten, Sender und Empfänger ethischer Bewertungen wie Lob und Tadel; wir sind Subjekte und Objekte ethischer Einstellungen. Ethik ist, so betrachtet, etwas Alltägliches und Vertrautes: eine, nein, unsere Lebensform. Und dennoch: Kommt es zur Frage nach der Möglichkeit von Ethik, dann sind viele skeptisch. Gerade die Betrachtung der Früchte, die der eingangs erwähnte Ethikboom mit sich bringt, nährt diese Skepsis. Ethische Orientierung in diesen Zeiten ist schwer, die Begründung ethischer Ansprüche scheint vielen sogar unmöglich zu sein.

Ziel des Buches

Mit dieser Einführung soll ein Überblick über die Schwierigkeiten und Möglichkeiten der philosophischen Ethik gegeben werden. Die Gründe für die weit verbreitete Skepsis gegenüber der Ethik sollen ermittelt und, soweit möglich, entkräftet werden. Natürlich kann eine philosophische Einführung nicht alle Fragen beantworten. Vermutlich wird sie sogar im Endeffekt mehr Fragen aufwerfen, als sie zu beantworten vermag. Aber sie kann helfen, das eigene Denken über die wichtigsten Probleme zu klären, die wichtigsten theoretischen Weichenstellungen kennen zu lernen und die Fragen in der richtigen Weise zu stellen. Sie kann Orientierung bieten und eine Plattform, von der aus man dann gezielt weiter fragen und forschen kann.

2. Grundfragen der philosophischen Ethik

a) Die erste Grundfrage: Was soll ich tun?

Ethik begegnet uns in unserem Alltag auf vielfältige Weise. Nahezu jeder stößt in den Medien gelegentlich auf Diskussionen um Embryonenforschung, Sterbehilfe oder Tier- und Umweltschutz. Die schwierige und schmerzhafte Auseinandersetzung um Gewalt als Mittel der Politik ist sicherlich in den letzten Jahren an niemandem vollständig vorbeigegangen. In einer schwierigen Entscheidungssituation fragt uns eine Freundin um Rat: Den Partner und die Kinder verlassen, um beruflich Karriere machen oder sich selbst verwirklichen zu können? Eine Schwangerschaft zu beenden, weil das heranwachsende Kind vermutlich am Down Syndrom leiden wird? Aber auch wir stehen in vielfältigen Entscheidungssituationen: Sollen wir Urlaub in einem Land machen, in dem die Menschenrechte massiv missachtet werden? Ist es vertretbar, ein Produkt zu kaufen, von dem wir wissen, dass es in einem Land der Dritten Welt durch Kinderarbeit hergestellt worden ist? Beschleicht uns nicht gelegentlich das Gefühl, wir sollten auf ein Stück unseres Lebensstandards verzichten und einen Teil unseres Geldes für humanitäre Zwecke spenden? Die eine oder der andere fragt sich möglicherweise, ob es nicht angebrachter wäre, sich politisch zu engagieren anstatt die eigene Zeit für diverse Freizeitaktivitäten zu verwenden. Sollte ich nicht mal wieder meine Oma im Altersheim besuchen, anstatt in das Konzert zu gehen, auf das ich mich schon so lange gefreut habe? Vermutlich würde der Besuch bei der alten Dame eher anstrengend und nicht sehr unterhaltsam. Das Konzert dagegen würde mir auf vielfältige Weise Spaß und Gewinn bringen. Aber dennoch: Sollte ich nicht trotzdem meiner Oma die Freude machen und sie wieder einmal besuchen?

Erste Grundfrage der Ethik

Fragen dieser Art sind durchaus nicht ungewöhnlich. Vielmehr sind wir von ihnen ständig umgeben. Sie lassen sich auf eine allgemeine Formel bringen, die zugleich die erste Grundfrage der philosophischen Ethik ist:

(F 1) Wie soll ich handeln?

Bei dieser Frage handelt es sich um eine *normative* Frage. Sie zielt nicht auf theoretische Wahrheit im Sinne der Ermittlung von Tatsachen, sondern auf normative *Geltung*. Und sie zielt nicht auf theoretisches Wissen, sondern auf praktische Umsetzung. Wer danach fragt, wie er handeln soll, der möchte nicht einfach nur eine theoretische Überzeugung erwerben, wie dies für denjenigen gilt, der wissen möchte, ob Wale Fische oder Säugetiere sind.

Natürlich kann man auch Wissensfragen in praktischer Absicht stellen, zum Beispiel, wenn Tina wissen möchte, ob das Rathaus Mittwochs nachmittags geöffnet hat. Aber die Antwort auf diese Wissensfrage ist unabhängig davon, ob sie damit für sich Handlungskonsequenzen verbindet. Dies ist bei der Frage „Wie soll ich handeln?" nicht so. Es handelt sich um eine *praktische* Frage danach, welche Handlung die richtige ist.

Damit sind die ersten Charakteristika der philosophischen Ethik benannt. Sie gehört zur *praktischen* Philosophie und zielt auf normative Geltung. Die philosophische Ethik, so könnte man es schlagwortartig formulieren, hat die Aufgabe, uns im Handeln zu orientieren. Aber unsere vorläufige Gegenstandsbestimmung ist damit noch nicht zufriedenstellend abgeschlossen. Die Anschlussfrage ist vielmehr, im Hinblick worauf ich so oder so handeln sollte. Anders gesagt: Zu fragen ist, um welche Art von Normativität, um welche Art von Geltung es geht.

Verschiedene Bedeutungen von „richtig"

Wenn Peter eine Partie Schach spielt, dann könnte er sich fragen: Welchen Zug soll ich ausführen? Welcher Zug ist richtig? Auf diese Frage gibt es zwei verschiedene Antworten, die auf unterschiedlichen Ebenen liegen. Stellen wir uns vor, wir hätten es mit dem Schachspieler Andreas zu tun, der gerade erst die Regeln dieses Spiels erlernt hat und sich noch nicht sicher ist. Wenn Andreas fragt, ob der von ihm erwogene Zug richtig ist, dann könnte diese Frage so gemeint sein: Ist dieser Zug regelgerecht?

Vermutlich wird dies so sein, und seine Gegenspielerin Barbara wird bestätigen können, dass der von Andreas geplante Zug richtig im Sinne von „regelkonform" ist. Aber ist es auch der richtige Zug? Vielleicht sieht die erfahrene Schachspielerin Barbara mit einem Blick, dass der von Andreas geplante Zug innerhalb weniger Züge dazu führt, dass er die Partie verliert. Außerdem sieht sie, dass Andreas einen alternativen Zug machen könnte, durch den er die Partie offen halten könnte. Es geht an dieser Stelle nicht darum, ob Barbara in irgendeinem Sinne verpflichtet ist, Andreas darauf hinzuweisen, dass der von ihm geplante Zug nicht richtig bzw. nicht gut ist. Normalerweise ist ein Schachspieler nicht darauf verpflichtet, seinem Spielpartner Tipps zu geben. Aber normalerweise fragt dieser auch nicht. Ob eine solche Verpflichtung vorliegt, lässt sich ohne weitere Auskünfte über die konkrete Situation nicht entscheiden. Wir können uns auch, um dieses Problem auszublenden, vorstellen, dass Andreas sich selbst fragt, ob der von ihm geplante Zug der richtige ist. Wichtig ist nur, dass die zweite Bedeutung seiner Frage sichtbar wird. Sie lässt sich so umschreiben: Ist dieser Zug geeignet, das Ziel oder den Sinn des Schachspielens zu realisieren? Ermöglicht er es, die Partie zu gewinnen? Oder ist er zumindest dazu geeignet, nicht auf die Verliererstraße zu gelangen?

Offensichtlich lässt sich die erste Grundfrage der philosophischen Ethik nicht auf diese Weise verstehen. Wer sagt, dass es falsch ist, unter Alkoholeinfluss ein Auto zu steuern, der möchte damit normalerweise nicht zum Ausdruck bringen, dass ein solches Verhalten gegen die Spielregeln, in diesem Falle die Straßenverkehrsordnung, verstößt. Es lassen sich zwar Kontexte denken, in denen diese Bemerkung auch so gemeint sein kann: etwa in einem rechtswissenschaftlichen Seminar oder in der Fahrschule. Vermutlich wird die Aussage auch nicht als Hinweis darauf gedacht sein, dass alkoholisiertes Autofahren dem Sinn oder Ziel des Autofahrens widerspricht. In aller Regel wird sie als Hinweis darauf gemeint sein, dass ein solches Verhalten ethisch inakzeptabel, weil fahrlässig ist.

Wer die Frage „Wie soll ich handeln?" in ethischer Absicht stellt, der fragt danach, ob seine Handlung im Hinblick auf das ethisch Richtige oder das ethisch Gute angemessen ist. Als Definition der philosophischen Ethik taugt diese Antwort nicht, weil sie zirkulär ist. Deshalb ist sie auch nicht wirklich informativ. Es kann vielmehr als eine der Hauptaufgaben der philosophischen Ethik angesehen werden, auf die Frage nach dem ethisch Richtigen und Guten inhaltlich konkrete Antworten zu geben. Solche Antworten können jedoch höchstens am Ende, keinesfalls aber am Anfang einer Einführung stehen. Vermutlich wird diese Frage auch am Ende nicht wirklich umfassend und befriedigend beantwortet worden sein. Wichtig sind unsere jetzigen Vorüberlegungen jedoch aus zwei Gründen. Zum einen lassen sie sichtbar werden, dass man die zentralen Begriffe der Ethik wie „sollen", „richtig" oder „gut" näher analysieren muss, da sie offensichtlich auch in einem nichtethischen Sinne gebraucht werden können. Dies wird uns im nächsten Kapitel beschäftigen. Zum anderen zeigt sich schon hier eine der zentralen Aufgaben der philosophischen Ethik: die Formulierung konkreter Antworten auf die Frage nach dem ethisch guten oder richtigen Handeln.

b) Die zweite Grundfrage: Warum ist diese Handlung richtig?

Zweite Grundfrage der Ethik

Ethik ist in unserem Leben nicht nur deshalb alltäglich, weil wir uns häufig die Frage danach stellen, wie wir handeln sollen. Vermutlich genauso oft sind wir mit der Überlegung konfrontiert, warum denn die Handlung A und nicht die Handlung B die ethisch richtige ist. Wir suchen dann nicht nur eine Antwort auf die erste Grundfrage der Ethik, sondern auch nach einer *Begründung* für diese Antwort. Häufig taucht die Frage nach der Begründung in Situationen auf, in denen wir unser Tun vor anderen rechtfertigen oder eben zumindest begründen müssen. Gelegentlich stellt sie sich auch, wenn wir um Rat gebeten werden oder anderen von uns aus Ratschläge geben. Unsere ethische Einstellung prägt unser Zusammenleben. Daher erheben wir gegenseitig ethische Ansprüche, verlangen danach, dass andere sich ethisch korrekt verhalten, und kritisieren vermeintliches Fehlverhalten. In diesem Kontext erhebt sich schon im Alltag die Frage nach der Begründung. Wir können die Begründungsfrage deshalb als zweite Grundfrage der philosophischen Ethik ansehen:

(F 2) Warum ist Handlung A ethisch richtig (gut) bzw. falsch (schlecht)?

Anders als die erste zielt diese zweite Grundfrage nicht darauf ab, die Handlung zu ermitteln, die zu tun ist. Sondern sie fragt nach den Merkmalen, aufgrund derer sich die ermittelte Antwort als die richtige erweist. Im Kontext der Ethik fragt man also auch nach den Merkmalen oder Kriterien des ethisch Guten bzw. Richtigen.

Radikalisierung der zweiten Grundfrage

In radikalisierter Form kann sich die Begründungsfrage wegbewegen von der einzelnen Handlung A. Sie richtet sich dann auf das ethische Handeln im Ganzen. Die Frage lautet nun: Wieso soll ich überhaupt ethisch handeln? Welchen Grund soll es dafür geben, dass ich meine egoistischen Interessen zugunsten der Bedürfnisse anderer zurückstelle? (Ich verwende hier zum einen den Begriff des Interesses in einem allgemeinen Sinn, der individuelle Bedürfnisse, Wünsche und Ideale gleichermaßen umfassen soll; vgl. Kapitel IV, 1. Zum anderen benutze ich den Begriff „egoistisch" an dieser Stelle in einem wertneutralen Sinne: egoistisch heißt also nicht zwangsläufig ethisch falsch oder schlecht; vgl. Kapitel IV, 3b). Es sind jedoch gerade diese Fälle, in denen die egoistischen Interessen mit dem ethisch Gebotenen kollidieren, durch welche die zweite Grundfrage der philosophischen Ethik in ihrer radikalisierten Form aufgeworfen wird. Sie lautet dann:

(F 2*) Warum soll ich ethisch handeln?

Nun wird die Begründungsfrage in ihrer auf ethisches Handeln überhaupt ausgerichteten radikalisierten Form zwar hauptsächlich durch die Fälle aufgeworfen, in denen egoistische Interessen und ethische Ansprüche in Konflikt geraten. Das sollte aber nicht zu Fehlschlüssen verleiten. Zum einen folgt daraus nicht, dass ethisch gebotenes Handeln per definitionem im Widerspruch zur Erfüllung egoistischer Interessen stehen muss. Viele unserer egoistischen Interessen lassen sich in ethisch akzeptabler Weise befriedigen. Zum anderen wird eine ethisch angemessene Handlung nicht schon dadurch entwertet, dass sie auch der Befriedigung egoistischer Interessen dient. Die Freude und Befriedigung, die Christa dabei empfindet, dem bedürftigen Dieter die dringend benötigte Knochenmarkspende zu geben, entwertet ihre Handlung nicht automatisch als ethisch schlecht. Trotzdem gehört es zu den charakteristischen Merkmalen des ethisch Gebotenen, dass uns eine Verpflichtung oder ein Sollen auferlegt zu sein scheint, welches sich dadurch bemerkbar macht, dass es gegen unsere egoistischen Interessen steht, zu deren Befriedigung wir mehr oder weniger unmittelbar motiviert sind.

Begründung versus Motivation

Wie schon bei der ersten Grundfrage (F 1) ist es auch mit Bezug auf die zweite Grundfrage von entscheidender Bedeutung, verschiedene Fragen und Stoßrichtungen dieser Fragen zu unterscheiden. Mit der oben vorgenommenen Differenzierung in die zwei Begründungsfragen (F 2) und (F 2*) haben wir dazu einen ersten wichtigen Schritt unternommen. Es ist aber nicht nur wichtig, zwischen der ethischen Begründung für eine bestimmte Handlung und der ethischen Begründung für den ethischen Standpunkt zu unterscheiden. Zu differenzieren ist auch zwischen der Begründungsfrage im Sinne der Ermittlung rationaler Argumente auf der einen und dem Motivationsproblem auf der anderen Seite. Hier ergibt sich ein ganzes Spektrum von Möglichkeiten, die es zu unterscheiden gilt. So kann Erika, die durchaus gewillt ist, das ethisch Richtige zu tun, nach einer Begründung dafür fragen, dass Handlung A und nicht Handlung B die ethisch richtige ist. Ferdinand dagegen fragt danach, weshalb er die ethisch richtige Handlung A, z. B. seine Oma zu besuchen, ausführen sollte, anstatt die seine egoistischen Interessen erfüllende Handlung B, ins Konzert zu gehen, zu realisieren. Wo Erika nach einem sachlichen ethischen Grund fragt, die eine Handlung der anderen vorzuziehen, möchte Ferdinand ein Argument hören, welches ihm klar macht, weshalb er motiviert sein sollte, ethisch zu handeln.

Die Figur des Amoralisten

Während Erika und Ferdinand sich beide als Mitglieder der ethischen Gemeinschaft begreifen lassen, die nur unterschiedlich motiviert sind, gibt es in der Literatur der philosophischen Ethik auch eine Figur, nennen wir sie Greta, die man als Amoralisten bezeichnet (vergleiche zur Figur des Amoralisten [I-1], Kap. 1). Bei Greta handelt es sich um eine rationale Person, die nicht bereit ist, sich nach dem ethischen Sollen auszurichten. Anders als Ferdinand, der nach einem Grund fragt, den ethischen Gesichtspunkt ausschlaggebend werden zu lassen, weigert sich Greta, den ethischen Standpunkt auch nur einzunehmen. Gelegentlich wird der Amoralist als ein Wesen beschrieben, welches diesen Standpunkt überhaupt nicht einnehmen kann, also mit einer Art ethischer Blindheit geschlagen ist. Zumeist handelt es sich jedoch um eine Person, die keinen Grund sieht, an der ethischen Lebensform teilzunehmen. Lassen wir den pathologischen Amoralisten unberücksichtigt, da er uns zur Frage führen würde, ob es ein rationales menschliches Lebewesen ohne jeglichen Sinn für ethische Ansprüche überhaupt geben kann. Unterstellen wir also, dass „Rationalität" und „Amoralität" verträglich sind. Gegenüber Greta stellt sich dann die Begründungsfrage „Warum ethisch sein" in ihrer radikalsten Form. Kann es eine Begründung der Ethik geben, die rationale Wesen, die vollkommen außerhalb dieser ethischen Lebensform stehen, aufgrund ihrer Rationalität davon überzeugt, an dieser Lebensform teilzunehmen? Man kann die ersten beiden, von Erika und Ferdinand geforderten Begründungen als *interne* Begründungsansätze kennzeichnen, weil sie nach der normativen Geltung fragen, die sich innerhalb der ethischen Lebensform ergibt. Demgegenüber handelt es sich bei der hypothetischen Auseinandersetzung mit Greta um den Versuch einer *externen* Begründung, da man nach einem Argument für die ethische Lebensform sucht, welches selbst nicht bereits ein Teil der Ethik ist.

c) Die dritte Grundfrage: Was bedeuten unsere ethischen Begriffe?

Philosophische Ethik als Theorie

Die Begründungsfrage stellt sich in ihren beiden Formen als zweite Grundfrage der philosophischen Ethik bereits in unserer alltäglichen ethischen Praxis. Die philosophische Ethik geht diesen Begründungsproblemen in systematisierender Weise nach und ist bestrebt, ethische Begründungen in ihrer immanenten Struktur transparent zu machen, die dabei verwendeten Grundbegriffe zu analysieren sowie die spezifische Natur ethischer Ansprüche und Begründungen zu verstehen. Obwohl es also zwischen unserer alltäglichen ethischen Praxis und der philosophischen Ethik keine scharfe Trennung gibt, weil beide mit der Beantwortung von Fragen und der Begründung von Antworten im Hinblick auf ethische Geltung zu tun haben, zeichnet sich die philosophische Ethik dadurch aus, dass sie eine *Theorie* ist. Dies hindert die philosophische Ethik zwar nicht daran, auch materiale Antworten auf die erste und die zweite Grundfrage zu geben. Sie verlangt aber über die im Alltag übliche Praxis hinaus eine systematische Durchdringung und Analyse dieser Praxis. Vermutlich wird die philosophische Ethik dabei in weiten Teilen rekonstruktiv und interpretierend vorgehen können. Es besteht jedoch auch die Möglichkeit, dass die philosophische Ethik sich verändernd auf unsere alltägliche Ethik und unser ethisches Selbstverständnis auswirkt. Wenn dem so ist, sollte dies dem kritischen Reflexionspotenzial geschuldet sein, wodurch sich die philosophische Ethik von unserem alltäglichen ethischen Verständnis unterscheidet. Philosophische Ethik sollte sich dadurch auszeichnen und darin bewähren, dass sie unsere Praxis rational begründet und uns damit in die Lage versetzt, unsere eigene ethische Praxis besser zu verstehen und besser zu begründen.

Dritte Grundfrage der Ethik

Wir können damit eine dritte Grundfrage der philosophischen Ethik formulieren, die auf diesen systematisierenden Aspekt abhebt:

(F 3) Wie sind die ethischen Grundbegriffe beschaffen und wie funktionieren ethische Begründungen?

Die philosophische Ethik ist eine alte Disziplin, so alt wie die Philosophie selbst. Solange Menschen Philosophie getrieben haben, solange haben sie die Phänomene des Erkennens und Handelns, des Wissens und Wollens philosophisch zum Thema gemacht. Es ist daher kein Wunder, dass im Laufe der mehr als zwei Jahrtausende, in denen es die abendländische Philosophie gibt, verschiedene und auch konkurrierende philosophische Ethiken entstanden sind. Sie alle nehmen von Erfahrungen aus unserer ethischen Alltagspraxis ihren Anfang, sind dann aber eingebettet in weitere philosophische und sonstige Annahmen, die von den jeweiligen Philosophen für wahr oder richtig gehalten werden. Im Laufe dieser Einführung werden wir die Haupttypen der philosophischen Ethik kennen lernen, die in der geschichtlichen Entwicklung der Philosophie hervorgebracht worden sind. Sie werden uns als mögliche und konkurrierende Antworten auf die entscheidenden systematischen Fragen, die sich auf dem Gebiet der philosophischen Ethik ergeben, nach und nach begegnen. Bevor wir uns jedoch diesem systematischen Gedankengang widmen können, müssen erst noch einige Vorabklärungen erfolgen.

3. Zwei zentrale Unterscheidungen

Man bringt, so lautet ein bekanntes und durchaus zutreffendes Bonmot, zwei Philosophen eher dazu, gemeinsam eine Zahnbürste zu benutzen, als dazu, die gleiche Begrifflichkeit zu verwenden. Damit verbunden werden in den unterschiedlichen philosophischen Theorien voneinander abweichende Differenzierungs- und Einteilungsvorschläge gemacht. Viele sind ineinander übersetzbar und werfen daher keine prinzipiellen Probleme auf. Andere dagegen haben inhaltliche Konsequenzen und können deshalb nur in Verbindung mit den materialen Aussagen der jeweiligen philosophischen Ethik betrachtet werden. Besonders misslich ist mit Bezug auf unseren Gegenstand zudem, dass manche der zentralen Begriffe der philosophischen Ethik auch in der Alltagssprache verwendet werden, dort aber eine andere Bedeutung haben.

Da es aussichtslos ist, eine Terminologie zu finden, die mit allen anderen, die im Gebrauch sind, in Einklang gebracht werden kann, besteht unsere einzige Möglichkeit darin, eine Begrifflichkeit festzulegen und sie konsequent zu verwenden. Wo immer dies im Laufe dieser Einführung notwendig wird, werden wir solche Festlegungen vornehmen. Zwei Unterscheidungen sind für unsere Überlegungen von Beginn an zentral; es handelt sich erstens um eine Ebenen- und zweitens um eine Perspektivenunterscheidung.

a) Die drei Ebenen der philosophischen Ethik

Ebenen

Auch wenn über das genaue Verhältnis der Ebenen zueinander gestritten wird, hat sich die Unterscheidung dreier Ebenen eingebürgert (vergleiche [I-2], S. 39–43). Man unterscheidet

- die deskriptive Ethik
- die normative Ethik
- die Metaethik

voneinander. Notwendig wird diese Unterscheidung, weil sich auf diesen drei Ebenen verschiedene Typen von Aussagen finden.

Deskriptive Ethik

Beschreibt beispielsweise ein Historiker, welche Sitten im Römischen Reich galten, dann stellt er selbst keine normativen Behauptungen auf. Wer feststellt, dass es in einer Gesellschaft verboten ist, Schweinefleisch zu essen, der formuliert eine empirische Aussage, behauptet aber selbst nicht, dass man kein Schweinefleisch essen sollte. Gleiches gilt, wenn jemand behauptet, dass der Suizid nach christlicher Vorstellung eine Todsünde darstellt. Oder wenn darauf hingewiesen wird, dass die Freiheit von Forschung und Lehre in der Bundesrepublik Deutschland verfassungsrechtlich geschützt ist. In keinem dieser Fälle liegt eine normative Aussage vor.

Empirische Untersuchungen dieser Art werden in der Literatur zumeist *deskriptive Ethik* genannt. Aussagen aus diesem Bereich spielen in der philosophischen Ethik zwar auch eine Rolle. Aber im Grunde handelt es sich hierbei erstens nicht um eine philosophische, sondern eben um eine empirische Disziplin (z.B. die Ethnologie, die Soziologie oder die Geschichtswissenschaft). Zweitens geht es auf dieser Ebene nicht um normative Fragen, Behauptungen oder Begründungen. Ich möchte daher für diese Ebene den Begriff der Ethik gar nicht verwenden, weil die eingangs dieses Kapitels formulierten Grundfragen hier keine Rolle spielen.

Normative Ethik

Auf der Grundlage der bisherigen Charakterisierung von Ethik ist klar, dass die Charakterisierung „*normative Ethik*" genauso redundant ist wie die Charakterisierung „unverheirateter Junggeselle". Ethik hat es per definitionem mit normativen Aussagen zu tun. Sie stellt normative Behauptungen auf, analysiert normative Behauptungen, die wir in unserer alltäglichen ethischen Praxis formulieren oder die in anderen Ethiktheorien aufgestellt werden, und fragt nach den Begründungen für diese Behauptungen (einen Grenzfall stellt hier der ethische Nonkognitivismus dar, mit dem wir uns im dritten Kapitel ausführlich beschäftigen werden). Die Unterscheidung zwischen „deskriptiv" und „normativ" ist jedoch auf jeden Fall sinnvoll zur Charakterisierung von Aussagen. Denn natürlich können deskriptive Aussagen auch in der philosophischen Ethik vorkommen. Deshalb wird von nun an stets von Ethik im Sinne einer philosophischen normativen Ethik die Rede sein. Während die Unterscheidung von deskriptiver und normativer Ethik, im Unterschied zur Unterscheidung zwischen normativen und deskriptiven Aussagen, im weiteren Verlauf unserer Überlegungen damit keine Rolle mehr spielt, werde ich gelegentlich den qualifizierenden Zusatz „philosophische" Ethik weiter verwenden. Dies dient zum einen der Abgrenzung zur alltäglichen Ethik, d.h. zur Betonung des systematisierenden und reflexiven Charakters der philosophischen Ethik als einer normativen Theorie. Zum anderen soll diese Kennzeichnung auch hervorheben, dass es um eine Ethik geht, die eine *philosophische* Begründung, im Gegensatz etwa zu einer theologischen Begründung, anstrebt. Wenn im Folgenden also der Begriff der Ethik ohne weiteren qualifizierenden Zusatz verwendet wird, dann ist stets die normative Disziplin der philosophischen Ethik gemeint.

Metaethik

Als drittes muss man eine besondere Art von Behauptungen kennzeichnen, in denen Aussagen über die Grundbegriffe und die Begründungsformen der Ethik gemacht werden. Diese Aussagen formulieren auf der einen Seite keine normativen Forderungen, beschreiben auf der anderen Seite jedoch auch keine faktischen Normensysteme. Vielmehr handelt es sich bei diesen Aussagen, die man zur *Metaethik* zählt, um sprachphilosophische und methodologische Aussagen, die ihrerseits mit weiter gehenden philosophischen Annahmen aus anderen Disziplinen der Philosophie verbunden sind.

Wenn man z.B. über die sprachliche Analyse der verschiedenen Verwendungsweisen von „gut" oder „richtig" versucht, der Eigenheit des Ethischen auf die Spur zu kommen, dann betreibt man genauso eine metaethische Untersuchung wie dann, wenn man die spezifische Form ethischer Argumentation ermitteln möchte. Gleiches gilt, wenn man versucht, den sprachlichen Charakter einer normativen ethischen Aussage philosophisch zu bestimmen. Nehmen wir die Aussage „Es ist ethisch falsch, einen unschuldigen Menschen gegen seinen Willen zu töten". Es gibt einen metaethischen Streit darüber, ob es sich hierbei wirklich um eine behauptende Aussage handelt, mit welcher der Anspruch auf Wahrheit erhoben wird. In dieser Auseinandersetzung haben manche Philosophen die These vertreten, dass es sich bei dieser Aussage nur der Oberflächenstruktur nach um eine Behauptung handelt. In Wirklichkeit müsse man diesen Sprechakt als eine Empfehlung, als Ausdruck eines Gefühls oder als Imperativ verstehen. Ich möchte auf diese Diskussion, die uns im dritten Kapitel noch ausführlich beschäftigen wird, jetzt nicht näher eingehen. Aber sie verdeutlicht zweierlei: Erstens können sich aus Antworten auf metaethische Fragen weit reichende inhaltliche Konsequenzen ergeben. Denn ganz offensichtlich lassen sich ethische Aussagen nur dann begründen, wenn mit ihnen Wahrheitsansprüche erhoben werden. Zweitens sind diese metaethischen Aussagen selbst weder normative Aussagen noch bloße Beschreibungen faktisch akzeptierter Normensysteme.

Interdependenz von Ethik und Metaethik

Metaethische Aussagen sind daher aufgrund ihres Aussagetyps von ethischen Aussagen zu unterscheiden. Dies sollte uns jedoch nicht zu der Annahme verführen, die Ebenen der Ethik und der Metaethik wären vollkommen unabhängig voneinander. Es ist zwar richtig, dass bestimmte metaethische Annahmen einen Philosophen nicht zwangsläufig auf einen bestimmten Typ philosophischer Ethik festlegen. Viele metaethische Befunde lassen sich in unterschiedliche Ethiktypen integrieren. Andererseits legen metaethische Annahmen einen allgemeinen Rahmen für die philosophische Ethik fest, sodass die Metaethik gegenüber der philosophischen Ethik nicht vollkommen neutral ist. Die Metaethik hat Auswirkungen auf die Beantwortung der materialen Fragen der philosophischen Ethik. Die Abhängigkeit gilt dabei, und das wird zumeist zu wenig beachtet, auch in die andere Richtung. Es kann nicht sein, dass ein metaethischer Analysevorschlag, der mit den materialen Überzeugungen der (philosophischen) Ethik unverträglich ist, in jedem Fall als verbindlicher Rahmen angesehen werden muss. Ein Widerspruch zwischen Ethik und Metaethik muss nicht automatisch zugunsten der Metaethik aufgelöst werden. Dies würde nur gelten, wenn metaethische Aussagen den gleichen Status hätten wie logische Aussagen. Da die Metaethik aber, anders als die Logik, inhaltlich nicht neutral ist, muss im Konfliktfall jeweils überlegt werden, auf welcher Ebene Korrekturen vorzunehmen sind.

Weil die philosophische Ethik, anders als die alltägliche Ethik, den Anspruch einer Systematisierung und theoretischen Durchdringung hat, kann sie auf die Metaethik nicht verzichten. Deshalb wurde vorhin die Frage nach der Beschaffenheit unserer ethischen Grundbegriffe und Begründungen als dritte Grundfrage der philosophischen Ethik angeführt. Es wird sich im weiteren Verlauf unserer Überlegungen zeigen, dass es zu einem großen Teil divergierende metaethische Überzeugungen sind, aufgrund derer sich die unterschiedlichen philosophischen Theorien voneinander unterscheiden. Vor allem im zwanzigsten Jahrhundert haben die metaethischen

Auseinandersetzungen die Hauptrolle gespielt bei der Ausdifferenzierung unterschiedlicher philosophischer Ethiken.

b) Zwei Perspektiven

Perspektiven

Damit kommen wir zur Unterscheidung zweier *Perspektiven*, die für unsere weiteren Überlegungen relevant werden wird. Es handelt sich um die Unterscheidung zwischen einer internen und einer externen Perspektive auf die Ethik. Leider wird die Intern-Extern-Unterscheidung ebenfalls in verschiedenen Bedeutungen verwendet. Oben war bereits in Bezug auf das Begründungsproblem von einer externen Begründung im Sinne einer Begründung der Ethik ohne Rückgriff auf ethische Begriffe oder ethische Annahmen die Rede. Ganz generell kann man zwischen einer internen und einer externen Perspektive auf die Ethik als einer Lebensform unterscheiden.

Eine *interne* Perspektive wird immer dann eingenommen, wenn einzelne Handlungen oder ethische Aussagen unter Rückgriff auf andere ethische Annahmen begründet oder gerechtfertigt werden. Diese Perspektive löst sich nur dann auf, wenn man für die gesamte ethische Begrifflichkeit auf der Ebene der Metaethik eine naturalistische Analyse vorschlägt. Ob sich eine solche naturalistische Konzeption plausibel machen lässt, wird später zu erörtern sein (vgl. Kap. VII).

Eine *externe* Perspektive beruht demgegenüber darauf, eine Erklärung oder Begründung ethischer Einstellungen, Handlungen oder sozialer Praktiken zu geben, die selbst nicht mehr im Rahmen der Ethik formuliert wird. Auch diese Charakterisierung gilt nur unter der Voraussetzung, dass sich die ethische Begrifflichkeit nicht naturalisieren lässt.

Prominente Beispiele für eine solche externe Perspektive sind zum einen ideologiekritische Entlarvungsargumente des Typs: Ein ethischer Diskurs ist nur die Verschleierung der wahren ökonomischen Interessen. Ethische Argumente und Begründungen sind, selbst wenn die Individuen daran glauben, nicht wahr, weil die eigentliche Motivation durch die ökonomischen Interessen bestimmt wird. Zum anderen stellt die evolutionäre Ethik – zumindest in einer Lesart (vgl. Kap. VII, 2 und 3) – ein Musterbeispiel für die externe Perspektive dar. Hier werden die ethischen Einstellungen und Überzeugungen sowie die ethische soziale Praxis als evolutionäre Strategie gedeutet. Die Ethik als individuelle Verhaltensweise oder als kollektive Strategie ist deshalb sinnvoll und begründbar, weil sie insgesamt der Verbreitung der eigenen Gene oder der Arterhaltung dienen. Eine dritte Ethikkonzeption, in der unsere Unterscheidung von interner und externer Perspektive hinfällig wird, beruht auf der Annahme, dass sich ethische Anforderungen explizieren lassen in Begriffen einer moralfreien Rationalität, die auf das Eigeninteresse des Handelnden ausgerichtet ist (vgl. dazu Kapitel IV). In einer solchen Konzeption gibt es eine Reduktion des Ethischen auf ethikfreie aufgeklärte Rationalität, sodass sich die Grundfragen der Ethik in einer Begrifflichkeit beantworten lassen, die selbst nicht Teil der Ethik ist. Zwar stellt diese Konzeption keinen ethischen Naturalismus dar, weil sich der Begriff der Rationalität nicht naturwissenschaftlich fassen lässt. Zugleich steckt in dem Reduktionsprogramm jedoch die Vorstellung, die Ethik insgesamt in der externen Perspektive zu erfassen.

Wir können an dieser Stelle über den Sinn und Unsinn dieser Ansätze nicht diskutieren. Vielleicht sind die ersten beiden Forschungsprojekte unplausibel, vielleicht lassen sich auf diese Weise aber auch bedeutsame Einsichten gewinnen. Wichtig ist für den Augenblick nur, dass es sich bei ihnen klarerweise um eine externe Perspektive handelt. Dies wird schon daran deutlich, dass sie die erste Grundfrage der philosophischen Ethik gar nicht behandeln können. Wer wissen möchte, ob die Handlung A oder die Handlung B ethisch richtig ist, dem helfen ideologiekritische oder evolutionsbiologische Erklärungen seiner ethischen Grundeinstellung nicht weiter. Sie können höchsten dazu führen, dass der Betreffende aufhört, seine Frage zu stellen. Wer danach fragt, welche Handlung ethisch richtig ist, und wer nach einer ethischen Begründung fragt, der setzt klarerweise die interne Perspektive voraus und erwartet damit auch eine Antwort innerhalb der Ethik, keine Erklärung für die Ethik von außen. Die externe Perspektive auf die Ethik als ganze ist damit ungeeignet, die konkreten Grundfragen der Ethik zu beantworten. Dies gilt für den dritten Weg einer Reduktion des Ethischen auf das aufgeklärte Eigeninteresse nicht in dieser Form, weil hier ja eine Übersetzung unserer ethischen Begrifflichkeit in eine andere normative Begrifflichkeit vorgeschlagen wird. Da wir von unserem Vorverständnis aus jedoch zwischen unserem Eigeninteresse und den Anforderungen der Ethik an uns einen Unterschied machen, ist die Antwort dieser Ethikkonzeption auf die ersten beiden Grundfragen der Ethik zumindest überraschend.

Weil die Diskussion der Konzeption des aufgeklärten Eigeninteresses (in Kapitel IV) und des ethischen Naturalismus (in Kapitel VII) noch aussteht, bleibt an dieser Stelle dreierlei festzuhalten. Erstens ist die Unterscheidung zwischen einer internen und einer externen Perspektive heuristischer Natur, da sie sich nur dann sinnvoll aufrecht erhalten lässt, wenn die diversen Reduktionsstrategien, in denen unsere ethische Begrifflichkeit auf etwas Außerethisches zurückgeführt wird, mit guten Gründen zurückgewiesen werden können. Daraus ergibt sich zweitens, dass die argumentative Inanspruchnahme dieser Unterscheidung zwischen einer internen und einer externen Perspektive inhaltlich keine neutrale Differenzierung ist (sie ist damit ein Beispiel für die inhaltliche Bedeutsamkeit metaethischer Überlegungen). Schließlich ist diese heuristische Unterscheidung drittens dadurch gerechtfertigt, dass sie eine Differenz artikuliert, die wir in unserem alltäglichen ethischen Selbstverständnis in der Regel voraussetzen.

4. Der Aufbau dieser Einführung

Der Aufbau des Buches

Im *zweiten* Kapitel werden wir uns einem Aspekt der Metaethik zuwenden und drei zentrale Begriffe der philosophischen Ethik: „gut", „richtig" und „sollen" näher analysieren. Wie die Überlegungen in diesem ersten Kapitel gezeigt haben, wird es dabei primär darum gehen müssen, die spezifisch ethische Bedeutung dieser Begriffe von ihren nicht-ethischen Bedeutungen zu unterscheiden. Im *dritten* Kapitel wird die Grundidee des Nonkognitivismus vorgestellt. Diese Form der philosophischen Ethik geht von der Annahme aus, dass ethische Äußerungen nur an der grammatischen Oberfläche die Struktur von Behauptungen haben. Die philosophische Analyse zeige dann jedoch, dass es sich bei ihnen um sprachliche Äußerungen handle, die keinen Wahrheitswert haben. Nach dieser Erörterung werden wir uns mit hinreichend überzeugenden Argumenten vom Nonkognitivismus verabschieden und in der Folge die Hauptarten des ethischen Kognitivismus behandeln. Im *vierten* Kapitel werden die verschiedenen Varianten subjektivistischer Theorien diskutiert. Diese gehen zum einen von der kognitivistischen Annahme aus, dass es sich bei ethischen Aussagen um wahrheitsfähige und damit begründbare Behauptungssätze handelt. Zum anderen halten Philosophen, die den Subjektivismus in der Ethik vertreten, es für möglich, diese Aussagen letztlich auf Aussagen über individuelle Interessen zu reduzieren. Im Gegensatz dazu gehen Vertreter des ethischen Objektivismus, mit denen wir uns im *fünften* Kapitel auseinandersetzen werden, von der Annahme aus, dass sich ethische Aussagen nicht auf subjektive Interessen zurückführen lassen. Mit den Subjektivisten und Realisten teilen sie die kognitivistische Annahme, dass es sich bei ethischen Äußerungen um wahrheits- und begründungsfähige Aussagen handelt. Gegenüber den Realisten sind sie aber der Meinung, dass sich diese Objektivität letztlich auf intersubjektiv gültige Aspekte einer allgemeinen oder auch transzendentalen Vernunft zurückführen lässt. Im *sechsten* Kapitel werden wir uns dann mit den ethischen Realisten beschäftigen, deren zentrale Grundannahme in der These besteht, dass sich ethische Aspekte und Ansprüche nicht vollständig auf Leistungen empirischer oder transzendentaler Subjektivität reduzieren lassen. Hier lassen sich mit dem starken und dem schwachen Realismus zwei Formen unterscheiden, die in der philosophischen Literatur häufig nicht deutlich genug auseinander gehalten werden. Nachdem wir uns bis dahin einen Überblick über den Gegensatz von subjektivistischen, objektivistischen und realistischen Theorien innerhalb des nichtnaturalistischen Lagers des ethischen Kognitivismus verschafft haben werden, geht es im *siebten* Kapitel um den Gegensatz zwischen naturalistischen und nichtnaturalistischen Ansätzen. Naturalistische Ansätze gehen von der Grundthese aus, dass sich ethische Begriffe, Aussagen und Phänomene auf nichtethische Begriffe, Aussagen und Phänomene zurückführen lassen. Demgegenüber gehen nichtnaturalistische Ethiken von der Eigenständigkeit und der Irreduzibilität des Ethischen aus.

In den Kapiteln III bis VII werden die Unterscheidungen zwischen kognitivistischen Ansätzen und dem Nonkognitivismus, zwischen Naturalismus und nichtnaturalistischen Ansätzen sowie die unterschiedlichen ontologischen Voraussetzungen der nichtnaturalistischen kognitivistischen Ansätze als Leitfaden verwendet. Der Aufbau dieses Gedankengangs lässt sich wie im folgenden Schema darstellen.

Im *achten* Kapitel wird ein Klassifikationsschema vorgestellt, dessen Einteilungskriterium darin besteht, welcher Gegenstand der jeweiligen ethischen Theorie zufolge der eigentliche Gegenstand der ethischen Bewertung ist. Teleologische Theorien bemessen den Wert einer Handlung nach dem Resultat, deontologische Theorien stellen den Wert der Handlungsart ins Zentrum und Tugendethiken konzentrieren sich auf den Charakter des

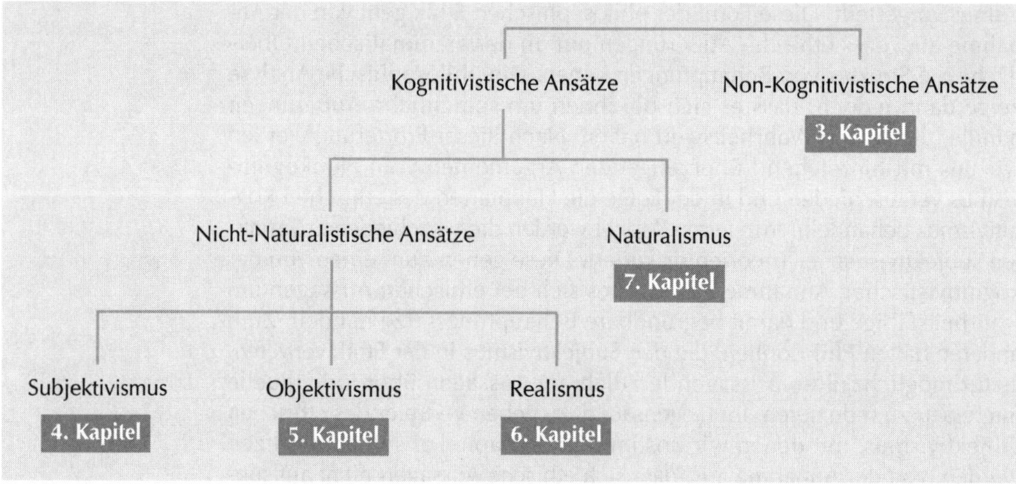

Handelnden, um den Wert einer Handlung zu bestimmen. Das *neunte* Kapitel gibt einen Überblick über die unterschiedlichen philosophischen Begründungsmodelle für die Ethik. In diesem Kapitel werden neben dem Problem des Relativismus die zentralen Strukturmerkmale ethischer Begründungsmodelle vorgestellt. Im *zehnten* Kapitel wird uns dann ein philosophischer Dauerbrenner beschäftigen. Gemeint ist das Freiheitsproblem, genauer: der Zusammenhang von Freiheit und Verantwortung. Hier wird es darum gehen, die Bezüge zwischen den verschiedenen Fragestellungen, die sich hinter dem Freiheitsproblem verbergen, näher zu bestimmen, um auf diese Weise ein genaueres Bild davon zu erhalten, wie sich Freiheit und Verantwortung zueinander verhalten.

5. Zusammenfassung, Lektürehinweise, Fragen und Übungen

Zusammenfassung

Dieses Kapitel hat, ausgehend vom alltäglichen Vorverständnis, eine erste inhaltliche Bestimmung der philosophischen Ethik vorgenommen, indem drei Grundfragen der Ethik formuliert wurden: (F 1) „Wie soll ich handeln?", (F 2) „Warum ist Handlung A ethisch richtig (gut) bzw. falsch (schlecht)?" und (F 3) „Wie sind die ethischen Grundbegriffe beschaffen und wie funktionieren ethische Begründungen?". Außerdem wurde von (F 2), die sich auf die Begründung einzelner Handlungen richtet, die radikalisierte Frage (F 2*) „Warum soll ich ethisch handeln?" unterschieden; diese Frage zielt auf eine Begründung für die Ethik als ganze. Das Verhältnis der philosophischen zur alltäglichen Ethik wurde so bestimmt, dass erstere den Anspruch erhebt, die alltägliche Ethik zu systematisieren und zu einer Theorie weiterzuentwickeln. Die Unterscheidung zwischen deskriptiver und normativer Ethik wurde vorgestellt und als unbrauchbar für unsere Einleitung zurückgewiesen, da es Ethik immer mit normativen Aussagen zu tun hat und rein deskriptive Beschreibungen ethischer Praxis nicht unter den Begriff der Ethik fallen. Als wichtig hat sich demgegenüber die Unterscheidung von Ethik und Metaethik erwiesen, weil letztere Betrachtungen über ethische Begriffe und Aussagen anstellt, die im Rahmen einer ethischen Theorie unverzichtbar sind. Darüber hinaus sind mit der internen und der externen Perspektive zwei Zugangsweisen zur Ethik voneinander unterschieden worden. Diese Differenzierung ist notwendig, weil sich innerhalb der beiden Perspektiven unterschiedliche Fragen und Begründungsziele ergeben. In der internen Perspektive wird nach Antworten auf die Grundfragen der Ethik gesucht, die unter Verwendung ethischer Begriffe und Annahmen (also von innerhalb der Ethik) formuliert werden können. In der externen Perspektive dagegen ist das Ziel, diese Fragen von einem außerhalb der Ethik liegenden Standpunkt aus zu beantworten. Abschließend wurde der Aufbau dieser Einführung skizziert.

Lektürehinweise
Zur Geschichte der Ethik siehe [I-3]; [I-4] ist eine immer noch lesenswerte Darstellung der Entwicklung der ethischen Theorien bis ins 19. Jahrhundert hinein. Einen knappen und informativen Gesamtüberblick zu allen wichtigen Bereichen der philosophischen Ethik findet man in den Beiträgen in [I-5]. Wichtige Aufsätze zur Entwicklung der Metaethik sind versammelt in [I-6].

Fragen und Übungen
- Bestimmen Sie das Verhältnis der ersten und der zweiten Grundfrage der Ethik zueinander.
- Weshalb ist die Frage nach der Regelkonformität nicht identisch mit (F 2)?
- In welchem Sinne stellt die modifizierte zweite Grundfrage (F 2*) eine Radikalisierung der zweiten Grundfrage (F 2) dar?
- Was versteht man unter einem Amoralisten?
- Weshalb ist die Unterscheidung zwischen deskriptiver und normativer Ethik nicht sinnvoll?
- Was versteht man unter Metaethik?
- Erläutern Sie den Unterschied zwischen der internen und der externen Perspektive auf die Ethik.
- Entwerfen Sie einen Dialog zwischen Immanuel und Karl, in dem Karl eine ideologiekritische Entlarvung ethischer Begründung durchführt.
- In welchem Sinne geht eine philosophische Ethik über unsere alltägliche Praxis ethischen Begründens hinaus?
- Welche Schwierigkeiten gibt es bezüglich der Unterscheidung von Ethik und Metaethik?

II. Grundbegriffe der Ethik

In diesem Kapitel werden die Grundbegriffe der Ethik in metaethischer Perspektive analysiert. Es werden die zentralen deontischen Grundbegriffe „geboten" und „richtig" sowie der grundlegende Wertbegriff „gut" untersucht. Außerdem wird das Verhältnis von metaethischen Analysen zu materialen ethischen Aussagen bestimmt.

1. Die Unverzichtbarkeit der Metaethik

Neben den drei Grundfragen der Ethik haben wir im ersten Kapitel zwei wichtige Unterscheidungen eingeführt, von denen die erste, das ist die Ebenenunterscheidung, jetzt im Zentrum steht. Die Aufgabe dieses Kapitels besteht in der Analyse der Grundbegriffe der Ethik. Diese Fragestellung ist metaethischer Natur, weil nicht-normative Aussagen über die Bedeutung, die logische Struktur und die Verwendung zentraler ethischer Grundbegriffe gemacht werden sollen (mit der ebenfalls metaethisch ausgerichteten Analyse der logischen Struktur und der Verwendung von ethischen Äußerungen werden wir uns in Kapitel III auseinandersetzen). Wir werden daher im Folgenden eine Art Vogelperspektive auf die Ethik im Sinne einer sprachlichen Praxis einnehmen und die vielfältigen Verwendungen einiger zentraler ethischer Grundbegriffe analysieren.

a) Der Status metaethischer Aussagen

Erinnern möchte ich zu Beginn dieses Kapitels an zwei Aussagen des ersten Kapitels.

Überlegungsgleichgewicht zwischen Ethik und Metaethik

Erstens sollte die Tatsache, dass metaethische Überlegungen selbst keine normativen ethischen Aussagen sind, nicht zu der Annahme verleiten, metaethische Prämissen oder Analyseergebnisse seien vollständig neutral gegenüber materialen ethischen Aussagen. Dies ist in zweifacher Hinsicht falsch: Zum einen sind bestimmte metaethische Annahmen, auch wenn sie uns nicht auf eine bestimmte ethische Position festlegen, doch mit einigen dieser Positionen nicht verträglich. Man könnte dies so ausdrücken, dass die Metaethik eine *limitierende* Funktion für die Ethik hat. Das Verhältnis von Ethik und Metaethik sollte man dabei zum anderen nicht als ein einseitiges Abhängigkeitsverhältnis begreifen. Zumindest einige metaethische Annahmen, nämlich solche, die inhaltliche Konsequenzen für die Ethik haben, müssen sich an unserem ethischen Vorverständnis messen lassen. Ihnen kommt keine von ethischen Annahmen unabhängige Funktion zu; die philosophische Aufgabe ist es vielmehr, metaethische und ethische Annahmen in ein Verhältnis zu bringen, welches man *Überlegungsgleichgewicht* nennt. Damit ist gemeint, dass die wechselseitige Korrektur und Anpassung der diversen Annahmen sich danach ausrichten muss, einen maximal positiven Gesamteffekt auf unsere Überzeugungen bzw. deren Kohärenz und Nützlichkeit zu erzielen. Eine metaethische Annahme, die mit den meisten unserer basalen ethischen Annahmen nicht verträglich ist, benötigt daher zum Beispiel außerordentlich starke Rechtfertigungsgründe, damit der Revisionseffekt, der durch sie erzeugt wird, gerechtfertigt werden kann. Man kann dies so zusammenfassen: Ethische Annahmen haben eine plausibilisierende Funktion und legen das Maß an notwendigem Rechtfertigungsbedarf fest, welches einer metaethischen Annahme zukommt (siehe [II-1], Kapitel 1).

Metaethik und alltägliches Vorverständnis

Die zweite Bemerkung aus dem letzten Kapitel, an die ich erinnern möchte, bestand in dem Hinweis darauf, dass die metaethischen Analysen nicht nur mit unseren ethischen, sondern auch mit unseren alltäglichen sprachlichen Intuitionen verwoben sind. Eine metaethische Analyse ethischer Grundbegriffe ist daher zum einen zwar der Versuch einer Klärung und Systematisierung, sollte sich zum anderen jedoch nicht, zumindest nicht ohne schwer wiegende Gründe, von unserem alltäglichen sprachlichen Vorverständnis zu weit entfernen. Der Nachweis einer logischen Inkonsistenz wie z. B. einer Äquivokation (Doppeldeutigkeit) stellt sicherlich einen solchen schwer wiegenden Grund dar. Aber auch hier sind die Grenzen zwischen logischen und inhaltlichen Aspekten fließend. Es ist sicher keine Frage der Logik oder der Bedeutungsanalyse allein, wenn man darum streitet, ob man z. B. den Begriff der Person auf erwachsene rationale Menschen, menschliche Embryonen und Menschenaffen oder Delphine gleichermaßen im identischen Sinne anwenden kann oder nicht. Auch hier gilt, dass es keine einseitigen Abhängigkeitsbeziehungen gibt und das Modell des Überlegungsgleichgewichts angewendet werden sollte.

b) Drei Arten von Definitionen

Das Verhältnis von philosophischer Analyse und alltäglichen Intuitionen spielt auch in den folgenden Problembereich hinein. George E. Moore (1873–1958) hat auf eine Mehrdeutigkeit des Unterfangens, Begriffe zu definieren, aufmerksam gemacht, die für das Verständnis der philosophischen Analyse der Bedeutung und Verwendung von Begriffen insgesamt relevant ist (vgl. [II-2], S. 37 ff.). Er unterscheidet drei Arten von Definitionen:

- Die nominale Definition im Sinne der willkürlichen Verbaldefinition.
- Die Standarddefinition im Sinne der normalen alltäglichen Verwendung.
- Die Realdefinition im Sinne der Analyse oder Reduktion der Gegenstände, die von dem fraglichen Begriff bezeichnet werden.

Nominale Definition

Unter einer *nominalen* Definition versteht man eine Konvention, bei der z. B. ein Autor, eine Diskussionsgruppe oder auch die Mitglieder einer wissenschaftlichen Disziplin festlegen, dass sie einen Begriff in einer bestimmten Bedeutung verwenden wollen. Wenn ich beispielsweise die sprachliche Konvention einführte, in diesem Kapitel den Terminus „Bär“ in der Bedeutung „schwergewichtigster Philosoph Münsters“ zu verwenden, dann gilt für dieses Kapitel, dass mit meiner Verwendung von „Bär“ genau dies gemeint ist. Solche nominalen Definitionen können zweckdienlich oder für bestimmte theoretische Aufgaben nützlich und bei einer hoffnungslosen Mehrdeutigkeit von Begriffen sogar unverzichtbar sein. Als Strategie im Rahmen des philosophischen Projekts einer Begriffs- oder Verwendungsanalyse ist die nominale Definition aber offensichtlich uninteressant.

Standarddefinition

Die *Standarddefinition* im Sinne der alltäglichen normalen Verwendung ist das, was wir gewöhnlich im Wörterbuch finden. Wenn dort die Bedeutung eines Begriffs bzw. die wichtigsten Arten seiner Verwendung aufgeführt werden, dann heißt dies nicht, dass faktisch jeder Sprecher dieser Sprache den Begriff solchermaßen verwendet. Aber es bedeutet, dass abweichende Verwendungen eben Abweichungen vom Standard- und Normalgebrauch sind. Eine philosophische Bedeutungsanalyse tut gut daran, mit dieser Standarddefinition in Kontakt zu bleiben (vergleiche [II-3], S. 2). Die von William D. Ross (1877–1971) gewählte Formulierung „keep in touch" drückt das flexible Verhältnis zwischen alltäglichem Sprachgebrauch und philosophischer Analyse sehr gut aus. Weder kann das Ziel philosophischer Analyse nur die Nachzeichnung des faktischen Sprachgebrauchs sein. Ein solches, letztlich empirisch-statistisches Unterfangen wäre Aufgabe der Linguisten. Noch sollte die philosophische Analyse sich ohne Not von der Standardverwendung zu weit entfernen oder diese gar gänzlich ignorieren. Eine allgemeingültige Theorie oder einen generellen Maßstab für das Verhältnis von philosophischer Analyse zu Standardbedeutung kann es aber wegen der vielfältigen zu berücksichtigenden Größen nicht geben.

Realdefinition

Philosophisch am relevantesten und anspruchvollsten ist die dritte von Moore angeführte Definitionsart: die *Realdefinition*. Wichtig ist hierbei zuerst einmal, dass man dabei nicht mehr auf die Analyse der Bedeutung oder Verwendung von sprachlichen Ausdrücken abzielt, sondern auf eine Analyse der mit diesen Ausdrücken bezeichneten bzw. von ihnen gemeinten Gegenstände (im weitesten Sinne des Wortes als „Gegenstände der Rede" verstanden). Die Unterscheidung dieser Ebene von der Ebene der Bedeutungs- und Verwendungsanalyse ist eminent wichtig: Mit Moore und Ross bin ich der Meinung, dass sich der sprachanalytische Zugang zu philosophischen Problemen nicht dahingehend missverstehen darf, als gehe es um die Analyse der Sprache als Selbstzweck. Vielmehr ist diese Analyse zu verstehen als methodologischer und epistemologischer Ansatz in dem Sinne, dass man (nur) über eine Analyse der Sprache an die Sachprobleme herankommt. Aber letztlich geht es immer um Sachprobleme, und diese sind nur in einem kleinen Bereich die Sprache und ihre Bestandteile.

Offen lassen können wir zum einen, ob die Moore'sche Dreiteilung vollständig ist oder ob man sich weitere Arten von Definitionen im Sinne der philosophischen Analyse vorstellen kann. Wir müssen an dieser Stelle auch nicht entscheiden, ob man eine Realdefinition immer im Sinne Moores als Reduktion eines Ganzen auf seine Bestandteile zu begreifen hat. Wichtig ist jedoch, auf den Unterschied zwischen Begriffs- und Gegenstandsanalyse sowie auf das Verhältnis von Standardbedeutung und philosophischer Bedeutung zu achten.

c) Die Zweiteilung der Grundbegriffe als heuristische Strategie

Damit komme ich nun zu dem eigentlichen Thema dieses Kapitels: die Grundbegriffe der Ethik. Als weitgehend unumstrittener Konsens kann gelten, dass eine Zweiteilung ethisch normativer Aussagen in deontische und Wertaussagen als heuristische Strategie sinnvoll ist. Daher werden wir die deontischen Grundbegriffe und den zentralen Grundbegriff von Wertaussagen getrennt untersuchen.

Es sei noch kurz vorweggeschickt, dass der philosophische Konsens jenseits der These, dass die soeben genannte Zweiteilung sinnvoll ist, auch bereits schon wieder zu Ende ist. Mit der Reihenfolge, in der im Folgenden beide Bereiche behandelt werden, soll keine sachliche Gewichtung zum Ausdruck gebracht werden. In der philosophischen Debatte werden diesbezüglich die unterschiedlichsten Positionen vertreten. Manche behaupten, dass Wertaussagen abhängig sind von deontischen Aussagen. Einige vertreten sogar die Auffassung, dass eine moderne philosophische Ethik auf Wertbegriffe und -aussagen ganz verzichten und sich rein auf deontische Aussagen beschränken sollte. Natürlich gibt es auch die umgekehrten Positionen. Unter den Philosophen, die beide Bereiche für gleichberechtigt und unverzichtbar halten, gibt es keinen Konsens darüber, wie der Zusammenhang beider Bereiche systematisch zu rekonstruieren und der Sache nach beschaffen ist.

2. Das Sollen: deontische Grundbegriffe

„Sollen“ als Ausgangspunkt

Soeben habe ich von „deontischen“ Grundbegriffen gesprochen und damit einen philosophischen Fachbegriff verwendet. Mit der Charakterisierung „deontisch“ ist gemeint, dass der fragliche Grundbegriff auf Verpflichtung, im Falle der deontologischen Ethik also auf ethische Verpflichtung zielt. In der ersten Grundfrage der Ethik geht es darum, wie ich handeln *soll*. Die deontologische Ethik nimmt von diesem Sollen – wir haben in Kapitel I von ethischer Geltung gesprochen –, ihren Ausgangspunkt. Wenn wir die Frage, wie sich das ethische von anderen Arten des Sollens unterscheidet, zuerst noch einmal zurückstellen, dann drückt sich ein solches ethisches Sollen in zwei fundamental verschiedenen Formen aus:

- als Gebot im Sinne eines *Imperativs*: Du sollst nicht ehebrechen!
- als Gebot im Sinne einer *behauptenden Aussage*:
  Es ist verboten, die Ehe zu brechen.

An die Stelle der behauptenden Aussage „Es ist verboten, die Ehe zu brechen“, in welcher der deontische Grundbegriff „verboten“ vorkommt, kann auch die behauptende Aussage treten „Ehebrechen ist sittlich unrichtig“.

Eine vorläufige kognitivistische Voraussetzung

Bevor wir mit der Analyse der damit erwähnten deontischen Grundbegriffe beginnen, sind noch zwei Anmerkungen notwendig: Hinter dem Unterschied zwischen der Analyse des ethischen Sollens als Imperativ versus als behauptende Aussage verbirgt sich erstens der philosophische Dissens zwischen ethischen Nonkognitivisten und ethischen Kognitivisten, der im nächsten Kapitel erörtert wird. Im Folgenden werden wir von der kognitivistischen Annahme ausgehen, dass das ethische Sollen auf Tatsachen zurückgeht, die in behauptenden Aussagen zum Ausdruck gebracht werden. Zweitens lassen sich zwei Auffassungen hinsichtlich der Frage unterscheiden, welcher deontische Begriff als Grundbegriff anzusehen ist. So kann man auf der einen Seite „ethisch richtig" als Grundbegriff der deontologischen Ethik ansehen (vergleiche für diese Position [II-4], S. 65; dort wird „sittlich richtig" als Äquivalent zu „ethisch richtig" gebraucht). Zumeist wird jedoch die Auffassung vertreten, dass „ethisch geboten" als Grundbegriff der deontologischen Ethik angenommen werden kann. Weil man, wie sich gleich zeigen wird, die Begriffe des Verboten- und des Erlaubtseins mithilfe des Begriffs des Gebotenseins definieren kann, kann man letzteren sogar als den einzigen Grundbegriff der Ethik ansehen (vergleiche für diese Position [II-5], S. 1). Da wir für unsere Zwecke diese Prioritätsfrage nicht entscheiden müssen, können wir nun dazu übergehen, diese beiden Grundbegriffe näher zu analysieren.

a) Der erste deontische Grundbegriff: „ethisch geboten"

Handlung und Handlungsweise

Beginnen wir mit der Analyse des Gebotenseins (vergleiche für die folgenden Überlegungen auch die Darstellung in [II-5], S. 1–10). Im Allgemeinen geht man davon aus, dass sich deontische Behauptungen primär auf Handlungen bzw. Handlungsweisen (und damit verbundene Aspekte wie Wünsche oder Präferenzen) beziehen. Ich akzeptiere diese weitgehend geteilte inhaltliche Prämisse für den Augenblick, komme aber später darauf noch einmal zurück. Unter einer *Handlung* wird im Folgenden ein konkretes raum-zeitliches Ereignis verstanden, also eine datierbare, von einer bestimmten Person zu einem bestimmten Zeitpunkt realisierte Handlung. Dabei zählen auch Unterlassungen zu den Handlungen. Dass Andrea sich heute morgen um 7.45 Uhr aufgerafft hat, eine Vorlesung zu besuchen, ist damit genauso eine Handlung wie Bernds gleichzeitiges Nichtaufstehen, wodurch er es unterlassen hat, heute an dieser Vorlesung teilzunehmen.

Eine *Handlungsweise* ist dagegen ein Ereignistyp, der von verschiedenen Personen zu verschiedenen Zeiten oder an verschiedenen Orten vollzogen werden kann. Auch der Begriff der Handlungsweise soll so weit gefasst werden, dass Unterlassungsweisen darunter fallen: Zum-Seminar-Gehen und Seminar-Schwänzen sind also gleichermaßen Handlungsweisen. Im Unterschied zu einer konkreten Handlung können Handlungsweisen mehrfach realisiert werden.

„geboten" als erster deontischer Grundbegriff

Man kann, wie sich jetzt zeigen wird, die anderen deontischen Grundbegriffe „erlaubt" und „verboten" mittels des Grundbegriffs „geboten" definieren. Nehmen wir als Standardform

(1) Es ist geboten, F zu tun.

F bezieht sich dabei auf eine Handlungsweise. Dann kann man die Aussage

(2) Es ist verboten, X zu tun.

analysieren als:
(2*) Es ist geboten, non-X zu tun.
wobei non-X eine Unterlassungshandlung darstellt. Auch die Aussage
(3) Es ist erlaubt, X zu tun.
lässt sich mit dem Gebotsbegriff analysieren als
(3*) Es ist nicht geboten, non-X zu tun.
Es gibt damit keinen Grund, unsere Analyse über den Gebotsbegriff hinaus auszudehnen.

Drei Lesarten der Standardform

Wichtig ist aber, unseren Gebotssatz nicht als Imperativ und auch nicht als Beschreibung der Tatsache zu begreifen, dass eine Person P ein Gebot setzt. Zu unterscheiden sind daher drei Lesarten unserer Standardform:
(1) Es ist geboten, F zu tun.
(4) P befiehlt: Tue F!
(5) Es ist der Fall, dass P gebietet, F zu tun.
Ob die Deutung des ethischen Sollens im Sinne von (1) oder (4) angemessen ist, wird uns im nächsten Kapitel noch beschäftigen. Die Lesart (5) ist aber auf jeden Fall auszuschließen, da sie gar keine normative Forderung zum Ausdruck bringt, sondern nur eine Beschreibung darstellt.

Satz (1) ist damit eine behauptende, wahrheitsfähige Aussage, in der zum Ausdruck gebracht wird, dass eine ethische Verpflichtung besteht. Im Gegensatz zu Imperativen, in denen etwas geboten im Sinne von vorgeschrieben wird, bringt (1) zum Ausdruck, dass dem Ausgedrückten eine ethische Geltung zukommt. Gebote der Form (1) lassen sich dabei sowohl auf spezifische Personen beziehen wie auch unspezifisch formulieren. Es fallen daher folgende beiden Aussagen unter die Form (1):
(6) Es gibt eine Person P, für die es geboten ist, F zu tun.
(7) Es ist geboten, dass jemand F tut.

Wir können an dieser Stelle nicht auf die Grundgesetze der deontischen Logik eingehen, da uns dies zu weit von unserem eigentlichen Thema wegführen würde. Aber mit der Differenzierung zwischen (6) und (7) wird schon deutlich, dass der Geltungsbereich von Geboten spezifiziert werden kann. Zum einen gelingt dies durch unterschiedliche inhaltliche Füllungen der Handlungsweise. Nehmen wir die folgenden beiden Aussagen:
(8) Es ist geboten, verhungernden Menschen in der Dritten Welt zu helfen.
(9) Es ist geboten, verhungernden Menschen in der Dritten Welt 10% seines Einkommens zu spenden.
Man sieht auf den ersten Blick, dass (9) spezifischer im Sinne von material bestimmter oder „konkreter" ist als (8). Gebote lassen sich zum anderen auch noch in einem anderen Sinne spezifizieren, indem ihre Geltung an Bedingungen geknüpft wird. Nehmen wir
(10) Unter der Bedingung A ist es geboten, F zu tun.
Bedingung A beschreibt möglicherweise eine bestimmte Ausgangssituation wie die: Wenn sich ein Verkehrsunfall ereignet und medizinisch unversorgte Opfer da sind, ist es geboten, erste Hilfe zu leisten.

Arten von Geboten

Da sich (1) und (10) in fundamentaler Hinsicht unterscheiden, weil in (10) das Gebot unter einer einschränkenden Bedingung formuliert wird, müssen wir verschiedene Arten von Gebotensein auseinander halten. Sinnvoll ist es, zwischen bedingten, nichtbedingten, unbedingten und unbeschränkten Geboten zu unterscheiden (siehe auch [II-5], S. 6ff.).

Bedingte Gebote sind solche der Form von (10), in denen die Geltung an eine einschränkende Bedingung geknüpft wird. Ein Sonderfall bedingter Gebote sind die von Immanuel Kant (1724–1804) „hypothetische Imperative" genannten Gebote, bei denen die einschränkende Bedingung auf die Interessen des Handelnden Bezug nimmt, also z.B. „Wenn Du x willst, ist es geboten, dass Du y tust" (vergleiche [II-6], S. 414f.).

Nichtbedingte Gebote sind solche der Form von (1), in denen keine einschränkenden Bedingungen genannt werden. Allerdings wird in nichtbedingten Geboten auch nicht ausgeschlossen, dass es solche einschränkenden Bedingungen gibt. Ein nichtbedingtes Gebot gilt also unter der stillschweigenden Voraussetzungen, dass die Bedingungen seiner Geltung nicht verletzt sind (man nennt nichtbedingte Gebote in einer auf Ross zurückgehenden Terminologie auch Prima-facie-Gebote; vergleiche dazu [II-3], Kapitel 2).

Versteht man die Standardform (1) dagegen so, dass die Existenz von einschränkenden Bedingungen ausgeschlossen werden soll, dann formuliert man *unbedingte* Gebote. Ein Gebot gilt unbedingt, wenn überhaupt keine einschränkenden Bedingungen zugelassen werden. Wie man sich leicht verdeutlichen kann, sind unbedingte Gebote jedoch zu stark, weil sie auch logisch oder kausal Unmögliches fordern können.

Begrenzt man Gebote auf das logisch und kausal Mögliche, dann erhält man *unbeschränkte* Gebote. Auch diese unterliegen, im Gegensatz zu vollständig unbedingten Geboten, limitierenden Bedingungen. Das Geforderte muss logisch und kausal möglich sein, entweder überhaupt, oder, wenn es sich um auf Personen spezifizierte Gebote handelt, für die jeweilige Person. Denn sonst verstößt es gegen die fundamentale ethische Intuition, dass ethisches Sollen Können impliziert.

Folgende Aussage muss daher falsch sein, weil sie logisch Widersprüchliches fordert:

(11) Es ist geboten, F und non-F gleichzeitig zu tun.

Sollen impliziert Können

Genauso können Gebote nicht gelten, wenn sie generell etwas fordern, was kausal unmöglich ist. Von uns Menschen können also keine Handlungen gefordert werden, die das Maß unserer kausalen Möglichkeiten prinzipiell übersteigen. Folgende Behauptung kann also nicht wahr sein:

(12) Es ist geboten, dass Menschen 10 km in 10 Sekunden laufen.

Diese Beschränkung auf das kausal Mögliche kann sich darüber hinaus auch auf Merkmale der spezifischen Situation oder auf individuelle Eigenschaften und Fähigkeiten des Handelnden beziehen (wobei der Begriff des kausal Möglichen weit gefasst wird). Stellen wir uns vor, dass der vom Nacken an querschnittgelähmte Christoph sieht, wie ein kleines Kind in einen Fluss fällt und zu ertrinken droht. Es ist niemand außer ihm in der Nähe, der helfen könnte. Christoph hat keine Möglichkeit, jemanden rechtzeitig zu informieren, und er selbst ist nicht in der Lage zu schwimmen. Er hat damit kausal keine Möglichkeit, das Kind vor dem Ertrinken zu retten. Die Aussage

(13) Für Christoph ist es geboten, dieses Kind vor dem Ertrinken zu retten.

ist deshalb falsch.

Hinter der Beschränkung ethischer Gebote auf unbeschränkte Gebote steht das ethische Prinzip: „Sollen impliziert Können". Wenn eine Handlung (für jemanden, in einer bestimmten Situation) aus logischen oder kausalen Gründen unmöglich realisierbar ist, dann kann diese Handlung unter diesen Umständen nicht geboten sein. Insgesamt erhalten wir damit vier Arten von ethischen Geboten:

- Bedingte Gebote (es wird eine Einschränkung genannt)
- Nichtbedingte Gebote (Einschränkungen werden weder genannt noch ausgeschlossen)
- Unbedingte Gebote (alle Arten von Einschränkungen werden ausgeschlossen)
- Unbeschränkte Gebote (Gebote werden auf das logisch und kausal Mögliche beschränkt, sonst werden keine Einschränkungen zugelassen)

b) Broads Unterscheidung

Ought-to-do versus ought-to-be

An dieser Stelle ist es notwendig, noch einmal auf die eingangs zugestandene Beschränkung des ethischen Sollens auf Handlungen bzw. Handlungsweisen zurückzukommen. Charles D. Broad (1887–1971) hat darauf aufmerksam gemacht, dass man zwei Bedeutungen von „Sollen" unterscheiden muss: das „ought-to-do" und das „ought-to-be" (siehe [II-7], S. 141 f.).

- Das „ought-to-do": etwas sollte getan werden.
- Das „ought-to-be": etwas sollte der Fall sein.

Das Erstere ist das uns schon bekannte Gebot von Handlungen bzw. Handlungsweisen. Mit dem „ought-to-be" meint Broad, dass es Situationen gibt, von denen man sagen kann, sie sollten der Fall oder auch nicht der Fall sein. Wenn man z. B. sagt, dass auf der Erde kein Mensch verhungern sollte, dann zielt man damit auf einen Weltzustand ab, welcher der Fall sein sollte. Broad verbreitert damit den Bereich ethischer Gebote, weil nun nicht mehr nur Handlungen, sondern auch Weltzustände hineinfallen. Unbestreitbar kommt er damit einer weit verbreiteten ethischen Intuition nach, dass bestimmte Situationen, Zustände oder Ereignisse sein oder nicht sein sollten (bzw. stattfinden oder nicht stattfinden sollten).

„Sollen impliziert Können" gilt nur für das Ought-to-do

Der systematische Grund für die Notwendigkeit, diese beiden Bedeutungen des ethischen Sollens zu unterscheiden, besteht darin, dass nur im Falle des „ought-to-do" die limitierende Funktion der kausalen Fähigkeiten des Handelnden ins Spiel kommt. Eine Forderung des „ought-to-be" enthält diese Begrenzung dagegen nicht, wie man sich an folgendem Fall verdeutlichen kann: Wir können ein bestimmtes Ereignis, z. B. den Aufprall eines Meteoriten auf der Erde, durch den alles Leben auf diesem Planeten vernichtet wird, für etwas halten, das ethisch nicht stattfinden sollte, auch wenn wir keine Handlungsmöglichkeiten haben, ein solches Ereignis zu verhindern. Das ethische Prinzip „Sollen impliziert Können" ist daher nur dann adäquat formuliert, wenn man „Sollen" im Sinne des „ought-to-do" interpretiert.

c) Der zweite deontische Grundbegriff: „ethisch richtig"

„richtig" als zweiter deontischer Grundbegriff

Damit möchte ich noch kurz auf den zweiten deontischen Grundbegriff „ethisch richtig" eingehen, den manche für den Grundbegriff der deontischen Ethik halten. Ross vertritt in seiner Analyse von „ethisch richtig" die These, dass „ethisch richtig" gleichbedeutend ist mit „ethisch geboten" und generell „richtig" gleichbedeutend ist mit „geboten" (siehe [II-3], S. 4). Es gibt, dieser Analyse zufolge, also einen semantischen Zusammenhang zwischen den beiden Grundbegriffen.

Bedeutung eines Begriffs versus Kriterien seiner Anwendung

Im Rahmen seiner Ausführungen macht Ross auf drei wichtige Unterscheidungen aufmerksam: Erstens unterscheidet er zwei Fragen voneinander: die Frage nach der sprachlichen Bedeutung eines Begriffs und die Frage nach den Eigenschaften, aufgrund derer ein Begriff auf einen Gegenstand zutrifft. Wir müssen also unterscheiden zwischen:

(F 1) Was ist die sprachliche Bedeutung eines Begriffs?
(F 2) Aufgrund welcher Eigenschaften von X trifft ein Begriff auf X zu?

Wir beschäftigen uns in diesem Kapitel nur mit der formalen Analyse von „geboten" und „richtig" im Sinne von (F 1). Es geht nicht um die Frage, welche Kriterien es dafür gibt, diese Begriffe auf Gegenstände anzuwenden (die fraglichen Eigenschaften von X sind solche Kriterien). Zweitens unterscheidet er zwischen „richtig" und „ethisch richtig". Dass dies notwendig ist, haben wir in Kapitel I gesehen, wo wir Regelkonformität, Zweckangemessenheit und das ethisch Richtige voneinander unterschieden haben. Drittens unterscheidet Ross zwischen der Handlung qua Handlungsvollzug und der Handlung qua Resultat. Man kann bei Handlungen von einem Prozess- und einem Resultatsinn sprechen. Wenn wir von der richtigen Handlung sprechen, dann beziehen wir uns Ross zufolge auf das Resultat der Handlung (siehe [II-3], S. 7). Der Grundsatz der deontischen Ethik lässt sich dann so formulieren:

(14) Das Handlungsresultat F ist ethisch richtig.

Ross zufolge ist dies gleichbedeutend mit

(15) Das Handlungsresultat F ist ethisch geboten.

Es scheint mir, wie eingangs bereits gesagt, wenig Sinn zu machen zu diskutieren, ob es zwischen „ethisch geboten" und „ethisch richtig" noch ein Fundierungsverhältnis gibt. Wichtig ist vielmehr, dass man sich an dem etwas ungewöhnlichen Klang der Aussage

(15) Das Handlungsresultat F ist ethisch geboten.

etwas verdeutlichen kann. Bisher hatten wir als Grundformulierung

(1) Es ist geboten, F zu tun.

Beide Sätze unterscheiden sich durch die Art, wie „ethisch geboten" grammatisch eingesetzt wird. Nehmen wir parallel die folgenden beiden Sätze:

(14) Das Handlungsresultat F ist ethisch richtig.

(16) Es ist ethisch richtig, F zu tun.

Meiner sprachlichen Intuition zufolge liegt die Verwendung von „ethisch richtig" im Sinne von (14) näher als die gleichartige Verwendung von „ethisch geboten" in (15). „Ethisch richtig" zu sein scheint eher eine Art Eigenschaft eines Handlungsresultats zu sein als die Eigenschaft „ethisch geboten".

3. Das Gute: der grundlegende Wertbegriff

„gut" als fundamentaler Wertbegriff

Es gibt viele Wertbegriffe, aber unbestritten stellt „gut" den fundamentalsten von ihnen dar. Daher werden wir uns auf diesen Begriff beschränken und versuchen, die Untersuchung möglichst parallel zu den deontischen Grundbegriffen zu halten. Wie dort müssen wir auch hier zwischen einem weiten Begriff des Guten und einem engen Begriff im Sinne des ethisch Guten unterscheiden. So wie der Begriff des Wertes umfassender ist als der des ethischen Wertes, so umfasst „gut" mehr als nur das ethisch Gute. Wie sich zeigen wird, lässt sich das ethisch Gute jedoch nicht allein aufgrund metaethischer Kriterien vom außerethisch Guten abgrenzen. Vielmehr bedarf es hierzu inhaltlicher Überlegungen, worin das ethisch Gute besteht. Da wir uns in diesem Kapitel jedoch nicht auf diese Fragen einlassen werden, halten wir uns in der Analyse primär an den weiten Begriff des Guten.

Im Gegensatz zu der weit verbreiteten Einschränkung des Bereichs von „geboten" auf Handlungen bzw. Handlungsweisen zeichnet sich „gut" dadurch aus, dass es von Handlungen, Handlungsweisen, Absichten, Dingen oder Sachverhalten gleichermaßen ausgesagt wird. Wenn wir im Folgenden davon sprechen, dass ein Gegenstand als „gut" klassifiziert wird, dann soll „Gegenstand" in einem weiten Sinn verwendet werden, unter den die gerade genannten Arten von Entitäten fallen.

a) Die verschiedenen Verwendungsarten von „gut"

Verwendungsarten

Zu unterscheiden ist erstens zwischen der klassifikatorischen, der komparativen und der metrischen Verwendung des Wertbegriffs „gut" (vergleiche dazu auch die Darstellung in [II-5], S. 10–20). In der *klassifikatorischen* Verwendung wird ein Gegenstand als gut, als schlecht oder als indifferent charakterisiert. „A ist schlecht" lässt sich definieren als „non-A ist gut", und „A ist indifferent" lässt sich definieren als „Es ist nicht der Fall, dass A gut ist, und es ist nicht der Fall, dass non-A gut ist". Daher können wir „gut" als einzigen Grundbegriff der klassifikatorischen Verwendung von „gut" ansetzen. In der *komparativen* Verwendung des Wertbegriffs „gut" werden Vergleiche angestellt, indem ein Gegenstand als besser, schlechter oder als ebenso gut wie ein anderer Gegenstand bestimmt wird. In einem *metrischen* Sinne verwendet man den Wertbegriff „gut" dann, wenn man die Güte eines Gegenstands quantitativ, d. h. durch die Zuordnung von Zahlen, zum Ausdruck bringt. Wir beschränken unsere weitere Analyse auf die klassifikatorische Verwendung von „gut", den wir damit als Grundbegriff der klassifikatorischen Wertbegriffe ansetzen. Doch auch innerhalb dieses Bereichs lassen sich noch weitere Verwendungsarten unterscheiden.

Auf der grammatischen Ebene lässt sich die Verwendungsvielfalt von „gut" durch die folgenden Aussagen verdeutlichen:
(17) Gesundheit ist ein hohes Gut.
(18) Dorothee spielt gut Klavier.
(19) Dies ist ein gutes Fahrrad.
In (17) wird „gut" im *substantivischen* Sinne gebraucht; ein Gegenstand wird damit als ein Gut bezeichnet. In (18) wird „gut" im *adverbialen* Sinn, d.h. zur näheren Qualifikation einer Tätigkeit, verwendet. In (19) wird „gut" dagegen im *adjektivischen* Sinn gebraucht.

Gemeinsam ist diesen Aussagen, dass „gut" verwendet wird, um einen Gegenstand zu empfehlen, eine Handlungsweise positiv zu charakterisieren oder eine Handlung zu loben. Eine solche Empfehlung ist, weil wir in diesem Kapitel den ethischen Kognitivismus voraussetzen, nicht mit der Expression einer Emotion (z.B. „Ah, ist das angenehm!") gleichzusetzen. Empfehlungen verweisen, anders als Expressionen von Emotionen, auf Gründe im Sinne von Begründungen (vgl. dazu Kapitel IX). Ein Gegenstand wird empfohlen, weil er gut ist. Seine Güte dient als Rechtfertigung für die Empfehlung, nicht die Empfehlung als Erklärung für seine Güte.

In diesem Begründungsverhältnis liegt auch der sachliche Grund dafür, dass man zwischen „ist gut" und „wird für gut gehalten" überhaupt unterscheiden kann. Denn diese Unterscheidung setzt voraus, dass Irrtum möglich ist, also ein Subjekt etwas für gut hält, obwohl es nicht gut ist. Dies ist aber nur denkbar, wenn es Kriterien der intersubjektiven Begründbarkeit unserer Wertaussagen gibt, auf deren Grundlage man einen Irrtum erkennen und nachweisen kann. Bevor wir uns jedoch den verschiedenen Arten von Gründen, aufgrund derer ein mit „gut" operierendes Werturteil ausgesprochen werden kann, zuwenden können, müssen wir uns erst noch mit einer zentralen Unterscheidung vertraut machen.

Attributive versus prädikative Adjektive

Im adjektivischen Sinn wird „gut" als Attribut gebraucht. Hier muss man allerdings zwischen prädikativen und attributiven Adjektiven unterscheiden. Die damit gemeinte Differenz lässt sich verdeutlichen, wenn wir die folgenden beiden Aussagen miteinander vergleichen:
(19) Dies ist ein gutes Fahrrad.
(20) Dies ist ein grüner Apfel.
An der Oberfläche haben beide Sätze die gleiche Struktur. Bei näherem Hinsehen könnte hier allerdings ein gravierender Unterschied vorliegen (siehe dazu [II-8]). Der Satz (20) lässt sich problemlos in eine Konjunktion zweier Aussagen zerlegen:
(20*) (i) Dies ist ein Apfel. & (ii) Dies ist grün.
Versucht man dasselbe auch mit (19), dann erhält man
(19*) (i) Dies ist ein Fahrrad. & (ii) Dies ist gut.

Prädikate wie „grün", bei denen eine solche Zerlegung zulässig ist, werden *prädikative* Adjektive genannt; solche Prädikate, bei denen das nicht geht, heißen *attributive* Adjektive. Nach der Zerlegung von (19) steht „gut" auf einmal alleine als grammatisches Prädikat da, d.h., es wird prädikativ verwendet, indem es mit der Kopula „sein" das Prädikat des Satzes bildet.

„gut" als prädikatives Adjektiv?

Unter Philosophen ist strittig, ob die prädikative Verwendung von „gut" in einigen Fällen Sinn macht (dies wird z.B. vertreten in [II-5], S.11), oder ob sie stets zurückzuweisen ist. Viele gehen davon aus, dass eine prädikative Verwendung von „gut" unzulässig ist, weil „gut" niemals als alleiniges grammatisches Prädikat vorkommen kann (diese Behauptung findet sich z. B. in [II-4], S. 55). Der für diese Behauptung zumeist angeführte Grund ist, dass wir über keine Kriterien zur Anwendung (und damit zur Rechtfertigung unseres Urteils) verfügen. Aussagen der Art

(21) X ist gut.

sind unter dieser Voraussetzung unsinnig. Andere Philosophen dagegen verwenden diese Differenz der prädikativen und attributiven Verwendung von „gut" als Merkmal, um den ethischen vom nichtethischen Gebrauch von „gut" zu unterscheiden. Bei den attributiven Verwendungen von „gut", die sich nicht prädikativ deuten lassen, ergeben sich die Kriterien der Anwendung aus dem zugehörigen Gegenstand (also z. B. dem Fahrrad in (19)). Die Kriterien, aufgrund derer ein Fahrrad als gut bezeichnet werden kann, unterscheiden sich ganz offensichtlich von denjenigen, aufgrund derer z. B. ein Gedicht als „gut" zu beurteilen ist. Wenn man für die Ethik verlangt, dass ihre Grundbegriffe nicht in diesem Sinne abhängig oder kontextsensitiv sind, dann zeichnet sich die ethische vor der außerethischen Verwendung von „gut" gerade dadurch aus, dass „gut" als prädikatives Attribut bestimmt wird.

Grenzen metaethischer Analysen

An dieser Stelle wird deutlich, dass eine rein metaethische Analyse unabhängig von weiter gehenden Annahmen für die Ethik nicht ausreichend sein kann. Denn man sieht es dem Satz (21) nicht an, dass er irgendwie defekt ist. Moore hat ihn im Gegenteil sogar für den basalsten Satz der Ethik überhaupt gehalten. Ihm zufolge funktioniert „ist gut" ganz parallel zu „ist gelb". Beide schreiben einem Gegenstand eine Eigenschaft zu, die selbst nicht mehr weiter zerlegbar ist. Nur dass es sich bei „gelb" um eine natürliche, bei „gut" dagegen um eine nichtnatürliche Eigenschaft handelt. Kritiker seiner Position behaupten dagegen, dass wir für die Zuschreibung von „ist gut", d. h. für die prädikativ-adjektivische Verwendung keine Anwendungskriterien haben, sodass wir über „ist gut" in diesem Sinne nicht kontrolliert verfügen können. Zumeist übersieht dieser Einwand jedoch, dass wir es in der Ethik nicht nur mit Begründung, sondern eben auch mit Wahrnehmung zu tun haben. Wie wir in späteren Kapiteln noch sehen werden, beruht die gerade erwähnte Kritik an Moore in der Regel auf der Ablehnung des ethischen Realismus. Umgekehrt ist Moores Schluss auf die Existenz einer nichtnatürlichen Eigenschaft „gut" nicht zwingend, da er den Unterschied zwischen der attributiv- und der prädikativ-adjektivischen Verwendung übersehen hat. Deshalb konnte er sich gegen den obigen Einwand auch nicht absichern. Allerdings ist mit der bloßen Einführung dieser Unterscheidung allein noch nicht gezeigt, dass „gut" kein prädikatives Adjektiv sein kann und „ist gut" kein sinnvoller Ausdruck ist. Um dies zu begründen, muss man auf weitere Annahmen zurückgreifen. Auf der Ebene der Metaethik allein wird sich diese Frage nicht beantworten lassen.

b) Kriterien der Anwendung

Vielfalt der Gutheit

Nicht nur auf der grammatischen, sondern auch auf der inhaltlichen Ebene zeichnet sich „gut" durch eine enorme Verwendungsbreite aus. Georg H. von Wright (1916–2003) hat deshalb von einer Vielfalt der Gutheit gesprochen. Es kann allgemein als Konsens unter Philosophen angesehen werden, dass sich hinter „gut" eine komplexe Vielfalt verschiedener inhaltlicher Verwendungen verbirgt. Dies erkennt man z. B. schon daran, durch welche alternativen Ausdrücke sich „gut" in den verschiedenen Kontexten ersetzen lässt. Wenn man davon spricht, dass etwas gut riecht, dann kann man „gut" problemlos durch „angenehm" ersetzen, in dem Ausdruck „gute Klausur" dagegen nicht. Die unterschiedlichen Versuche, eine Ordnung in diese Vielfalt zu bringen, lassen sich in zwei Gruppen einordnen. Die einen orientieren sich primär an den inhaltlichen Verwendungskontexten, die anderen versuchen, allgemeinere Bestimmungen als Klassifikationskriterien heranzuziehen.

In seiner philosophischen Analyse dieser Vielfalt unterscheidet von Wright die verschiedenen Verwendungsarten nach den inhaltlichen Kontexten, in denen „gut" gebraucht wird (vergleiche [II-9], S. 8–12). *Instrumentelle* Güte („ein gutes Auto") bezeichnet z. B. die Geeignetheit eines Artefakts zur Erfüllung bestimmter Zwecke. *Technische* Güte („gutes Klavierspielen") besteht darin, dass eine Tätigkeit in ausgezeichneter Weise ausgeführt wird. Mit der *medizinischen* Güte liegt ein Sonderfall vor, der auf die richtige Funktionsweise von Organen als Beitrag zur Gesundheit (im negativen Fall: zur Krankheit) abhebt. Generalisiert erhält man Güte im Sinne des *Wohlergehens,* womit in der Regel der gute Gesamtzustand eines Lebewesens gemeint ist. Allgemeiner kann man dann Güte im Sinne des *Förderlichen* gebrauchen (z. B. „Frische Luft ist gut."). Noch allgemeiner wird „gut" verwendet, wenn es die *Nützlichkeit* eines Gegenstandes bezeichnet, als geeignetes Mittel zu einem Zweck eingesetzt werden zu können. Eine in der Geschichte der Ethik besonders relevante Art der Güte ist das *hedonisch* Gute, welches sich auf die angenehmen (oder unangenehmen) Empfindungen bezieht, die ein Gegenstand in einem Subjekt hervorrufen kann (z. B. „Schokoladeneis ist gut."). Wenn man es nicht auf eine der anderen Formen des Guten reduzieren kann, dann ist schließlich auch noch das *ethisch* Gute als gesonderter Fall von „gut" zu betrachten (ob eine solche Reduktion des ethisch Guten auf eine der anderen Arten von Güte möglich ist, wird uns in den nächsten Kapiteln noch beschäftigen).

Neben dieser auf inhaltliche Kontexte ausgerichteten Auflistung der unterschiedlichen Verwendungsweisen von „gut" findet man in der Philosophiegeschichte auch zahlreiche Versuche, diese Vielfalt durch ein abstrakteres Klassifikationssystem zu ordnen. William K. Frankena (*1908) hat die Hauptunterscheidungen, die dabei entwickelt worden sind, repräsentativ zusammengefasst. Er führt mit dem inhärenten Wert, der von Wrights hedonischem Guten entspricht, und dem moralischen Wert auch zwei inhaltliche Kategorien an, die wir an dieser Stelle ignorieren können (vergleiche [II-10], S. 100). So bereinigt ergibt sich folgende Liste:

- Gebrauchswert;
- instrumenteller Wert;
- Intrinsischer Wert;
- Wert im Bestandteilsinn;
- Endwert.

Der *Gebrauchswert* bezeichnet den Nutzen eines Gegenstands für die Realisierung eines gegebenen Zwecks, und mit dem *instrumentellen* Wert ist gemeint, dass ein Gegenstand als Mittel zu etwas geeignet ist. Der *intrinsische* Wert steht für den Wert, der einem Gegenstand aus sich heraus zukommt. Damit ist gemeint, dass die Güte dieses Gegenstandes nicht abhängt von irgendwelchen anderen Gegenständen (z.B. äußeren Zwecken, Interessen). Im *Bestandteilsinn* ist ein Gegenstand gut, weil er Bestandteil eines anderen guten Gegenstandes ist. Wenn z.B. die Beschäftigung mit philosophischer Ethik ein wesentlicher Bestandteil eines guten Lebens ist, dann kommt dieser Beschäftigung Wert im Bestandteilsinn zu. Unter dem *Endwert* versteht man dann die Güte, die einem Gegenstand unter Einbeziehung aller Aspekte, Eigenschaften und Umstände zukommt. Denn es kann sein, dass etwas in sich inhärent negativ zu bewerten ist, im Blick auf seine Folgen aber einen positiven Endwert zugesprochen bekommt (z.B. eine schmerzhafte Zahnoperation, die insgesamt der Gesundheit dient).

Verschiedene Bedeutungen von „gut" nicht exklusiv

Das letzte Beispiel verdeutlicht bereits, dass eine Systematisierung der verschiedenen Arten des Gutseins schwierig ist. Erstens gibt es diese große Vielzahl der möglichen Bedeutungen von „gut" und der möglichen Hinsichten bzw. Kriterien, aufgrund derer die Charakterisierung eines Gegenstands als gut gerechtfertigt werden kann. Erschwerend kommt zweitens hinzu, dass ein Gegenstand gleichzeitig gut in mehreren dieser Bedeutungen sein kann. Ohne weiter gehende Argumente schließt nichts aus, dass z.B. maßvolles Joggen sowohl instrumentell gut ist, weil es zur Gesundheit beiträgt, als zugleich auch inhärent gut ist, weil es positive Empfindungen verursacht. Wissenserwerb ist möglicherweise sogar ein Gut in allen oben angeführten Bedeutungen. Drittens ist diese Kriterienvielfalt deshalb problematisch, weil unter den Philosophen nahezu zwangsläufig Streit darüber entstanden ist, ob sich wirklich alle Unterscheidungen halten lassen. Manche lassen die Trennung von instrumentellem Wert und Endwert nicht gelten, andere führen Einwände gegen die These an, es gebe intrinsische Werte. Zentral für die gesamte Analyse der ethischen Begrifflichkeit ist dabei, ob man wie z.B. von Wright (vergleiche [II-9], S. 17f.) von der Annahme ausgeht, dass der Begriff des ethisch Guten nur im Kontext der nichtethischen Verwendungen von „gut" inhaltlich bestimmt werden kann, oder ob man die Prämisse voraussetzt, dass sich die grundlegenden Wertbegriffe der Ethik ohne eine solche Einbindung aus sich selbst heraus analysieren lassen. Die eine oder andere dieser Streitigkeiten, die allesamt nicht rein metaethischer Natur sind, wird uns im Laufe dieser Einführung noch beschäftigen. In diesem Kapitel ging es aber nur darum, einen Überblick über die Vielfalt der Verwendungsarten von „gut" und die unterschiedlichen Arten ihrer Begründung zu gewinnen.

4. Zusammenfassung, Lektürehinweise, Fragen und Übungen

Zusammenfassung

Dieses Kapitel hat, ausgehend von der Unterscheidung zwischen deontischen und Wertbegriffen, erstens die deontischen Begriffe „geboten" und „richtig" analysiert. Dabei wurde die kognitivistische Prämisse akzeptiert, dass mit „ist geboten" bzw. „ist richtig" Behauptungen aufgestellt werden, die wahr (oder falsch) sein können oder sich intersubjektiv begründen lassen. Verschiedene Arten von Geboten (bedingte, nichtbedingte, unbedingte und beschränkte) sind differenziert worden. Unbedingte Gebote, die jede Einschränkung ausschließen, erweisen sich als untauglich, da sie z.B. logisch oder kausal Unmögliches verlangen können. Unbeschränkte Gebote dagegen begrenzen Gebote auf das logisch und kausal Mögliche, lassen aber ansonsten keine weiteren Begrenzungen zu. Demgegenüber sagen bedingte Gebote nichts darüber aus, ob es Einschränkungen gibt oder nicht, während bedingte Gebote das Gebotene an Vorbedingungen unterschiedlicher Art knüpfen. Außerdem ist die auf C. D. Broad zurückgehende Unterscheidung zwischen dem „ought-to-do" und dem „ought-to-be" eingeführt worden: Das Erstere drückt aus, dass eine Handlung getan werden sollte, das Letztere dagegen, dass ein Sachverhalt als sein sollender Zustand gewertet wird. Zweitens ist „gut" als der basale klassifikatorische Wertbegriff näher untersucht worden. Anhand der Unterscheidung zwischen attributiver und prädikativer Verwendung von Adjektiven zeigte sich der enge Zusammenhang zwischen metaethischen und materialen ethischen Aussagen. Während attributive Adjektive nur im Zusammenhang mit anderen Adjektiven verwendet werden können, zeichnen sich prädikative Adjektive dadurch aus, dass sie alleine zur Qualifikation eines Gegenstandes verwendet werden können. Der Streit darüber, ob „gut" ein prädikatives Adjektiv ist, lässt sich allein durch die Grammatik der verwendeten Sätze nicht entscheiden und ist daher ein Beispiel dafür, dass metaethische Analysen nicht unabhängig sind von inhaltlichen ethischen Annahmen. Darüber hinaus ist in diesem Kapitel die inhaltliche Breite der unterschiedlichen Verwendungsweisen von „gut" vorgestellt worden.

Lektürehinweise

Zum Begriff des Überlegungsgleichgewichts siehe [II-11]; grundlegende Arbeiten zur deontischen Logik sind [II-12], [II-13] und [II-14], für einen Überblick zum gesamten Forschungsgebiet der deontischen Logik siehe die Beiträge in [II-15] und [II-16]; hilfreiche Analysen der ethischen Grundbegriffe finden sich in [II-17], Kapitel IV, [II-18], Kapitel III, [II-19], Kapitel III sowie [II-20], Kapitel VI und XII.

Fragen und Übungen

- In welchem Punkt unterscheidet sich die Realdefinition von der Standarddefinition?
- Erläutern Sie den Unterschied zwischen nichtbedingten und unbeschränkten Geboten.
- Gegen welches Prinzip verstoßen unbedingte ethische Gebote?
- Formulieren Sie ein Beispiel für einen hypothetischen Imperativ.
- Weshalb ist es notwendig, zwischen „ought-to-be" und „ought-to-do" zu unterscheiden?
- Erläutern Sie den Unterschied zwischen attributiven und prädikativen Adjektiven.
- Welche drei Verwendungsarten von „gut" müssen unterschieden werden?
- Erläutern Sie den Unterschied zwischen dem substantivischen, dem adjektivischen und dem adverbialen Gebrauch von „gut".
- Erläutern Sie das Konzept des Überlegungsgleichgewichts.

- Erläutern Sie den Zusammenhang von ethischen und metaethischen Annahmen am Beispiel der These, dass „gut" kein prädikatives Adjektiv ist.
- Nennen Sie die inhaltlichen Verwendungsarten von „gut", die von Wright unterscheidet, und formulieren Sie für jede einen Beispielsatz.
- Bestimmen Sie das Verhältnis von intrinsischem Wert und Endwert.

III. Die nonkognitivistische Herausforderung

In diesem Kapitel wird die Position des ethischen Nonkognitivismus vorgestellt und aufgrund ihrer revisionären Konsequenzen für unser ethisches Selbstverständnis zurückgewiesen. Dazu werden im ersten Schritt die Grundidee und die Hintergrundannahmen vorgestellt, die der nonkognitivistischen Deutung unserer ethischen Äußerungen zugrunde liegen. Im zweiten Schritt werden einige Grundbegriffe der Sprechakttheorie eingeführt. Diese dienen einerseits dazu, die Konzeption des ethischen Nonkognitivismus präziser zu fassen, erlauben es andererseits aber auch zu zeigen, dass die nonkognitivistische Deutung nicht zwingend ist. Im dritten Schritt werden mit den Konzeptionen von Ayer, Stevenson und Hare drei repräsentative Vertreter des Nonkognitivismus vorgestellt.

1. Grundidee und Hintergrundannahmen des Nonkognitivismus

Kognitivismus versus Nonkognitivismus

Im letzten Kapitel sind wir von der Voraussetzung ausgegangen, dass sich ethische Soll-Äußerungen (z. B. „Du sollst deinen Nächsten lieben wie dich selbst!") analysieren lassen als Gebotsaussagen der Form „Es ist geboten, dass p". Damit hatten wir uns vorläufig auf die These festgelegt, dass Antworten auf die erste Grundfrage der Ethik in Form von behauptenden Aussagen gegeben werden können, somit also begründungs- und wahrheitsfähig sind. Man nennt die dadurch eingenommene ethische Position *Kognitivismus.*

Ethische Äußerungen sind begründungs- oder wahrheitsfähige Aussagen.

Durch dieses Vorgehen haben wir jedoch ein Problem übersprungen, weil wir eine alternative Deutung ethischer Soll-Äußerungen ohne weiteres Argument ausgeschlossen haben. Diese alternative Deutung beruht auf der Zurückweisung der These, dass ethische Soll-Äußerungen sich als begründungs- und wahrheitsfähige Aussagen deuten lassen. Eine philosophische Ethik, die sich auf diesen Standpunkt stellt, bezieht die ethische Position des *Nonkognitivismus*:

Ethische Äußerungen sind keine begründungs- oder wahrheitsfähigen Aussagen.

Letztlich geht es im Streit zwischen Kognitivismus und Nonkognitivismus also um die Frage, ob man ethische Äußerungen begründen kann, ob sie – in einem vielleicht noch zu präzisierenden Sinne – wahr oder falsch sein können. (Da wir uns in diesem Kapitel ausschließlich mit dem ethischen Nonkognitivismus auseinandersetzen werden, können wir die qualifizierende Kennzeichnung „ethisch" im Folgenden weglassen.)

a) Die Grundidee

Ethische Äußerungen nicht wahrheitsfähig

Wir werden im dritten Abschnitt dieses Kapitels die wichtigsten Spielarten des Nonkognitivismus ausführlich erörtern. Jetzt geht es erst einmal nur darum, die nonkognitivistische Grundidee nachzuvollziehen. Gehen wir von dem Satz aus:

(1) Du sollst nicht ehebrechen.

Die kognitivistische Lesart, die wir im letzten Kapitel zugrunde gelegt haben, übersetzt diese Soll-Äußerung in folgende Gebots-Aussage:

(2) Es ist geboten, dass Du nicht ehebrechen sollst.

Dieser Satz hat nun die Struktur einer Behauptung. In die Leerstelle des Operators „Es ist geboten, dass (...)" lassen sich Sachverhalte einsetzen, sodass insgesamt eine begründbare und wahrheitsfähige Aussage entsteht.

Ein Vertreter des Nonkognitivismus wird diesen Deutungsvorschlag ablehnen und statt dessen

(1) Du sollst nicht ehebrechen.

analysieren als Imperativ

(3) Brich nicht die Ehe!

Denkbar ist auch der Übersetzung von (1) als

(4) Ich ziehe es vor, nicht Ehe zu brechen, und empfehle dir das gleiche.

Eine weitere Variante besteht in dem Vorschlag:

(5) Ehebrechen ist empörend!

Allen drei nonkognitivistischen Vorschlägen ist gemeinsam, dass die Soll-Äußerung analysiert wird als ein Sprechakt, der nicht begründungs- oder wahrheitsfähig ist.

b) Hintergrundannahmen

Fragt man, weshalb Philosophen auf dieses Deutungsmuster verfallen, dann lassen sich drei Gründe nennen. Während die letzten beiden auf philosophische Annahmen verweisen, vor deren Hintergrund der Nonkognitivismus nahe liegt, stammt der erste Grund direkt aus dem Bereich unserer alltäglichen ethischen Erfahrung.

Alltägliche Erfahrung stützt den Nonkognitivismus

Beginnen wir mit dem Grund, den der Nonkognitivismus aus unserer alltäglichen ethischen Erfahrung ziehen kann. Die aus diesem Bereich stammenden Belege für den Nonkognitivismus lassen sich durch zwei Beispiele deutlich machen. Betrachten wir als *Erstes* folgende Situation: Andrea berichtet ihren Freundinnen Barbara und Christiane, dass sie schwanger ist und über eine Abtreibung nachdenkt. Sie erzählt, dass sie die Schwangerschaft nicht gewollt und sich vom Erzeuger des Kindes getrennt hat. Die bisherigen ärztlichen Untersuchungen weisen darauf hin, dass es sich um ein gesundes Kind handelt und eine komplikationslose Schwangerschaft zu erwarten ist. Allerdings, so Andrea, sei ein Kind zum jetzigen Zeitpunkt nicht akzeptabel, weil sie damit vermutlich sowohl ihre gerade beginnende berufliche Karriere abbrechen würde, als auch erhebliche Probleme bekomme, zu einem späteren Zeitpunkt einen dauerhaften Partner zu finden, um mit diesem dann eine Familie zu gründen. Barbara und Christiane, von Andrea vor die Frage gestellt: Was soll ich tun?, reagieren gegensätzlich.

Christiane, die selbst in einer ungewollt kinderlosen Partnerschaft lebt, rät ihr vehement davon ab, die Schwangerschaft zu beenden. Die Gründe, die Andrea für eine Beendigung ins Feld geführt habe, seien nicht ausreichend dafür, ein beginnendes menschliches Leben zu beenden. Dagegen steht Barbara, die nach abgeschlossenem Studium gerade erfolgreich eine berufliche Laufbahn begonnen hat, auf dem Standpunkt, dass Andrea auf jeden Fall eine Abtreibung vornehmen sollte. Andrea könne, so Barbara, jetzt nicht ihre berufliche und private Perspektive zunichte machen, was ihr als alleinerziehende Mutter mit großer Wahrscheinlichkeit drohe. Außerdem sei Andrea ja nicht prinzipiell gegen Kinder, sondern wolle zu einem späteren Zeitpunkt doch eigene Kinder bekommen. Der Zeitpunkt und die Umstände seien eben ungeeignet. Ein Schwangerschaftsabbruch sei daher im Grunde nur die Verschiebung einer Schwangerschaft auf einen späteren Zeitpunkt. Im weiteren Verlauf der Diskussion bezieht Christiane die Position, dass es nur unter ganz eingeschränkten Umständen, z. B. bei Gefahr für das Leben der Schwangeren, ethisch legitim sei, einen menschlichen Embryo zu töten. Barbara dagegen ist der Auffassung, dass es zum Recht der Frauen auf Selbstbestimmung gehöre, eine Schwangerschaft auch aus anderen Erwägungen heraus zu beenden.

Barbara und Christiane sind offensichtlich unterschiedlicher ethischer Auffassung. Sie raten Andrea zu gegensätzlichen Handlungen. Beide bringen Gründe für ihre Haltung vor. Beide bringen aber auch eine gegensätzliche Werthaltung der Schwangerschaft gegenüber zum Ausdruck. Konsens oder auch nur Verständnis für die gegenteilige Position ist zwischen Barbara und Christiane nicht zu erzielen. Angesichts dieses Gesprächsverlaufs hat Andrea zwar einerseits den Eindruck, in diesem Disput noch auf einige für ihre Entscheidung relevante Gesichtspunkte aufmerksam gemacht worden zu sein (so deutet Christiane z. B. die Möglichkeit der Adoption oder auch der Fremdbetreuung des Kindes an). Andererseits hat Andrea das Gefühl, dass Barbara und Christiane in dem ganzen Gespräch letztlich jeweils ihre eigenen Wunsch- und Wertvorstellungen zum Ausdruck gebracht haben. Andrea kommt es so vor, dass sie mit ihrer Entscheidung nach wie vor alleine dasteht.

Dieses Beispiel ist hinreichend realitätsnah, um als Nachweis dafür zu dienen, dass der Nonkognitivismus beanspruchen kann, eine plausible Deutung unserer alltäglichen Erfahrung zu liefern. Natürlich wäre auch eine andere Konstellation denkbar gewesen. In unserem ersten Beispiel fragt Andrea ihre Freundinnen: „Was soll ich tun?" und sucht ethischen Rat. Genauso häufig ist es, dass jemand umgestimmt werden soll, wie der *zweite* Fall zeigt: Dorothea hat sich vor einiger Zeit von Eduard getrennt. Nun teilt sie ihm mit, dass sie schwanger ist und eine Abtreibung vornehmen lassen will. Es ist sicher, dass Eduard der Erzeuger des Kindes ist. Dorotheas Entschluss steht fest, doch Eduard startet einen Versuch, sie davon zu überzeugen, dass eine Abtreibung in ihrem konkreten Fall ethisch nicht akzeptabel ist. Es gibt keine Anzeichen für eine Behinderung des Embryos oder für eine Gefährdung Dorotheas. Eduard erklärt sich im Laufe des Gesprächs bereit, die Erziehung des Kindes nach der Geburt zu übernehmen, um Dorotheas berufliche und private Zukunftsperspektive nicht zu gefährden. Für Eduard ist klar, dass man ein menschliches Lebewesen nicht ohne gravierende Gründe töten darf. Er ist bereit, in der Zukunft für sein Kind zu sorgen. Deshalb versucht er, Dorothea von ihrem Entschluss abzubringen, indem er zum Ausdruck bringt, dass ein Schwangerschaftsabbruch, obwohl rechtlich legal, aus ethischer Sicht nicht akzeptabel ist. Dorothea beruft sich dagegen auf ihr Selbstbestimmungsrecht. Sie hält es nicht für ethisch akzeptabel, von ihr zu fordern, eine Schwangerschaft mit all ihren Risiken und Belastungen auf sich zu nehmen, wenn sie das Kind nicht haben wolle. Alle Überzeugungs- und Überredungsversuche von Eduard bleiben erfolglos. Dorothea hält ihren Standpunkt für ethisch vertretbar und lässt sich von ihrem Entschluss nicht abbringen.

Dieses zweite Beispiel liegt ebenfalls durchaus im Rahmen unserer normalen ethischen Erfahrung, auch wenn es vermutlich weniger alltäglich ist als der erste Fall. Auch hier scheitert der Versuch Eduards, Dorothea mit argumentativen Mitteln zu der Einsicht zu bewegen, dass die von ihr geplante Abtreibung ethisch falsch ist. Beide Beispiele können als Beleg dafür dienen, was Arthur Schopenhauer (1788–1860) einmal folgendermaßen auf den Punkt gebracht hat: Moral predigen ist leicht, Moral begründen dagegen schwer! Der Nonkognitivist zieht aus diesen Erfahrungen jedoch eine verschärfte Konsequenz: Moral begründen ist nichts anderes als Moral predigen! Moral begründen ist unmöglich! Nach Ansicht der Nonkognitivisten verstehen wir uns als ethische Subjekte falsch, wenn wir versuchen, andere mit Gründen von unseren ethischen Einstellungen zu überzeugen. Obwohl sich unsere ethischen Äußerungen an der Oberfläche in die Form von Aussagesätzen kleiden, geht es in der Ethik nicht um Argumentation. Vielmehr sind unsere Sprechakte zu analysieren als Gefühlsexpressionen, Empfehlungen oder Imperative, mittels derer wir versuchen, auf das Verhalten der anderen Einfluss auszuüben.

Humes Modell des menschlichen Geistes stützt den Nonkognitivismus

Bei diesem Deutungsvorschlag kommt dem Nonkognitivisten eine philosophische Hintergrundannahme aus dem Bereich der Philosophie des Geistes und der Handlungstheorie zu Hilfe. Sie beruht auf der Erfahrung, dass Überzeugungen nicht unmittelbar handlungswirksam oder motivierend sind. Wer die Auskunft erhält, dass noch Bier im Kühlschrank ist, wird nur dann zum Kühlschrank gehen, wenn er zusätzlich zu dieser Information auch das Motiv hat, ein Bier trinken zu *wollen*. Ohne diese volitionale, den Willen oder die Motivation betreffende Komponente bleiben Überzeugungen mit Bezug auf Handlungen folgenlos.

Generalisiert findet sich diese Beobachtung in einem philosophischen Modell des menschlichen Geistes wieder, welches in der Neuzeit vor allem durch David Hume (1711–1776) entwickelt worden ist. Hume zufolge zerfällt der menschliche Geist in Vernunft und Wille. Erstere zielt auf Wahrheit im Sinne der Übereinstimmung von unseren Überzeugungen mit der Wirklichkeit. Der Wille dagegen, und hierunter fasst Hume auch die Affekte, Wünsche und Werteinstellungen, zielt nicht auf Übereinstimmung mit der Wirklichkeit, sondern darauf, diese Wirklichkeit durch Handeln an unseren Willen anzugleichen. Wenn ich genau hinschaue, um zu erkennen, ob die Tür geschlossen ist, möchte ich eine wahre Überzeugung erwerben. Wenn ich dagegen die offene Tür schließen will, handele ich entsprechend, um die Wirklichkeit meinem Willen gemäß zu gestalten. Durch diese einfache Überlegung entsteht eine Dichotomie mit weit reichenden

Konsequenzen: Die Vernunft zielt auf Wahrheit und ist ohne motivierende Kraft. Der Wille dagegen motiviert zum Handeln, zielt aber nicht auf Wahrheit.

Wenn wir uns nun daran erinnern, dass eines der kennzeichnenden Merkmale ethischer Einstellungen und Äußerungen gerade darin besteht, eine motivierende Kraft zu haben, die sich in der Sollensforderung manifestiert, dann haben wir ein ethikspezifisches Merkmal gefunden, welches zugunsten des Nonkognitivismus zu sprechen scheint. Weil ethische Einstellungen und Äußerungen motivierend sind, können sie keine wahrheitsfähigen Aussagen sein.

Naturwissenschaftliches Wirklichkeitsverständnis stützt den Nonkognitivismus

Die zweite philosophische Hintergrundannahme, die dem Nonkognitivismus als ethische Theorie eine gewisse Anfangsplausibilität verleiht, beruht auf der letztlich am naturwissenschaftlichen Wirklichkeitsbegriff ausgerichteten Vorstellung, dass sich alle Tatsachen in analytische oder begriffliche Tatsachen einerseits und in empirische, rein naturale Tatsachen andererseits aufteilen lassen. Zu ersteren zählen beispielsweise der Identitätssatz, dass jeder Gegenstand mit sich selbst identisch ist (a = a), oder auch der Sachverhalt, dass Junggesellen unverheiratet sind. Zu letzteren gehört z. B., dass Sie jetzt diesen Satz lesen, oder auch, dass die Zahl der Arbeitslosen in Deutschland in den letzten Jahren auf hohem Niveau stagniert.

Ethische Äußerungen passen nun scheinbar in keine dieser beiden Rubriken. Deshalb liegt die These nahe, dass sie keine Tatsachen zum Ausdruck bringen und damit weder begründbar noch wahrheitsfähig sind. Will man diese nonkognitivistische Schlussfolgerung vermeiden, dann besteht ein möglicher Ausweg an dieser Stelle darin zu versuchen, ethische Begriffe und Äußerungen in naturale Begriffe und Aussagen zu übersetzen, um so unserem ethischen Sprachspiel Wahrheitsfähigkeit und Begründbarkeit zu erhalten. Auf diese Weise stoßen wir auf die Option des ethischen Naturalismus, die uns in Kapitel VII noch ausführlich beschäftigen wird. Lehnt man den Ausweg des ethischen Naturalismus dagegen ab und hält an den gerade dargelegten philosophischen Prämissen fest, dann bleibt scheinbar nur noch der Ausweg des Nonkognitivismus offen.

Bevor wir zur Darstellung der wichtigsten nonkognitivistischen Theorievarianten übergehen können, müssen wir erst noch einige sprachanalytische Überlegungen anstellen und dabei einige zentrale Unterscheidungen der Sprachphilosophie zur Kenntnis nehmen. Dies ist deshalb unumgänglich, weil die Grundidee des Nonkognitivismus, dass ethische Äußerungen keine begründungs- und wahrheitsfähigen Aussagen sind, eine metaethische These über das ethische Sprachspiel ist.

2. Sprachanalytische Vorüberlegungen

In den 60er Jahren des letzten Jahrhunderts ist, basierend auf den Arbeiten von John Austin (1911–1960) und John R. Searle (*1932), eine philosophische Auffassung der Sprache entstanden, die heute unter dem Namen der Sprechakttheorie bekannt und weitgehend anerkannt ist (vergleiche dazu die Darstellung in [III-1], S. 87–90). Ihren Ausgangspunkt nimmt die Sprechakttheorie von der Konzeption der Sprachspiele und der Gebrauchstheorie der Bedeutung, die Ludwig Wittgenstein (1889–1951) in Auseinandersetzung mit seiner eigenen frühen Sprachphilosophie entwickelt hat.

Grundidee der Sprechakttheorie

Die Grundeinsicht der Sprechakttheorie besteht darin, dass Sprechen eine Art des Handelns ist. Damit wird der Blick des Sprachphilosophen weggelenkt von der Analyse der Sprache als eines Systems von (syntaktischen oder semantischen) Regeln hin zur Analyse der Sprache als Tätigkeit. Wie Ludwig Wittgenstein festgestellt hat, besteht eine der Hauptgefahren für die Philosophie in einseitiger Diät, d. h. in der Beschränkung auf bestimmte Beispiele und begrenzte Aspekte von Phänomenen. In diesem Sinne kann man der klassischen Philosophie vorwerfen, sich mit der Sprache nur in einer ihrer vielen Verwendungsweisen auseinandergesetzt zu haben, nämlich in Form der behauptenden Aussage. Tatsächlich gibt es aber eine weit vielfältigere Weise, unter Einsatz der Sprache zu handeln. Sprechend übermitteln wir Nachrichten bzw. Informationen, geben Empfehlungen, erteilen Befehle, äußern Bitten, stellen Fragen, leisten Versprechen, begrüßen einander, taufen Säuglinge und Schiffe oder ernennen Personen zu Rittern, Richtern und Rektoren. Schon diese kleine Liste, die sich noch um ein Vielfaches verlängern ließe, zeigt, wie vielfältig der Gebrauch ist, den wir von der Sprache machen. Deshalb liegt die Vermutung nahe, dass die sprachlichen Äußerungen in diesen verschiedenen Gebräuchen unterschiedlich funktionieren.

a) Illokutionäre Rollen

Schauen wir uns, um ein wenig sprachphilosophische Fachterminologie einzuführen, einige Beispielsätze in ihren Äußerungskontexten an:

(6) Otto: „Ich fürchte, ich bin durch die Prüfung gefallen."
(7) Paula: „Ist Otto durch die Prüfung gefallen?"
(8) Der Prüfungsvorsitzende: „Otto ist durch die Prüfung gefallen."
(9) Der Protokollant der Prüfung: „Otto ist durch die Prüfung gefallen."
(10) Ottos Vater: „Wie kann man nur durch die Prüfung fallen?"

In allen diesen Äußerungen spielt der Sachverhalt, dass Otto durch die Prüfung gefallen ist, eine Rolle. Dennoch sind diese Äußerungen in ihrer Bedeutung sehr unterschiedlich. Der Sachverhaltsgehalt (dass Otto durch die Prüfung gefallen ist) legt die Bedeutung der gesamten Äußerung nicht alleine fest. Vielmehr muss man auch die praktische Funktion des jeweiligen Sprechaktes erfassen, wenn man die Bedeutung der Äußerung angemessen verstehen will. Dies ist ganz offensichtlich etwa bei ironischen Äußerungen oder bei so genannten indirekten Sprechakten der Fall, wenn z. B. eine Bitte in einen Fragesatz gekleidet wird („Ist noch Bier da?" oder „Kannst du mir die Butter reichen?"). Diese praktische Funktion des Sprechaktes nennt man *illokutionäre Rolle* oder auch *performativen Modus.*

Man kann drei Hauptarten performativer Modi unterscheiden:

- Behaupten;
- Auffordern;
- Ausdrücken.

Unter jede dieser drei Hauptarten fallen verschiedene, spezifischere illokutionäre Rollen. So umfasst die Kategorie der Behauptungen u.a. mitteilen, entgegnen, erläutern, zustimmen, folgern oder beschreiben; unter die Kategorie des Aufforderns fallen z.B. befehlen, bitten, empfehlen oder fragen; und zur Kategorie des Ausdrückens gehören wünschen, bewerten, etwas begrüßen oder etwas ablehnen.

Variabilität der illokutionären Rollen

Bevor wir eine weitere wichtige sprachphilosophische Unterscheidung kennen lernen, möchte ich noch vier Bemerkungen zur illokutionären Rolle bzw. zum performativen Modus machen:

(i) Erstens kann ein konkreter Sprechakt mehrere performative Modi übernehmen. So kann meine Äußerung „Du kommst schon wieder zu spät!“ gleichzeitig eine Behauptung im Sinne einer Tatsachenfeststellung, Ausdruck meines Ärgers, die Bitte um Abstellen dieses unhöflichen Verhaltens wie auch die Aufforderung nach einer Erklärung sein.

(ii) Da Sprechakte Handlungen sind, trifft auch auf sie die bereits eingeführte Unterscheidung zwischen konkreten Handlungen und Handlungsweisen zu. Ein Sprechakt, verstanden als Handlungsweise, kann zweitens in seinen konkreten Vorkommnissen unterschiedliche performative Modi annehmen. So kann „Ist noch Bier im Kühlschrank?“ in einer Situation eine Informationsfrage sein (wenn man z.B. gerade dabei ist, eine Einkaufsliste zu erstellen). In einem anderen Fall kann es sich aber auch um eine Bitte handeln, noch ein Bier serviert zu bekommen.

Auch für Behauptungssätze gilt, dass sie als Handlungsweisen in konkreten Vorkommnissen mehrere und jeweils verschiedene performative Modi annehmen können. Deshalb können Behauptungssätze in konkreter Verwendung mehr als nur den performativen Modus des Behauptens aufweisen (z.B. „Der Bus hat schon wieder 15 Minuten Verspätung.“). Dies ist für unsere folgenden Überlegungen entscheidend: Aus der Tatsache, dass eine konkrete Äußerung, die einen Behauptungssatz enthält, eine illokutionäre Rolle der Kategorien des Aufforderns oder Ausdrückens aufweist, folgt nicht, dass ihr keine illokutionäre Rolle aus der Kategorie des Behauptens zukommt. Behauptungssätze können allerdings auch ohne den performativen Modus des Behauptens verwendet werden. Denken wir z.B. an den frisch verliebten Christoph, der seiner Partnerin mitteilt: „Du bist mein Sonnenschein!“

(iii) Damit stellt sich drittens die Frage, wie wir es schaffen, einen konkreten Sprechakt richtig zu verstehen. Dass dies nicht immer ganz einfach ist, zeigen viele Missverständnisse in der Kommunikation. Exemplarisch ist hier das Beispiel der Ironie. Normalerweise legen der konkrete Äußerungskontext, aber auch der Tonfall und die begleitenden Gesten des Sprechers, die sozialen Rollen der Beteiligten oder die Erwartungshaltungen der Zuhörer fest, um welche Art von Sprechakt es sich im Einzelfall jeweils handelt. Es gibt aber auch die Möglichkeit, den Sprechakt im Sprechakt selbst eindeutig zu kennzeichnen. Dazu verwenden wir so genannte *performative Verben* wie „ich behaupte hiermit“ oder „ich empfehle“.

Ausdrücken versus Beschreiben

(iv) Die vierte Anmerkung bezieht sich auf das „Ausdrücken“, unseren dritten performativen Hauptmodus. Da es für unsere Überlegungen zur Ethik von großer systematischer Bedeutung ist, muss an dieser Stelle ein mögliches Missverständnis ausgeschlossen werden: Das Ausdrücken eines

Gemütszustands darf auf keinen Fall verwechselt werden mit der Beschreibung eines Gemütszustands oder der Behauptung, dass man sich in einem solchen Gemütszustand befindet. Machen wir uns dies an Beispielen klar. Wenn Tanja in der Therapiesitzung sagt: „Ich fürchte mich vor engen Räumen wie z. B. Fahrstühlen", dann beschreibt sie einen mentalen Zustand und behauptet, gelegentlich unter einem solchen Angstzustand zu leiden. Wenn sie dagegen vor einer sich öffnenden Fahrstuhltür entsetzt zurückweicht und sagt: „Ich will da nicht rein, ich habe Angst davor!" dann bringt sie ihre Angst zum Ausdruck. Im ersten Fall ist Tanjas mentaler Zustand der Gegenstand, über den sie spricht. Im letzteren dagegen kommt dieser mentale Zustand in ihrem Sprechakt zum Ausdruck. Wenn Waltraud z. B. von ihrem Arzt gebeten wird, ihre Kopfschmerzen näher zu charakterisieren, dann beschreibt sie diesen Schmerz und vollzieht damit behauptende Sprechakte. Wenn Fred dagegen nach einer ausschweifenden Fete seinen Mitbewohnern mitteilt: „Mir brummt der Schädel!", dann wird er vermutlich sein körperliches Unwohlsein zum Ausdruck bringen.

b) Drei Bedeutungskomponenten

Damit kommen wir zur Unterscheidung von drei Bedeutungskomponenten, die einer konkreten Äußerung zukommen können: Erstens tut der Sprecher etwas kund, wodurch die *expressive* Bedeutung zustande kommt. Zweitens gibt es den Appell an den Hörer, was man als die *evokative* Bedeutungskomponente bezeichnet. Schließlich gibt es drittens noch die *deskriptive* Bedeutungskomponente, die durch das Besprochene, das, was mitgeteilt wird, gebildet wird.

- expressive Bedeutungskomponente
- evokative Bedeutungskomponente
- deskriptive Bedeutungskomponente

Diese Dreiteilung der Bedeutung eines Sprechakts in expressive, evokative und deskriptive Bedeutungskomponenten lässt sich in Beziehung setzen zu den drei Haupttypen performativer Modi, die wir zuvor unterschieden haben. So kann man die Kundgabe des Sprechers verstehen als dasjenige, was der Sprecher an eigenen Gefühlen, Wertungen etc. zum Ausdruck bringt. Wenn Susanne ihrer Freundin Ulrike erzählt, dass sie gestern Abend in der Disco von einem Macho angebaggert worden ist, dann teilt sie ihr nicht nur eine Information mit, sondern bringt auch einiges an Gefühlen, Wertungen etc. zum Ausdruck. Wie andere Handlungen auch zielen Sprechakte darauf ab, etwas zu bewirken; allgemein gesprochen zielen sie auf eine Reaktion des Hörers. Diese kann von interessiertem Zuhören über die Annahme von bestimmten Überzeugungen (Information, Argumentation), die Übernahme von Werteinstellungen (Empfehlungen) bis zur Ausführung von Handlungen (Befehle, Bitten) gehen. Alle diese Reaktionen gehören in die Rubrik der evokativen Bedeutung als desjenigen, was durch den Sprechakt im Hörer evoziert, wozu er aufgefordert werden soll. Schließlich verweisen der performative Modus des Behauptens und die Bedeutungskomponente des Besprochenen gleichermaßen auf den Aussagegehalt. Allerdings, so hat bereits unsere kurze Darstellung der verschiedenen performativen Modi gezeigt, gibt es mehr als nur die drei soeben unterschiedenen Bedeutungskomponenten der Expression, der Evokation und der Deskription. Daher lässt sich diese Unterscheidung am besten verstehen als Binnendifferenzierung der Sprechakttheorie.

Diesen drei Bedeutungskomponenten kann bei verschiedenen Arten von Sprechakten ein unterschiedliches Gewicht zukommen; möglich ist auch bei bestimmten Sprechakten, dass nicht alle drei Bedeutungskomponenten vorliegen. Auch hier ist die gesprochene Sprache sehr flexibel, und die Bedeutung wird durch den konkreten Sprechakt in einer konkreten Verwendungssituation festgelegt. Das bedeutet, dass man ohne Kontextwissen, Sprachverstehen und die Kompetenz, an dem betreffenden Sprachspiel teilzunehmen, nicht in der Lage sein wird, die Bedeutung einer konkreten Sprechhandlung zu erfassen (man denke nur daran, wie schwierig es ist, einen Witz in einer Fremdsprache zu verstehen). Sie steht ihr jedenfalls nicht „auf die Stirn" oder in die syntaktische Struktur geschrieben.

3. Hauptformen der nonkognitivistischen Ethikkonzeption

Die drei Hauptvarianten des Nonkognitivismus lassen sich anhand der Theorien von drei Philosophen erläutern. Diese drei Theorien werden im Folgenden nicht in ihren teilweise recht komplexen Verästelungen dargestellt. Vielmehr müssen wir uns darum bemühen, die Grundidee des jeweiligen Ansatzes freizulegen. Auch wenn es durch diese holzschnittartige Präsentation so erscheinen mag, sind diese philosophischen Ansätze weder unpräzise noch naiv. Es besteht im Rahmen dieser Einführung jedoch keine Möglichkeit, sie im Detail darzustellen und zu diskutieren. Außerdem müssen wir auch bedenken, dass diese nonkognitivistischen Konzeptionen zu einer Zeit entwickelt wurden, als die Sprechakttheorie entweder noch gar nicht entwickelt war oder noch in den ersten Anfängen steckte. Es bestand daher für die ersten Vertreter des ethischen Nonkognitivismus damals noch nicht die komfortable Lage, auf diese elaborierte Sprachtheorie zurückgreifen zu können, wie sie uns in Form der Sprechakttheorie heute zur Verfügung steht.

Erinnern wir uns an die Vorschläge, den Sprechakt

(1) Du sollst nicht ehebrechen!

zu analysieren. Eingangs dieses Kapitels hatte ich als mögliche nonkognitivistische Deutungen drei Alternativen erwähnt:

(3) Brich nicht die Ehe!

(4) Ich ziehe es vor, nicht Ehe zu brechen, und empfehle dir das gleiche.

(5) Ehebrechen ist empörend!

Wenden wir die soeben gelernten Differenzierungen auf diese Deutungsvorschläge an, dann sehen wir, dass die drei Analysevorschläge der Soll-Äußerung einerseits unterschiedliche performative Modi zuordnen (Befehlen, Empfehlung und Ausdruck einer emotionalen Einstellung). Andererseits ist ihnen gemeinsam, dass sie die Soll-Äußerung nicht als Behauptung auffassen.

a) Alfred J. Ayer

Ayers „Boo-and-Hurray-Theory"

Alfred J. Ayer (1910–1989) geht von der These aus, dass nur empirische oder analytische Aussagen sinnvoll sind. Um diese Behauptung abzusichern, setzt er sich in Form einer Kritik mit den Aussagen der Ethik und der Theologie auseinander (siehe [III-2], Kap. 6). Da diese Sorte sprachlicher Äußerungen sowohl in unserem Alltag als auch in der philosophischen und theologischen Tradition fest verankert sind, muss Ayer eine Analyse vorschlagen, die es ihm erlaubt, an seinem positivistischen und empiristischen Philosophie- und Wirklichkeitsverständnis festzuhalten. Im geht es also, anders als den anderen beiden Vertretern des Nonkognitivismus, denen wir uns gleich zuwenden, nicht primär um die Ethik:

„Wir werden uns darauf konzentrieren zu zeigen, daß Wertaussagen, insofern sie bedeutsam sind, gewöhnliche ‚wissenschaftliche' Aussagen sind und daß sie, insofern sie nicht wissenschaftlich sind, nicht im eigentlichen Sinne bedeutsam, sondern einfach Gefühlsausdrücke sind, die weder wahr noch falsch sein können." ([III-2], S. 135)

Ayer bestreitet die Möglichkeit, wertende Begriffe in naturale Begriffe zu übersetzen, d. h. die Ethik zu naturalisieren (vergleiche zur Diskussion des ethischen Naturalismus Kapitel VII). Da der Gehalt ethischer Begriffe aber auch nicht über naturwissenschaftliche Methoden oder die sinnliche Erfahrung zu erfassen ist, bleibt ihm nur die radikale These, dass es sich um „Pseudobegriffe" (so in [III-2], S. 141) handelt. Das bedeutet, wie Ayer mit vorbildlicher Deutlichkeit ausführt:

„Das Vorhandensein eines ethischen Symbols in einer Proposition fügt ihrem tatsächlichen Inhalt nichts hinzu. Wenn ich daher zu jemand sage „Du tatest Unrecht, als du das Geld stahlst", dann sage ich nicht mehr aus, als ob ich einfach gesagt hätte „Du stahlst das Geld". Indem ich hinzufüge, daß diese Handlung unrecht war, mache ich über sie keine weitere Aussage. Ich zeige damit nur meine moralische Mißbilligung dieser Handlung. Es ist so, als ob ich „Du stahlst das Geld" in einem besonderen Tonfall des Entsetzens gesagt oder unter Hinzufügung einiger besonderer Ausrufezeichen geschrieben hätte. Der Tonfall oder Ausrufezeichen fügen der Bedeutung des Satzes nichts hinzu. Sie dienen nur dem Hinweis, daß sein Ausdruck von gewissen Gefühlen des Sprechers begleitet wird". ([III-2], S. 141)

Ethische Äußerungen setzen sich bestenfalls aus einer Behauptung plus einer Gefühlsexpression zusammen. Ansonsten sind sie reiner Ausdruck der Emotionen des Sprechers. Kein Wunder also, dass man Ayers Theorie auch als die „Boo-and-Hurray-Theory der Ethik" bezeichnet hat.

Bewertung von Ayers Vorschlag

Nun muss man zum einen fairer Weise sagen, dass Ayers Überlegungen zur Ethik nur als absichernder Baustein seiner gesamten Theorie gedacht sind. Zum anderen treffen seine Analysen natürlich auch einen wichtigen Aspekt ethischer Äußerungen. Mit den Mitteln der vorhin eingeführten Unterscheidungen können wir aber *erstens* festhalten, dass eine Äußerung zum einen mehrere performative Modi aufweisen kann. Zum anderen kann die Gesamtbedeutung einer Äußerung auch aus mehreren Faktoren zusammengesetzt sein. Ayer schließt von dem emotiven, also expressiven Aspekt ethischer Äußerungen darauf, dass diese Äußerungen keine anderen Bedeutungsaspekte aufweisen können. Wie wir bereits gesehen haben, ist diese Schlussfolgerung trotz der nicht zu leugnenden expressiven Aspekte ethischer Äußerungen nicht zwingend. *Zweitens* kann die von Ayer vorgeschlagene Theorie dem Faktum, dass wir in der Ethik nach Gründen suchen und über unsere ethischen Einstellungen miteinander diskutieren, nicht Rechnung tragen. Es kann daher nicht verwundern, dass dieser von Ayer vorgeschlagene emotivistische Ansatz in der Nachfolge verfeinert worden ist.

b) Charles L. Stevenson

Wesentlich differenzierter und primär an einer systematischen und erschöpfenden Analyse unserer ethischen Sprache interessiert ist der philosophische Ansatz, den Charles L. Stevenson (1908–1979) ungefähr zeitgleich mit Ayer entwickelt. Als Arbeitshypothese zur Analyse ethischer Äußerungen macht Stevenson folgenden Vorschlag (vgl. [III-3], S. 21; meine Übersetzung):

(1) „Dies ist falsch" bedeutet *Ich missbillige dies, tue du das auch.*

(2) „Er sollte dies tun" bedeutet *Ich missbillige sein Unterlassen dieser Handlung, tue du das auch.*

(3) „Dies ist gut" bedeutet *Ich billige dies, tue du das auch.*"

Stevenson weist in seiner Erläuterung darauf hin, dass dieser Analysevorschlag – Stevenson spricht von „Definition" – jeweils zwei Teile hat (vgl. [III-3], S. 22). Der erste Bestandteil sei eine deklarative Aussage und beschreibe die Einstellung des Sprechers. Der zweite sei eine imperative Aussage, adressiert an den Hörer.

Stevensons appellative Analyse

Wir können hier vor allem beobachten, wie die emotivistische Analyse komplexer wird. So kann Stevenson behaupten, dass seiner Analyse zufolge jede ethische Äußerung mit der Beschreibung der Sprechereinstellung auch einen deskriptiven Gehalt aufweist (vgl. [III-4], S. 121). Die wesentliche Funktion ethischer Äußerungen besteht seiner Konzeption zufolge aber nicht in dem Verweis auf diese Tatsache, sondern in ihrem evokativen, appellativen Charakter. Mit ethischen Äußerungen wollen wir Einfluss auf die Einstellungen des Hörers ausüben:

> „Moralurteile beschreiben nicht bloß die Einstellungen von Menschen, sondern *verändern* oder *intensivieren* sie. Viel eher *empfehlen* sie eine Einstellung zu einem Gegenstand, als daß sie feststellten, die Einstellung sei bereits gegeben." ([III-4], S. 121 f.)

Diese Einstellungsänderung, mit der Stevenson die praktische Wirksamkeit ethischer Äußerungen und Einstellungen einfangen kann, wird jedoch seiner Meinung nach nicht mit rationalen Mitteln erreicht, sondern durch „Suggestion" (so in [III-4], S. 131). Um diese These plausibel zu machen und mit unserer ethischen Praxis in Einklang zu bringen, unterscheidet Stevenson zwischen Divergenzen hinsichtlich unserer Überzeugungen und hinsichtlich unserer wertenden Einstellungen. Nur im ersteren Fall kann man mit Gründen, d.h. rational, auf den anderen einwirken. Die positiven oder negativen Werteinstellungen kann man dagegen seiner Meinung nach letztlich nur kausal beeinflussen. Allerdings führt Stevenson dann weiter aus, dass ein rationales Argumentieren in der Ethik damit nicht vollkommen ausgeschlossen wird. Weil nämlich unsere wertenden Einstellungen selbst von Annahmen hinsichtlich der Tatsachen abhängen können, besteht die Möglichkeit, eine andere Person zu einer Einstellungsänderung zu bewegen, indem man ihr neue Informationen über den Gegenstand ihrer Einstellung gibt. Wenn wir über eine Person, deren Handlung wir im ersten Moment missbilligen, mehr Informationen erhalten, dann kann es sein, dass sich unsere Einstellung verändert (vgl. [III-4], S. 133). Es bleibt aber festzuhalten, dass damit nur auf indirekte Weise mit den Mitteln der Vernunft Einfluss auf die wertenden Einstellungen genommen werden kann. Direkt lassen sich diese Einstellungen nicht rational beeinflussen, sondern nur, indem der Sprecher den Hörer „mit seinen Gefühlen infiziert" (so in [III-4], S. 135).

Der a-rationale Charakter der Ethik?

Das Wesen der ethischen Sprache beruht nach Stevenson auf dem Ziel, Einstellungen zu beeinflussen. Dies erklärt den praktischen Charakter der ethischen Sprache und Einstellungen, lässt aber eine direkte rationale Erörterung ethischer Einstellungen unmöglich werden. Der Bereich des Begründens bleibt beschränkt auf die deskriptiven Tatsachenbehauptungen. Die Ethik selbst „ist persuasiv – weder empirisch noch rational" (vgl. [III-4], S. 135). Neben diesem Nachteil der Theorie Stevensons lässt sich auch einwenden, dass er einen Aspekt der Gesamtbedeutung ethischer Äußerungen, nämlich den deskriptiven Aspekt, ausblendet und lediglich die Ausdrucks- und die Aufforderungsbedeutung erfasst. Außerdem beruht seine gesamte Sprachtheorie auf einer behavioristischen Konzeption, die mittlerweile als gescheitert gelten kann. Wir unterscheiden darüber hinaus normalerweise zwischen der psychologisch-kausalen Einflussnahme auf der einen sowie dem kommunikativen Akt und der Verstehensleistung auf der anderen Seite. Selbst wenn die ethische Sprache damit dem Ziel der Einstellungsänderung dient, so scheint Stevensons Theorie der Suggestion doch unangemessen zu sein. Von unserem alltäglichen Vorverständnis aus wollen wir ethische Begründungen und bloße Überredung – man denke etwa an Werbung oder Propaganda – unterscheiden. Dies gelingt jedoch mit der von Stevenson vorgeschlagenen Deutung nicht.

c) Richard M. Hare

Damit komme ich zur dritten Variante des Nonkognivitismus. Im Gegensatz zu einer rhetorischen Manipulation oder Suggestion fordert uns ein Imperativ dazu auf, Stellung zu dieser Aufforderung zu nehmen. Damit scheint eine Deutung ethischer Äußerungen als Imperative unserem Ideal der Möglichkeit rationaler Begründung in der Ethik näher zu kommen, da auf diese Weise die Vorstellung der Manipulation nicht ins Spiel kommt. Jedenfalls ist diese These das Herzstück der metaethischen Theorie, die Richard M. Hare (*1919) vorgeschlagen und über Jahrzehnte hinweg weiterentwickelt hat. Gerade mit Bezug auf die Theorie von Hare gilt das eingangs Gesagte: Wir können ihr an dieser Stelle weder in ihrer Komplexität noch in ihrer Subtilität gerecht werden. Wir müssen uns vielmehr wiederum darauf beschränken, den nonkognitivistischen Kern von Hares Konzeption freizulegen. Neben dem nonkognitivistischen Grundzug weist diese Theorie einen zweiten charakteristischen Aspekt auf: Für Hare zeichnet sich die ethische Sprache dadurch aus, dass sie universelle, d. h. für alle rationalen Wesen Geltung beanspruchende Forderungen aufstellt (diesen Aspekt ethischer Ansprüche werden wir in den folgenden Kapiteln noch ausführlich erörtern).

Ethische Äußerungen als universale Imperative

Hares nonkognitivistische Grundidee besteht nun in der Annahme, dass die ethische Sprache zu den vorschreibenden Sprachen gehört, mittels deren Verhalten geleitet werden soll (vgl. [III-5], S. 19). Wer sagt: „Du solltest nicht abtreiben!", der stellt die universelle Regel auf, dass alle rationalen, zur Ethik fähigen Wesen nicht abtreiben sollten. Begründet wird eine solche Aufforderung, indem der Sprecher zum Ausdruck bringt, dass er sich für ein ethisches Grundprinzip, in unserem Fall „Man soll nicht abtreiben", entschieden hat.

Hares Dezisionismus

Die ethischen Äußerungen eines Sprechers haben diesem Analysevorschlag nach also das Ziel, das Verhalten anderer mittels Imperativen zu beeinflussen. Damit ist der Hörer selbst zu einer Entscheidung aufgefordert und wird nicht einfach nur kausal manipuliert. Der entscheidende Punkt ist aber, ob ein Sprecher oder auch ein Hörer rationale Gründe für ihre Prinzipienentscheidungen anführen können. Hare ist hier, in der Gefolgschaft von Hume, der Auffassung, dass vorschreibende Äußerungen keine Objektivität im Sinne von Tatsachenfeststellungen haben, sondern die Prinzipienentscheidungen die letzte Begründungsinstanz sind (zu den verschiedenen Begründungsmodellen in der Ethik vergleiche Kapitel IX). Eine Antwort auf die Frage, ob es für diese Prinzipienentscheidung einer Person selbst noch einmal rationale Kriterien gibt oder nicht, hat Hare nicht gegeben und daher entsprechend auch keine Theorie der Begründung für eine solche Entscheidung entwickelt. An der obersten Spitze seiner Ethikkonzeption steht daher, wie bei den anderen Nonkognitivisten auch, ein irrationales Moment. Auf späteren bzw. niederen Stufen ethischen Argumentierens kann es in dieser Ethikkonzeption zwar Begründungen geben. Hare hat dafür z. B. eine umfangreiche Logik der Imperative entwickelt, die dazu dienen soll, einen Teil unserer ethischen Begründungspraxis zu rekonstruieren. Dennoch ruht die Ethik bei ihm letztlich, genauso wie die Position vieler Existenzialisten, auf einer rational nicht mehr einholbaren Dezision.

4. Zusammenfassung, Lektürehinweise, Fragen und Übungen

Zusammenfassung

Die Grundidee des ethischen Nonkognitivismus besteht darin, eine Analyse sprachlicher Äußerungen vorzuschlagen, in welcher diese entgegen ihrer oberflächlichen Erscheinungsweise nicht als Behauptungen anerkannt werden. Anhand der Konzeptionen von Alfred J. Ayer, Charles L. Stevenson und Richard M. Hare wurden die verschiedenen nonkognitivistischen Vorschläge präsentiert. Ayer meint, dass die ethische Dimension normativer oder wertender Aussagen die Expression eines emotionalen Zustands des Sprechers ist; Stevenson schlägt vor, dass der ethische Aspekt sich als Aufforderung an den Hörer verstehen lässt, das vom Sprecher zum Ausdruck gebrachte Urteil der Billigung oder Missbilligung zu übernehmen; und Hare analysiert die ethische Dimension letztlich als Aufforderung an den Hörer mittels eines Imperativs, den der Sprecher als Norm formuliert, für deren Befolgung er sich entschieden hat. Doch auch wenn diese Modelle im Laufe der Theorieentwicklung komplexer geworden sind, bleibt der entscheidende Punkt, dass in einer nonkognitivistischen Konzeption ethische Aussagen weder wahrheitsfähig noch begründbar sind. Diese Konsequenz steht in deutlichem Gegensatz zu unserer alltäglichen ethischen Praxis und dem darin enthaltenen Selbstverständnis. Auf der Grundlage der sprechakttheoretischen Unterscheidung verschiedener illokutionärer Rollen und der Differenzierung verschiedener Bedeutungskomponenten zeigt sich, dass der ethische Nonkognitivismus zwar einige Aspekte der ethischen Praxis adäquat einfangen kann. Seine Schlussfolgerung darauf, dass ethische Äußerungen keine wahrheitsfähigen oder begründbaren Aussagen sind, ist aber nicht zwingend. Angesichts der gravierenden revisionären Konsequenzen des ethischen Nonkognitivismus gewinnt das Projekt des ethischen Kognitivismus daher an Attraktivität.

Lektürehinweise
Zur Sprechakttheorie siehe die grundlegenden Studien [III-6], [III-7] und [III-8] sowie für eine allgemeine Darstellung [III-9]; weitere wichtige Arbeiten von Hare sind [III-10] und [III-11]; wichtige differenzierte nonkognitivistische Konzeptionen sind entwickelt in [III-12] und [III-13]; für eine allgemeine Darstellung des Nonkognitivismus siehe [III-14]; eine Kritik an der Grundidee des Nonkognitivismus, die schon vor der Entwicklung der hier besprochenen Theorien entwickelt wurde, vergleiche [III-15]; eine zeitgenössische nonkognitivistische Ethik auf explizit Hume'scher Grundlage findet sich in [III-16], für die Grundzüge der Hume'schen Theorie des Geistes vgl. den dritten Teil des zweiten Buches von [III-17].

Fragen und Übungen
- Welche performativen Modi und welche Bedeutungskomponenten werden in der Sprechakttheorie unterschieden?
- Erläutern Sie die Grundidee des ethischen Nonkognitivismus.
- Wo liegt das nonkognitivistische Element in der Theorie Richard M. Hares?
- Wie baut Charles L. Stevenson die deskriptiven Aspekte ethischer Äußerungen in seine Analyse ein?
- In welchem Sinne ist es Charles L. Stevenson zufolge möglich, auf die wertenden Einstellungen rational Einfluss zu nehmen?
- Analysieren Sie die folgende Äußerung gemäß der Vorschläge von Ayer, Stevenson und Hare: „Du sollst Vater und Mutter ehren!".
- Stellen Sie dar, inwiefern die sprechakttheoretischen Unterscheidungen als Einwand gegen die nonkognitivistische Schlussfolgerung verwendet werden können.
- Nennen Sie die Differenz zwischen dem ethischen Nonkognitivismus und dem ethischen Naturalismus.
- Worin ist die entscheidende Schwäche nonkognitivistischer Ethikkonzeptionen zu sehen?
- Welche These muss man aufstellen, um den Nonkognitivismus als Ethikkonzeption zu vermeiden?

IV. Der Subjektivismus

In diesem Kapitel wird die Position des subjektiven ethischen Rationalismus vorgestellt. Diese ethische Konzeption versucht, der Ethik eine begründungs- und wahrheitsfähige, d.h. kognitivistische Grundlage zu geben. Die Grundidee ist dabei, dass die Anforderungen der Moral mit dem aufgeklärten Eigeninteresse rationaler Akteure, die zugleich ein anthropologisch begründetes Interesse an Kooperation haben, zusammenfallen. Die für den subjektiven ethischen Rationalismus zentralen Voraussetzungen aus der Entscheidungs- und Spieltheorie sowie zentrale Grundbegriffe wie Gerechtigkeit, Interesse oder Rationalität werden erläutert. Die kritische Bewertung des subjektiven ethischen Rationalismus zeigt, dass diese Konzeption entweder gravierende revisionäre Konsequenzen für unser ethisches Alltagsverständnis hat, oder aber die Gleichsetzung von Ethik und aufgeklärtem Eigeninteresse aufgegeben werden muss.

1. Die Grundidee

Revisionäre Konsequenzen des Nonkognitivismus

Dem ethischen Nonkognitivismus zufolge beruhen unsere ethischen Äußerungen auf einem rational nicht weiter begründbaren Fundament: Das Herz der Ethik ist irrational. Diese Grundauffassung mag, zumindest auf den ersten Blick, als plausibel erscheinen, weil sie unsere alltägliche Erfahrung erklärt, dass in ethischen Auseinandersetzungen die Stimme der Vernunft häufig kein Gehör findet. Allerdings verliert sich diese Anfangsplausibilität, wenn man sich verdeutlicht, dass wir in unserer alltäglichen ethischen Praxis häufig um Rat und nach Begründungen fragen. Vor allem büßt der Nonkognitivismus seine Attraktivität ein, wenn man sich die praktischen Konsequenzen überlegt, die aus ihm für unser alltägliches Verständnis von Ethik und damit letztlich auch für die ethische Praxis selbst erwachsen. Wenn nur noch die Expression von Emotionen, der Versuch, Werteinstellungen rhetorisch zu beeinflussen, oder der willkürliche Entschluss zugunsten irgendwelcher Prinzipien Grundlage unserer ethischen Praxis wären, dann würde sich unser praktisches Zusammenleben fundamental ändern.

Ethischer Kognitivismus ohne Metaphysik

In Anbetracht dieser Aussichten gewinnt der Versuch, die Ethik auf eine kognitivistische Basis zu stellen, Attraktivität und Plausibilität. Die basalste Form einer solchen Ethikauffassung stellt der subjektive ethische Rationalismus dar. Sie ist im philosophischen Sinne „basal“, weil diese Konzeption möglichst wenige Prämissen in Anspruch nehmen will, die mit unserem modernen Wirklichkeits- und Selbstverständnis in Spannung stehen.

Die Grundannahme dieses Ansatzes beruht auf einer Differenzierung, die wir bereits im letzten Kapitel eingeführt haben: die Unterscheidung zwischen dem Ausdrücken und dem Beschreiben eines eigenen mentalen Zustands (mental leitet sich aus dem Lateinischen von „mens“ = Denken her). Der ethische Subjektivismus möchte der Ethik ein kognitivistisches Fundament geben, welches ethische Aussagen wahrheitsfähig und begründbar macht, ohne starke metaphysische Voraussetzungen in Anspruch nehmen zu müssen. Daher sucht er eine empirische, auf der Erfahrung basierende Grundlage der Ethik. Er findet sie in den Interessen von rationalen Handlungssubjekten. Diese individuellen Interessen, die jedem in der

Selbsterfahrung und anderen Subjekten durch Beobachtung empirisch zugänglich sind, werden als Basis der Ethik angesetzt. Ethische Begriffe und Äußerungen führen damit letztlich zurück auf beschreibende Aussagen über bestimmte mentale Zustände, die wir soeben mit dem Oberbegriff „Interessen" gekennzeichnet haben. Weil es sich um Aussagen über diese mentalen Zustände handelt, sind ethische Äußerungen wahrheitsfähig, und weil Interessen nicht nur dem jeweiligen Subjekt im eigenen Erleben gegeben sind, sondern sich auch im Verhalten zeigen und durch Sprechakte mitgeteilt werden können, sind sie auch intersubjektiv zugänglich. Bevor wir uns den Aspekten zuwenden können, die dem ethischen Subjektivismus seine Anfangsplausibilität verleihen, sei kurz noch auf den von uns gewählten Begriff des Interesses eingegangen.

Interessen

Der Begriff des Interesses: In der philosophischen Literatur gibt es eine Vielzahl terminologischer Vorschläge, die für den ethischen Subjektivismus relevanten mentalen Zustände zu kennzeichnen. Gegenwärtig dominierend ist vermutlich der aus der Ökonomie stammende Begriff der Präferenz (vgl. IV-1], S. 101 Anm. 7). Die Konzeption der Präferenzen ist jedoch für die Ethik nur begrenzt tauglich, weil eine Präferenz stets von einem Interpreten aus dem Verhalten eines rationalen Handlungssubjektes erschlossen wird. Bei diesem Schluss spielt es keine Rolle, in welcher Form das interpretierte Handlungssubjekt sich selbst seiner Präferenz bewusst ist. Nehmen wir als Beispiel einen Hausbesitzer, der einen Teil seines Hauses an Studierende vermietet. Dieser Hausbesitzer glaubt von sich selbst, weder ausländerfeindlich noch sexistisch zu sein. Dennoch kann man über die Jahre hinweg feststellen, dass er die Studentenzimmer niemals an ausländische Studenten und nahezu ausschließlich an Studentinnen vermietet. Das Selbstverständnis und die Präferenzen dieses Vermieters widersprechen einander. Ein anderes Beispiel ist Sophia, von der gesagt wird, sie ziehe grüne gegenüber roten Äpfeln vor. Immer dann, wenn Sophia die Wahl hat zwischen roten und grünen Äpfeln, nimmt Sophia sich einen grünen Apfel. Sie isst auch gerne rote Äpfel und wählt nie explizit zwischen den verschiedenen Sorten aus. Dennoch drückt sich in Sophias Verhalten eine Präferenz aus, derer sie sich selbst nicht bewusst ist.

Der Begriff der Präferenz ebnet den Unterschied zwischen solchen Einstellungen, die sich lediglich im Verhalten eines Handlungssubjekts manifestieren, und solchen, von denen das Handlungssubjekt explizit Kenntnis oder für die es sich sogar bewusst entschieden hat, ein. Eine solche Beschränkung wäre für die Ethik nur dann akzeptabel, wenn man ethische Bewertungen ausschließlich auf die Perspektive des Beobachters oder Interpreten beschränken könnte. Da wir aber schon gesehen haben, dass sich ein zentraler Anteil unseres ethischen Vorverständnisses aus der Akteursperspektive erschließt, ist diese mit dem Präferenzbegriff einhergehende Verengung der Perspektive problematisch.

Allerdings ist auch der hier gewählte Begriff des Interesses nicht ohne Schwierigkeiten. Zwar besteht auf der einen Seite zwischen einem Interesse p und dem Sachverhalt, dass ein Subjekt sich seines Interesses p bewusst ist, eine engere Beziehung als bei Präferenzen. Zugleich ist der Begriff des Interesses aber so weit, dass auch solche mentalen Zustände darunter gefasst werden können, von denen das Subjekt dieser Zustände keine oder inadäquate Kenntnis hat. Auf der anderen Seite schwingt beim Begriff des Interesses häufig eine für die Ethik nicht gewünschte Konnotation des Egoismus mit. Diese Verengung des Interessenbegriffs auf egoistische Interessen müssen wir im Kontext der philosophischen Ethik vermeiden. Es ist kein begrifflicher Widerspruch, von altruistischen, d. h. auf das Wohl anderer ausgerichteten, oder auch von selbstlosen Interessen zu sprechen. Wenn im Folgenden von egoistischen Interessen die Rede sein soll, werde ich den Begriff des Eigeninteresses verwenden (zum Problem der altruistischen Interessen vgl. Abschnitt 3b dieses Kapitels).

Den weiten Begriff des Interesses, wie auch den engeren Begriff des Eigeninteresses, werden wir im Folgenden als Oberbegriff für alle mentalen Zustände verwenden, in denen ein Subjekt etwas will, wünscht, beabsichtigt, bewertet, wertschätzt, vorzieht etc. Gemeinsam ist diesen Zuständen, dass in ihnen eine Wertung des Subjekts enthalten ist. In dem mentalen Zustand wird etwas als zu Erstrebendes angesehen, an dessen Realisierung ein Interesse besteht.

Ausgangsplausibilität des ethischen Subjektivismus

Da im letzten Kapitel der nonkognitivistische ethische Subjektivismus zurückgewiesen worden ist, müssen wir nun fragen: Welche Ausgangsplausibilität kann der ethische Subjektivismus als kognitivistische Theorie für sich beanspruchen? Erstens lässt sich für den subjektiven ethischen Rationalismus ins Feld führen, dass er eine Minimalposition darstellt. Zwar geht es in der Ethik um behauptende Aussagen der Art, dass ein Subjekt X ein Interesse daran hat, dass p. Gleichzeitig wird aber nicht zugestanden, dass der Gehalt von p eine von den subjektiven Einstellungen von X ablösbare „objektive" Tatsache ist (zur Bedeutung von „objektiv" und „real" im Kontext der Ethik siehe Kapitel V und VI). Es liegt allein an der wertenden Einstellung von X, dass ein bestimmter Zustand, eine bestimmte Handlung, eine Situation oder ein Objekt als gut, als richtig oder als positiv angesehen wird. Es sind ausschließlich die Interessen von Subjekten, aufgrund derer die Welt ethische Eigenschaften oder Wertigkeiten bekommt. Damit liefert der ethische Subjektivist eine Theorie, die sowohl kognitivistisch ist wie auch mit dem letztlich szientistischen Weltbild, d. h. der Annahme, dass die Wirklichkeit nur aus naturwissenschaftlichen, und damit nicht evaluativen Tatsachen besteht, zusammenpasst: Er verspricht „eine Ethik ohne transzendente Bezüge" ([IV-2], S. 109). Zweitens teilt der subjektive ethische Rationalismus mit dem ethischen Nonkognitivismus die Stärke, auf das Motivationsproblem eine überzeugende Antwort parat zu haben: Was soll uns stärker zum Handeln motivieren als eigene Interessen?

2. Aufgeklärtes Eigeninteresse

Die kognitivistische Version des ethischen Subjektivismus ist soeben als subjektiver ethischer Rationalismus bezeichnet worden. Die zentrale Annahme dieser Ethikkonzeption besagt, dass ethische Forderungen mit den Forderungen des aufgeklärten Eigeninteresses rationaler Personen zusammenfallen. Dabei steht der Begriff der Rationalität für den kognitivistischen Gehalt der Ethik und spielt deshalb in diesem Ansatz auch eine entscheidende Rolle. Bevor wir mit der Darstellung dieser ethischen Konzeption beginnen, müssen wir uns daher zuerst über den Begriff der Rationalität verständigen.

a) Rationalität

Bedeutungen von „rational"

Da es sinnvoll ist, Substantialisierungen wie „die Rationalität" oder – traditionell – „die Vernunft" zu vermeiden, konzentrieren wir uns im Folgenden auf den Begriff „rational" (vgl. dazu [IV-3], Kap. 1). Überlegt man, was rational genannt werden kann, dann fallen einem Überzeugungen, Interessen, Handlungen, Personen, vielleicht sogar Emotionen oder Gefühle ein. Lassen wir die letzte Gruppe außer Betracht, dann kann man zwei Aspekte nennen, die mit der Bestimmung „ist rational" verbunden sind. Überzeugungen, Interessen und Handlungen sind nur dann rational, wenn sie erstens begründbar sind und wenn zweitens zwischen ihrem Gehalt bzw. Ziel und den angegebenen Gründen logisch gültige sowie sachlich nachvollziehbare Bezüge existieren. Nennt man eine Person rational, dann unterstellt man ihr dreierlei (vgl. [IV-3], S. 39f.):

- Sie muss wollen, dass möglichst viele ihrer Überzeugungen und Interessen rational sind;
- sie muss faktisch rationale Überzeugungen und Wünsche haben;
- sie muss disponiert sein, sich rational zu verhalten, d.h. ihr Rationalitätswollen muss effektiv sein.

Aufgeklärtes Eigeninteresse

Eine ethische Konzeption, die auf der Annahme basiert, dass ethische Forderungen mit den Forderungen des aufgeklärten Eigeninteresses rationaler Personen zusammenfallen, können wir also mit gutem Recht einen subjektiven ethischen Rationalismus nennen. Aufgeklärt ist dieses Eigeninteresse dann, wenn sich das Subjekt den Zusammenhang seiner Interessen verdeutlicht und sich die langfristigen Konsequenzen vergegenwärtigt hat, die sich aus dem Verfolgen der jeweiligen Interessen ergeben. In diesem (idealen) Aufklärungsprozess werden also Inkonsistenzen oder kurz- bzw. längerfristige Zielkonflikte aufgedeckt und behoben, indem entweder Interessen ganz aufgegeben oder aber Prioritätsregeln eingeführt werden. Die Grundannahme dieser Konzeption lässt sich in zwei Thesen zerlegen:

(T 1) Das ethisch Gute ist identisch mit dem für eine Person auf lange Sicht bei rationaler Betrachtung Gute.
(T 2) Die langfristigen rationalen Interessen aller Personen koinzidieren.

Aus diesen beiden Thesen zusammen folgt, dass ethische Prinzipien sich als Rationalitätsprinzipien analysieren lassen. Allein aus der zweiten These folgt bereits, dass diese Prinzipien intersubjektive Geltung haben, da sowohl die Rationalitätsprinzipien wie auch die langfristigen Interessen bei rationalen Personen als identisch angesehen werden.

Antworten auf die drei Grundfragen

Der subjektive ethische Rationalismus scheint somit auf unsere Grundfragen der Ethik problemlos antworten zu können: Tue x, weil es in deinem rationalen langfristigen Interesse liegt. Die Handlung x ist ethisch geboten, weil x die Realisierung deiner langfristigen rationalen Interessen ist. Und für das metaethische Analyseprogramm gilt: Analysiere ethische Begriffe und Aussagen mittels der Begriffe „Interessen" und „Rationalität". Auch das Motivationsproblem scheint elegant gelöst zu sein. Denn die Annahme, dass wir in aller Regel dazu motiviert sind, unser langfristiges rationales Interesse zu realisieren, ist durchaus plausibel.

Zwei Einwände

Hier gibt es einen nahe liegenden Einwand. Wie das Beispiel des Rauchers zeige, handeln die Menschen häufig gerade nicht gemäß ihren langfristigen rationalen Interessen. Akzeptieren wir einmal, dass der kurzfristige Genuss wirklich nicht die langfristig wahrscheinlichen Gesundheitsschäden aufwiegt, dann scheint zu folgen, dass die Grundannahme des subjektiven ethischen Rationalismus nicht richtig sein kann.

Der Vertreter des subjektiven ethischen Rationalismus kann diesen Einwand abwehren, indem er seine Position verdeutlicht. Zum Aspekt der Motivation wird er sagen, dass die Einsicht in das ethisch Gute bzw. langfristig Rationale nicht immer zum dominierenden und handlungsleitenden Motiv werden muss. Gemeint ist vielmehr nur, dass jede rationale Person, die einsieht, dass eine Handlung x ihrem langfristigen aufgeklärten Eigeninteresse dient, damit auch ein Motiv hat, x zu tun. Nur dies ist mit Bezug auf das Motivationsproblem gefordert. Zusätzlich von der philosophischen Ethik zu fordern, sie solle zeigen, weshalb das ethische Sollen faktisch immer das stärkste bzw. handlungsauslösende Motiv sein wird, ist eine unsinnige Forderung.

Auf der Grundlage des Raucherbeispiels hat der Verteidiger des subjektiven ethischen Rationalismus auch die Möglichkeit, einen zweiten Einwand zu parieren. Dieser fundamentale Einwand zielt auf die erste These und lässt sich so formulieren: Wir alle wissen, dass ethische Forderungen an uns häufig im Gegensatz stehen zu dem, wozu wir aus Eigeninteressen heraus motiviert sind. Aus diesem Grunde kann es nicht sein, dass das ethische Sollen sich letztlich zurückführen lässt auf das rationale Eigeninteresse. Der Verteidiger des subjektiven ethischen Rationalismus kann das ethische Sollen zurückführen auf einen Konflikt zwischen dem kurzfristigen Interesse einer Person und ihrem aufgeklärten Eigeninteresse. Personen handeln häufig aus irrationalen oder nur im Blick auf die kurzfristigen Konsequenzen rationalen Motiven heraus. Das ethische Sollen erklärt sich dann daraus, dass wir zusätzlich immer auch ein Motiv haben, unser aufgeklärtes Eigeninteresse zu realisieren, welches mit dem kurzfristigen Interesse in Konflikt steht.

b) Kooperation

Interesse an Kooperation als anthropologische Zusatzannahme

Wäre der subjektive ethische Rationalismus beschränkt darauf, den Witz des ethischen Sprachspiels zu begrenzen auf die rationale Prüfung von Überzeugungen, Interessen und Handlungen der jeweiligen Personen, dann handelte es sich offensichtlich um eine ziemlich armselige Konzeption der Ethik. Die Reichweite des subjektiven ethischen Rationalismus wird aber erheblich erweitert durch die Einbeziehung einer basalen anthropologischen Tatsache: Menschen sind soziale Lebewesen. Für nahezu alle Lebensbereiche gilt, dass wir auf Kooperation angewiesen sind. Wenn wir, so die Überlegung des subjektiven ethischen Rationalisten, auf diese Kooperation angewiesen sind, dann gehört es zum aufgeklärten Eigeninteresse jeder rationalen Person, dass diese Kooperation in Gang kommt und aufrechterhalten wird. Um dies zu garantieren, bedarf es bestimmter Regeln, an die sich die Kooperationsmitglieder zu halten haben. Für rationale Personen sind dann genau solche Regeln akzeptabel, die sie aufgrund von rationalen Überlegungen als begründet einsehen können.

Durch diesen einfachen Gedankengang sind einige weit reichende Entscheidungen gefallen, die das Verständnis der modernen Ethik bis heute zutiefst prägen. Zum einen wird die Ethik in ganz entscheidendem Maße auf soziale Kooperation bezogen. Man könnte sogar sagen, dass Ethik in diesem Verständnis letztlich als Instrument der Kooperationsbildung und -maximierung angesehen wird. Diese Verbindung von Ethik und sozialer Kooperation erscheint vielen modernen Ethikern als unauflöslich, weshalb z. B. auch vorgeschlagen worden ist, die ethische Verwendung von „gut" so zu analysieren: „Als Mensch oder als Mitglied der Gemeinschaft, als Sozialpartner bzw. als Kooperationspartner gut" (vgl. [IV-4], S. 56). Auf diese Weise wird die inhaltliche These des subjektiven ethischen Rationalismus in eine analytische Aussage transformiert. Dies zeigt, wie dominant die Grundannahme des subjektiven ethischen Rationalismus im modernen Selbstverständnis geworden ist. Zum anderen bringt diese inhaltliche Erweiterung des aufgeklärten Eigeninteresses die Konsequenz mit sich, dass nun die Entscheidungs- und die Spieltheorie zentrale Instrumente der Ethik werden.

Exkurs zur Entscheidungs- und Spieltheorie

Die Prinzipien rationalen Überlegens und Handelns werden im Rahmen der Entscheidungstheorie analysiert; Kooperationsprobleme und –strategien lassen sich als strategische Spiele ansehen. In diesem Exkurs müssen wir kurz die für unsere Zwecke wichtigen Merkmale der Entscheidungs- und der Spieltheorie darstellen, ohne auf die weitgehend formalisierten Modelle in diesen beiden Theorien näher einzugehen (vgl. dazu [IV-5] und [IV-6]).

Die *Entscheidungstheorie* lässt sich ganz allgemein charakterisieren als logische Analyse individuellen oder kollektiven Verhaltens oder Handelns in Situationen, die man nach dem Modell der Wette beschreiben kann. Da es im Folgenden um das aufgeklärte Eigeninteresse rationaler Individuen geht, können wir uns hier auf die individuelle Entscheidungstheorie beschränken (wir ignorieren damit die Gruppenentscheidungstheorie). Wichtig ist die Unterscheidung zwischen einer deskriptiven und einer normativen Entscheidungstheorie. Die deskriptive Entscheidungstheorie stellt empirisch überprüfbare Hypothesen in Form genereller Aussagen über die Regelmäßigkeiten des faktischen Verhaltens von Individuen oder Gruppen auf, die Erklärungen und Prognosen ermöglichen. Die normative Entscheidungstheorie, auf die wir uns im Folgenden beschränken werden, versucht dagegen, Regeln für rationale Entscheidungen zu formulieren, die nicht das faktische Verhalten von Individuen beschreiben sollen, sondern festlegen, welche Entscheidungen in bestimmten Situationen als rational angesehen werden können.

Bei dem Versuch, diese rationalen Regeln zu formulieren, stellt die normative Entscheidungstheorie bestimmte idealisierende Bedingungen an die Entscheidungssituation und den Entscheider. So wird gefordert, dass der Entscheider umfassend aufgeklärt und informiert ist. Er muss erstens über eine erschöpfende Liste der möglichen Handlungsalternativen sowie über eine zutreffende Beschreibung der mit jeder dieser Alternativen einhergehenden Konsequenzen verfügen. Dies impliziert, dass der Entscheider eine umfassende und zutreffende Kenntnis der vorliegenden Umweltzustände (tatsächliche Naturzustände) hat. Zweitens muss er seine Präferenzen in eine nach dem subjektiven Nutzen gewichtete Ordnung bringen und auch den möglichen Handlungsergebnissen einen solchen Nutzenwert zuordnen. Drittens muss er auf der Grundlage dieser informierten und aufgeklärten Annahmen eine Zielvorstellung festlegen.

Auf dieser Basis kann ein Entscheider eine rationale Wahl treffen, wobei nun drei Fälle zu unterscheiden sind: Es gibt Entscheidungen unter Gewissheit, unter Risiko und unter Ungewissheit. Bei einer *Entscheidung unter Gewissheit* kann der Entscheider den jeweiligen Ausgang der verschiedenen Handlungsoptionen mit Sicherheit voraussagen. Unter dieser Voraussetzung ist es der Entscheidungstheorie zufolge rational, diejenige Handlungsalternative zu wählen, die den Nutzen relativ zur vorausgesetzten Präferenzordnung des Entscheiders maximiert. Bei *Entscheidungen unter Risiko* kann der Entscheider den Resultaten der verschiedenen Handlungsoptionen nur noch subjektive Wahrscheinlichkeiten zuordnen. Daher kann er in diesen Fällen nicht mehr den Nutzen maximieren, sondern nur noch seine Nutzenerwartung (als Kombination aus Präferenzordnung und subjektiver Wahrscheinlichkeitsannahme). In Situationen dieser Art formuliert die Entscheidungstheorie als Rationalitätskriterium, diejenige Handlung zu wählen, welche die Nutzenerwartung maximiert. Bei *Entscheidungen unter Ungewissheit* schließlich kann der Entscheider den verschiedenen Optionen nicht einmal mehr subjektive Wahrscheinlichkeiten zuordnen, sodass er trotz vorausgesetzter Präferenzordnung keine subjektive Nutzenerwartung mehr formulieren kann. Unter der pessimistischen Annahme, dass durch die Umweltbedingungen stets die ungünstigste Reaktion auf die jeweils gewählte Handlungsoption realisiert wird, empfiehlt sich die so genannte *Maximinstrategie*: Als rational gilt dann die Entscheidung für die Handlungsoption, bei welcher der minimalste erreichbare Nutzen im Vergleich zu allen anderen Handlungsoptionen maximal wird. Geht man statt dessen von der optimistischen Annahme aus, dass die Natur (als imaginierter Gegenspieler) stets mit dem für den Entscheider maximal günstigen Zug antwortet, formuliert die rationale Entscheidungstheorie als Strategie die *Maximaxstrategie*, bei der die Option gewählt wird, die den größten Nutzen mit sich bringen würde. Beide Strategien beruhen dabei auf einseitigen Annahmen (optimistischer oder pessimistischer Art), die als unplausibel angesehen werden müssen. Daher versucht die normative Entscheidungstheorie für Entscheidungen unter Ungewissheit auch, das Mittel zwischen minimalem und maximalem Ausgang zu bilden und dies als rational zu wählende Handlungsoption auszugeben. Andere Probleme, die im Rahmen der normativen Entscheidungstheorie bisher noch ungelöst sind, betreffen z. B. das Modell für Entscheidungen unter Gewissheit. Hier lautet die Kritik, dass die Entscheidungstheorie unrealistische idealisierende Annahmen über die zur Verfügung stehenden Informationen macht und Rationalität auf Nutzenmaximierung reduziert. Bei Entscheidungen unter Risiko kommt als weiteres Problem die nummerische Bestimmung und Darstellung von Nutzen und Wahrscheinlichkeit hinzu.

Die *Spieltheorie* hat zum Ziel, eine rationale Auswahl von Handlungsstrategien für solche Situationen zu ermitteln, an denen mehrere rationale Akteure mit (zumindest teilweise) konkurrierenden Interessen beteiligt sind. Sie lässt sich als Sonderfall der rationalen Entscheidungstheorie auffassen, wenn man die Entscheidungen der anderen rationalen Spieler zu den Umweltbedingungen rechnet (umgekehrt lässt sich die rationale Entscheidungstheorie als Sonderfall der Spieltheorie darstellen, indem man die Natur als interesselosen Mitspieler ansieht). Auch die Spieltheorie macht, um rationale Spielstrategien formulieren zu können, eine Reihe von idealisierenden Annahmen. So geht sie erstens davon aus, dass den Entscheidungen der anderen Spieler keine Wahrscheinlichkeiten zugeordnet werden können (daher fallen die von der Spieltheorie behandelten Situationen in die Rubrik Entscheidungen unter Ungewissheit). Zweitens wird vorausgesetzt, dass für jeden beteiligten Spieler alle möglichen Handlungsstrategien transparent sind. Außerdem handelt es sich drittens um endliche Spiele, d.h. um Situationen, die nach einer endlichen Anzahl von Handlungen beendet sind.

Das Ziel der Spieltheorie ist es, für diese Situationen rationale Lösungen für jeden Spieler in Form von zu wählenden Handlungsstrategien zu ermitteln. Dabei lassen sich zwei Arten von Situationen unterscheiden: Auf der einen Seite stehen Situationen, die durch eine strikte Gegensätzlichkeit der Interessen der beteiligten Spieler gekennzeichnet sind, auf der anderen Seite solche Situationen, in denen eine Kooperation zwischen allen oder Gruppen von Spielern möglich ist. Da die Spieltheorie sich als Sonderfall der Entscheidungstheorie begreifen lässt, fallen die in ihr entwickelten Grundprinzipien mit den Rationalitätsprinzipien zusammen, die in der Entscheidungstheorie für Entscheidungen unter Ungewissheit ermittelt werden.

Auch die Schwierigkeiten der Spieltheorie sind teilweise mit denen der Entscheidungstheorie identisch und betreffen vor allem die idealisierenden Annahmen. Zusätzlich steht die Spieltheorie vor dem Problem, eine interpersonale Vergleichbarkeit des Nutzens der einzelnen Personen herzustellen. Als besonders gravierend erweisen sich dabei im Rahmen rein auf individuelle Nutzenmaximierung ausgerichteter Spiele solche Situationen, in denen die individuelle Nutzenmaximierungsstrategie der einzelnen Spieler zu für alle suboptimalen Ergebnissen führt. Als klassisches Zwei-Personen-Beispiel (*Gefangenendilemma*) kann folgender Fall gelten: Zwei Personen, die gemeinsam ein Verbrechen begangen haben und anschließend verhaftet worden sind, stehen vor folgenden Alternativen: Wenn sie schweigen, werden sie mit jeweils 5 Jahren Haft bestraft, weil man ihnen nur geringe Straftaten nachweisen kann. Wenn nur A gegen B aussagt, erhält A lediglich ein Jahr auf Bewährung, während B für 15 Jahre ins Gefängnis muss (und umgekehrt). Sagen dagegen beide gegeneinander aus, dann erhält jeder von ihnen – unter Berücksichtigung seiner Bereitschaft zur Aussage – eine Gefängnisstrafe von 10 Jahren. A und B haben keine Möglichkeit, ihre Handlungen miteinander abzusprechen (oder keinen stichhaltigen Grund, der Absprache zu trauen). Also werden beide, wenn sie nur an ihrem eigenen Nutzen orientiert sind und dies auch dem jeweiligen Gegenüber unterstellen, ihren Komplizen belasten und beide zu 10 Jahren Haft verurteilt werden. Analog, nur auf mehr Mitspieler ausgelegt, ist das so genannte *Schwarzfahrerproblem*. Dieses beruht auf der Überlegung, dass man selbst an einer sozialen Praxis (z.B. Steuern zu zahlen) rationalerweise nur teilnimmt, wenn alle anderen dies auch tun, weil auf diese Weise wichtige soziale Leistungen erbracht werden können. Wenn die anderen keine Steuern zahlen, ist es nicht rational, selbst welche zu zahlen, da dies nicht ausreicht, die sozialen Leistungen zu finanzieren. Zahlen alle anderen die Steuern, ist es rational, selbst keine Steuern zu zahlen, wenn die Gefahr gering ist, dafür sanktioniert zu werden. Auf diese Weise kann man als Schwarzfahrer an den sozialen Leistungen teilhaben, ohne dafür eine individuelle Last tragen zu müssen.

Beide Schwierigkeiten, Gefangenendilemma und Schwarzfahrerproblem, sind Herausforderungen für die Spieltheorie und für jede Ethik, die versucht, allein mit den Mitteln der rationalen Entscheidung und der individuellen Nutzenmaximierung auszukommen. Im Rahmen der Spieltheorie laufen die Lösungsvorschläge für beide Problemfälle zumeist darauf hinaus, die Bedingung des Egoismus aufzugeben, oder aber Normen einzuführen, die das rationale Eigeninteresse übersteigen.

Die Argumentationsstrategie des subjektiven ethischen Rationalismus

Die argumentative Strategie des subjektiven ethischen Rationalismus sieht nun so aus: Die Basis bilden die Konzeption des aufgeklärten Eigeninteresses und das anthropologische Faktum, dass Menschen rationalerweise ein Interesse an Kooperation haben sollten (und zumeist faktisch auch haben). Auf dieser Grundlage muss gezeigt werden, welche Regeln der Kooperation und welche sozialen Modelle rationale Personen als begründet einsehen würden. Häufig wird dieser argumentative Aufbau in die Form eines Vertragsmodells gekleidet, wobei man fragt, welchem Kooperations- oder Herrschaftsvertrag aufgeklärte Egoisten rationalerweise zustimmen würde; die vertragstheoretische Legitimation kann sich dabei auf politische Herrschaft beschränken wie z. B. bei Thomas Hobbes (1588–1679) oder die Legitimation einer politischen und sozialen Gesellschaftsstruktur als ganze zum Ziel haben wie z. B. bei John Rawls (1921–2002).

Zwei Zusatzannahmen

Um für die rationale Begründung alternativer sozialer Grundordnungen geeignet zu sein, müssen in der Spieltheorie erstens soziale Rollen definiert werden, die von den Spielern in der sozialen Ordnung eingenommen werden können. Die Interessen der Akteure sind an diese sozialen Rollen gekoppelt, wobei vorausgesetzt wird, dass mit der gleichen Rolle die gleichen Interessen einhergehen. Wenn A und B die gleiche Rolle einnehmen, dann haben sie also per definitionem die gleichen Interessen. Zweitens wird gemäß den spieltheoretischen Vorgaben unterstellt, dass die Beteiligten rational sind, alle möglichen sozialen Rollen kennen und nicht darüber informiert sind, welche soziale Rolle sie selbst faktisch einnehmen werden (dies ist der „Schleier des Nichtwissens"; vgl. [IV-7]).

Die spieltheoretisch ausgelegte Konzeption des subjektiven ethischen Rationalismus fragt also nun, welche soziale Struktur von aufgeklärten Egoisten als rational begründet akzeptiert werden würde. Am Ende des Exkurses zur Spieltheorie zeigte sich, dass bei der Bewertung einiger Optionen Normen oder Annahmen ins Spiel kommen, die mit der Beschränkung auf den Egoismus nicht vereinbar sind. Wenn sich dieser Befund auch im Falle der Wahl einer sozialen Ordnung bestätigen sollte, dann kann die Konzeption des subjektiven ethischen Rationalismus keine angemessene Basis für die Begründung der Ethik sein. Die im Folgenden beschriebenen Fälle sollen zeigen, dass in die Bewertung sozialer Ordnungen, die von rationalen Entscheidern als akzeptabel übernommen werden können, weitere normative Prinzipien eingehen, die sich nicht auf das aufgeklärte Eigeninteresse reduzieren lassen.

Die Maximinstrategie

Gleichheit und Unparteilichkeit: Unterstellt man bei dem Kooperationsspiel Entscheidungen unter Unsicherheit, dann sollten die Akteure rationalerweise die Maximinstrategie verfolgen und die Option wählen, die den schlechtest Gestellten relativ zu allen anderen Optionen am besten stellt. Informell gesprochen: Die Regeln müssen so gestaltet werden, dass der jeweils am schlechtesten Gestellte möglichst gut gestellt und damit das aus der Sicht der wählenden Personen zu erwartende Minimum maximiert wird. Als Imperativ der sozialen Klugheit formuliert: Wähle von allen möglichen Spielregeln diejenige, bei der es dem schlechtest Gestellten relativ zu allen anderen Möglichkeiten am besten geht. Diese Maximinstrategie ist eine rationale und zugleich ethische Maxime, da sie Unparteilichkeit impliziert. Sie setzt außerdem die ethische Forderung der Gleichheit im

Sinne der gleichen Berücksichtigung aller Interessen um. Darüber hinaus enthält sie ein soziales Moment: Sie ist darauf ausgerichtet, die Interessen der Kooperationspartner auszugleichen, sie enthält also auch noch ein ethisches Ideal sozialer Gerechtigkeit. Fraglich ist aber, ob diese Gerechtigkeitsintuitionen sich reduzieren lassen auf rationales aufgeklärtes Eigeninteresse z. B. an einer stabilen Gesellschaft, die nicht durch soziale Spannungen erschüttert wird, welche durch zu große soziale Ungleichheiten hervorgerufen werden.

Die Maximax-strategie

Die Maximinstrategie ist jedoch nur dann die entscheidungstheoretisch angemessene Strategie, wenn man von Entscheidungen unter Unsicherheit ausgeht. Konzipiert man das Kooperationsspiel als Entscheidung unter Risiko, dann ist die rational zu wählende Strategie eine andere. Nun besagt die Entscheidungstheorie, dass man rationalerweise die Handlung wählen sollte, bei welcher der Erwartungswert des Nutzens (Nutzen mal Wahrscheinlichkeit) optimal wird. Für das Kooperationsspiel ergibt sich dann, dass die Regeln so gestaltet werden sollten, dass der Erwartungswert des Nutzens insgesamt maximal ist. Als Imperativ formuliert: Wähle die Strategie, bei welcher der zu erzielende Gesamtnutzen maximal wird. Diese Strategie erfüllt, wie auch die Maximinstrategie, die Bedingungen der Unparteilichkeit und Gleichheit. Letzteres in dem Sinne, dass alle Interessen zu Beginn gleichermaßen zugelassen werden (auf diese Weise ergibt sich im Rahmen des subjektiven ethischen Rationalismus eine Herleitung des ersten utilitaristischen Grundprinzips; vgl. zum Utilitarismus Kap. VIII, 4). Allerdings lässt dieses Prinzip bei der Verteilung des Gesamtwohls auf die beteiligten Interessenträger große Ungleichheiten zu, weil es nichts darüber sagt, wie das erreichte Maximum an Nutzen aufgeteilt wird. Damit wird die Gerechtigkeitsintuition, die sich schon als konstitutives Element des Maximinprinzips erwiesen hat, verletzt. Es ist daher sinnvoll (und im Rahmen des Utilitarismus auch durchgeführt worden), die Maximierungsstrategie auf das individuelle Wohl hin auszurichten. Unter der Bedingung egalitärer Verteilung ist dann der Nutzen für alle gleich. In der Folge erhalten wir ein zweites Grundprinzip des Utilitarismus. Dieses besagt, dass wir den größten Nutzen für die größte Zahl anstreben sollten. Aber auch hier gilt, dass ein Kriterium der Gerechtigkeit im Spiel ist, welches sich vermutlich nicht auf egoistische Interessen reduzieren lässt. Ein strikter Egalitarismus, bei dem die Gerechtigkeit darin besteht, jedem das gleiche Maß an Nutzen zuzuteilen, erweist sich nämlich bei näherem Hinsehen, wie folgendes Beispiel zeigt, als problematisch: Bei einer strikten Gleichverteilung entsteht ein Gesamtnutzen von 1000 Einheiten. Lässt man dagegen ein geringes Maß an Ungleichverteilung zu, dann entsteht ein Gesamtnutzen von 100000 Einheiten. (Solange es einen offenen Zugang zu den besseren Positionen gibt, ist mit einer Effizienzsteigerung durch Leistungsanreize zu rechnen.) Wenn nun aber in dem letzten Fall der am schlechtesten Gestellte besser dasteht als jeder der Beteiligten im ersten Fall, dann scheint die egalitäre Lösung nicht angemessen zu sein. Wir sehen schon an diesem einfachen Beispiel, dass Gerechtigkeit, Gleichheit und Effizienz in einem Spannungsverhältnis stehen, welches sich nicht ohne weiter reichende ethische Überlegungen auflösen lässt. Das gerade beschriebene Beispiel legt den Schluss nahe, dass die Gerechtigkeit im Sinne strikter Gleichheit in manchen Fällen untergeordnet werden sollte unter die Gesichtspunkte der Effizienz und des Gesamtnutzens.

Stellen wir uns nun ein anderes Beispiel vor, bei dem die Gewichtungen genau andersherum ausfallen: In dem einen Fall lässt sich ein Gesamtnutzen von 1 000 000 Einheiten dadurch erreichen, dass man 90% der Beteiligten am Existenzminimum leben lässt, während die restlichen 10% sich den Reichtum (sagen wir 900 000 Nutzeneinheiten) teilen. In dem anderen Fall lässt sich nur ein Gesamtnutzen von 800 000 Einheiten erzeugen, dabei wird aber eine gerechte Verteilung erzielt in dem Sinne, dass die Nutzenunterschiede zwischen den Beteiligten minimal sind. Dieser Fall verdeutlicht, dass weder die Vermehrung des Gesamtnutzens noch Gleichheit immer das entscheidende Kriterium der Wahl einer sozialen Ordnung sein können. Offensichtlich sind in unserer Beurteilung dieser Fälle weitere ethische Kriterien im Spiel, vor allem eine basale Gerechtigkeitsintuition. Dieser Befund wird auch im Kontext des Utilitarismus weitgehend anerkannt, und dann wird der Versuch unternommen, den Aspekt der Gerechtigkeit zu integrieren. Dabei zeigt sich allerdings, dass dies nur gelingen kann, wenn die Basis des aufgeklärten Eigeninteresses verlassen wird (vgl. dazu die Beiträge in [IV-8]).

c) Gerechtigkeit

Weil sich die Gerechtigkeitsintuition als nicht eliminierbares, zentrales Bewertungskriterium erweist, ist es notwendig, sich über den Begriff der Gerechtigkeit Klarheit zu verschaffen. Die Termini „Gerechtigkeit" und „gerecht" werden, ähnlich wie andere ethische Grundbegriffe, auf vielfältige Weise gebraucht und spielen sowohl in der Ethik als auch in der politischen und Sozialphilosophie eine zentrale Rolle. Daher möchte ich jetzt kurz die wichtigsten Unterscheidungen und die mit ihnen verbundenen Gerechtigkeitskriterien vorstellen.

Formale und materiale Gerechtigkeit

Zuerst einmal muss man zwischen formaler und materialer Gerechtigkeit unterscheiden. Ein Zustand ist in *formaler* Hinsicht gerecht, wenn er mit einem gegebenen System von Vorschriften übereinstimmt, eine Handlung dann, wenn sie geltende Regeln korrekt anwendet. Die Vorstellung der *materialen* Gerechtigkeit misst Zustände oder Handlungen dem gegenüber nicht an faktischen, sondern an der als gültig vorausgesetzten ethischen Wertordnung. Aus dieser folgen die Maßstäbe, anhand derer etwas als (material) gerecht ausgezeichnet wird. Man spricht daher auch von Kriterien materialer Gerechtigkeit.

Drei Arten von Gerechtigkeitskriterien

Im Anschluss an Aristoteles (384 v. Chr.–322 v. Chr.) ist es sinnvoll, drei Arten von Kriterien materialer Gerechtigkeit zu unterscheiden ([IV-9], 1130b 30ff.):

- distributive Gerechtigkeitskriterien
- kommutative Gerechtigkeitskriterien
- retributive Gerechtigkeitskriterien

Distributive Gerechtigkeitskriterien beziehen sich auf Situationen der Verteilung, z. B. von Gütern, Aufgaben oder Chancen (distribuieren = verteilen, zerlegen). *Kommutative* Gerechtigkeitskriterien betreffen den Interessenausgleich innerhalb freier Kooperation, z. B. im Warentausch, wo freie und gleichberechtigte Vertragspartner Güter miteinander tauschen (kommutativ = den Austausch betreffend). *Retributive* Gerechtigkeitskriterien zielen auf Wiederherstellung bzw. Wiedergutmachung und die angemessene Strafe für die Verletzung von Gesetzen, also auf gesetzliche Sanktionen (retributiv = die Wiedererstattung betreffend). Da die Fragen des Schadensersatzes und der Strafe Probleme der Rechtsphilosophie sind, werden die retributiven Gerechtigkeitskriterien im Folgenden nicht weiter behandelt.

Maßstäbe der Gerechtigkeit

Aristoteles schlägt sowohl für die distributiven wie auch die kommutativen Gerechtigkeitskriterien als Maßstab die Gleichheit vor. Er versteht aber in beiden Fällen unter Gleichheit Unterschiedliches. Mit Bezug auf die kommutative Gleichheit schlägt Aristoteles vor, Gleiches gleich zu behandeln, also ein Kriterium des Äquivalententausches. Mit Bezug auf die distributive Gerechtigkeit dagegen vertritt er die Position, dass einerseits Gleiches gleich, andererseits Verschiedenes im Verhältnis seiner Verschiedenheit gleich zu behandeln sei. Da sich die Maßstäbe für die Anwendung der materialen Gerechtigkeitskriterien offensichtlich nicht decken, müssen wir sie getrennt erläutern.

Die *distributive* Gerechtigkeit ist für Verteilungsfragen – man spricht auch von Allokationsproblemen – einschlägig (Allokation = Zuweisung, Verteilung von Gütern). Für die distributive Gerechtigkeit benötigt man ein Kriterium proportionaler Gleichheit, d. h. einen Maßstab, die Verschiedenheit zu messen. Aristoteles schlägt als Kriterium das Verdienst vor. Dieses Kriterium wird auch heute häufig vorgeschlagen, so z. B. in der Diskussion darüber, ob Raucher, Motorradfahrer oder Menschen, die eine Risikosportart betreiben, höhere Beiträge zur Krankenkasse beisteuern sollten. Auch in der Transplantationsmedizin wird gelegentlich das Verdienst als Maßstab der Zuteilung eines Spendeorgans vorgeschlagen. So soll z. B. die gesunde oder gesundheitsschädliche Lebensführung oder gar soziales Verdienst (beruflicher Erfolg, Nutzen für das Gemeinwesen) den Maßstab dafür hergeben, wer ein Spendeorgan erhält. Es gibt aber noch viele andere denkbare Maßstäbe (im Falle der Transplantationsmedizin wird zumeist das der Wartezeit angeführt). Ein anderes prominentes Kriterium proportionaler Gleichheit ist das der Bedürftigkeit, welches z. B. in dem berühmten Diktum „Jedem nach seinen Bedürfnissen!" von Karl Marx (1818–1883) zum Ausdruck kommt.

Da distributive Gerechtigkeitskriterien nur einschlägig sind, wenn es auf Seiten der Empfänger ethisch berechtigte Ansprüche gibt, beruht die distributive Gerechtigkeit insgesamt auf einer vorausgesetzten ethischen Wertordnung. Eines der gegenwärtig prominentesten distributiven Gerechtigkeitskriterien, welches vor dem Hintergrund unserer Überlegungen zur Entscheidungs- und Spieltheorie nahe liegt, lautet:

Ein Zustand ist gerecht, wenn folgende zwei Bedingungen erfüllt sind:

(i) Die nach dem Maß ihrer Ansprüche am schlechtesten Gestellten sind möglichst gut gestellt;
(ii) über die durch (i) erfüllten Ansprüche hinaus werden die Ansprüche von jedem Einzelnen so weit erfüllt, wie dies möglich ist, ohne einen anderen mindestens ebenso schlecht zu stellen wie denjenigen, dem die weiter gehenden Ansprüche erfüllt werden.

Die erste Bedingung ist das uns schon bekannte Maximinprinzip, die zweite formuliert eine Effizienz- und Gleichheitsforderung. Damit stellt dieses Kriterium für gerechte soziale Zustände eine Balance her zwischen den verschiedenen Ansprüchen an eine Gesellschaftsordnung, die in unseren obigen Beispielen in einem Spannungsverhältnis standen. Der dort formulierte entscheidungstheoretische Einwand gegen das Maximinprinzip, es erlaube nicht die Maximierung des Nutzens, ist an dieser Stelle nicht einschlägig, weil es bei diesem Gerechtigkeitskriterium ausschließlich um die Verteilung einer gegebenen Menge von Gütern geht, nicht um die Maximierung dieser Gütermenge selbst.

Die *kommutative* Gerechtigkeit ist für Fälle freier Kooperation einschlägig, also exemplarisch für den freien Warentausch. Unterstellt man die Spieltheorie, dann lässt sich ein Tauschergebnis dann als kommutativ gerecht bezeichnen, wenn in ihm das Minimum des Gewinns, den die Beteiligten im Tausch erzielen, maximal ist. Rational ist eine Verteilung also dann, wenn das Minimum des zu erzielenden Nutzens für jeden Einzelnen nicht geringer ist als bei jeder anderen Verteilung. Diese Vorstellung lehnt sich ebenfalls an das Maximinprinzip an, zielt darüber hinaus aber zugleich auch auf Nutzenmaximierung. Die Bedingungen der Gleichheit und Freiheit sind durch die idealisierte Voraussetzung eines freien Tausches gleichberechtigter Verhandlungspartner erfüllt; und die Idee der Gerechtigkeit erhält in dieser Deutung die Form der Unparteilichkeit, da es diesem Kriterium zufolge niemals nur um die Realisierung des je eigenen Wohls geht. Insgesamt zeigt sich, dass der Maßstab der materialen Gerechtigkeit folgendermaßen formulieren werden kann: Gleichbehandlung aller Beteiligten nach dem Maß ihrer berechtigten Ansprüche.

3. Probleme und Grenzen des subjektiven ethischen Rationalismus

In diesem letzten Abschnitt werden im ersten Schritt die Probleme, mit denen die Konzeption des subjektiven ethischen Rationalismus konfrontiert ist, benannt und im zweiten Schritt die Aspekte zusammengetragen, die sich im Rahmen des subjektiven ethischen Rationalismus nicht befriedigend lösen lassen. Das Fazit unserer Darstellung lautet dabei: Der subjektive ethische Rationalismus ist keine angemessene Grundlage für die Ethik.

a) Probleme

Die zentralen Probleme des Versuchs, die Ethik auf der Grundlage des aufgeklärten Eigeninteresses aufzubauen, lassen sich in vier Punkten zusammenfassen:

- Die offenen Fragen und Probleme der Entscheidungs- und Spieltheorie;
- kontraintuitive ethische Konsequenzen;
- die inhaltliche Bestimmung, wer als Kooperationspartner zu zählen ist;
- die inhaltliche Bestimmung, welche Interessen zugelassen werden sollen.

Quantitative Deutung und interpersonaler Nutzenvergleich

Beginnen wir mit den *offenen Fragen und Problemen*, die der subjektive ethische Rationalismus von der Entscheidungs- und Spieltheorie erbt. Da sind erstens die bis heute offenen Fragen einer quantitativen Bestimmung und Deutung von Nutzen- und Wahrscheinlichkeitsannahmen sowie das Problem einer interpersonalen Vergleichbarkeit der Interessen. Wir wissen alle, dass wir zwei Kindern mit dem gleichen Geschenk unterschiedlich viel Freude bereiten können. Wenn z. B. Caterina gerne malt, Dennis dagegen ein begeisterter Bastler ist, dann ist es wahrscheinlich, dass ein Malbuch für beide Kinder von unterschiedlichem Nutzen ist. Dies bedeutet nicht, dass Nutzenvergleiche unmöglich sind. Wir stellen sie im Alltag häufig an und müssen dies aus Gerechtigkeitserwägungen heraus auch tun. Trotzdem bleibt zum einen zu fragen, wie wir dies methodisch kontrolliert tun können (psychologische Ebene), und ob ein quantitatives Darstellungsmodell wirklich in der Lage ist, unsere Abwägungen in diesem Bereich angemessen wiederzugeben (methodologische Ebene). Zum anderen bleibt die weiter gehende ethische Frage, ob der subjektive Nutzen immer den ethisch legitimsten Anspruch begründet. Nur weil dem Vater die Marzipankartoffeln viel besser schmecken als seinen Kindern, folgt ja noch nicht, dass er sie alle alleine aufessen darf.

Idealisierende Annahmen

Der zweite von der Entscheidungs- und Spieltheorie ererbte Problembereich sind die idealisierenden Annahmen. Generell sind die als erfüllt vorausgesetzten epistemischen Bedingungen für rationale Entscheidungen im alltäglichen Leben nicht zu erfüllen (erste Idealisierung). Darüber hinaus sind die Annahmen bezüglich der sozialen Rollen problematisch (zweite Idealisierung). Zum einen gibt es viele soziale Rollen, die nicht stetig sind. Andere dagegen kommen einem Akteur sein ganzes Leben lang zu. Es wäre daher unrealistisch, bezüglich letzterer von Entscheidungen unter Unsicherheit auszugehen, da wir bei den langfristigen Rollen normalerweise Erwartungen ausbilden. Gehen wir aber von Entscheidungen unter Risiko aus, dann ändert sich der Standard dafür, was rationalerweise angestrebt werden sollte. Zum anderen ist die Annahme, dass die gleiche soziale Rolle die gleichen Interessen nach sich zieht, für die meisten sozialen Rollen unplausibel. Bleiben die Rollen inhaltlich unspezifisch, lassen sich mit ihnen unterschiedliche Interessen verbinden. Spezifiziert man die Rollen so sehr, dass es plausibel wird, mit ihnen nur noch bestimmte Interessen zu verbinden, dann droht die Gefahr, dass diese spezifischen Rollen niemals auf zwei Agenten gleichermaßen zutreffen. Für die Brauchbarkeit des entscheidungs- und spieltheoretischen Ansatzes von besonderer Relevanz ist die Voraussetzung, dass wir es mit gerechten sozialen Situationen zu tun haben, in denen alle gleichen Zugang zu den Informationen, gleiches Risiko der zuzuteilenden Rollen und gleiche freie Angebote zu unterbreiten haben (dritte Idealisierung). Auch diese spieltheoretischen Vorgaben werden sicherlich von keiner der derzeit existierenden sozialen Institutionen erfüllt, sodass sich die Frage nach der Anschlussfähigkeit der normativen Anforderungen an die soziale Realität stellt.

Kontraintuitive Konsequenzen

Aber nicht nur der sich hier abzeichnende revisionäre Charakter des subjektiven ethischen Rationalismus bedarf philosophischer Begründung. Es gibt auch die Schwierigkeit, dass diese Ethikkonzeption *kontraintuitive Konsequenzen* mit sich bringt. So verbietet das Maximinprinzip z. B., dass der am schlechtesten Gestellte einem Bessergestellten freiwillig etwas abgibt. Nach diesem Prinzip wäre eine solche Handlung ethisch falsch, während sie es von unserem ethischen Vorverständnis aus nicht ist. Damit deckt sich dieses vorgeschlagene Prinzip nicht mit unseren Vorstellungen des ethisch Richtigen und Falschen. Auch hier kann der subjektive ethische Rationalist die revisionistische Strategie verfolgen und unsere ethischen Intuitionen als unaufgeklärt kritisieren. Damit lädt er sich jedoch weitere Beweislasten auf.

Wer ist Kooperationspartner?

Da Ethik dem subjektiven ethischen Rationalismus nach als Instrument der Kooperationsermöglichung und -maximierung verstanden werden kann, wird folgende Frage zentral: *Wer ist als Kooperationspartner zu zählen?* Von der Antwort auf diese Frage hängt es ab, wessen Interessen berücksichtigt werden. Wir kooperieren weder mit Tieren noch mit der Natur. Gleiches gilt für menschliche Embryonen und die zukünftigen Generationen von Menschen, denen wir vermutlich einen ökologisch ruinierten Planeten hinterlassen. Dennoch scheinen auch diesen allen gegenüber ethische Verpflichtungen zu bestehen. Es ist nicht leicht zu sehen, wie dieser Intuition im Rahmen des subjektiven ethischen Rationalismus Genüge getan werden kann. Gelingt dies nicht, dann ergeben sich wiederum kontraintuitive Konsequenzen.

Welche Interessen?

Auch die Frage, *welche Interessen* zugelassen werden sollen, stellt den subjektiven ethischen Rationalismus vor ein Dilemma. Wenn man nur den gerechten Ausgleich aufgeklärter Interessen ins Auge fasst, dann hat man keine Möglichkeit mehr, die Interessen selbst einer ethischen Kritik zu unterziehen. Zwar lassen sich mittels der Rationalitätsforderung die Bedingungen von Konsistenz und Kohärenz formulieren. Wenn es aber dazu kommt, dass ein Akteur eine konsistente Menge perverser, aggressiver und – aus unserer intuitiven Sicht – ethisch inakzeptabler Interessen ausbildet, dann ist die Ethik des subjektiven Rationalismus am Ende. Wenn der Rationalitätstest überstanden ist, dann haben auch diese „perversen" rationalen Akteure Anspruch auf gerechte Berücksichtigung ihrer Interessen. Ist aber das Interesse z. B. eines militanten Ausländerhassers, Asylheime brennen zu sehen, mit einzubeziehen? Lässt man alle Interessen zu, dann droht die Gefahr, dass die vom ethischen Subjektivismus vorgeschlagene Basis der Ethik nicht mehr sehr viel mit unserem ethischen Vorverständnis zu tun hat und wir mit einer Deutung konfrontiert sind, die eine massive Revision unseres ethischen Vorverständnisses nach sich zieht. Lässt man dagegen nur die ethisch akzeptablen Interessen zu, dann benötigt man offensichtlich zusätzliche ethische Werte (z. B. Vorstellungen des guten Lebens), die in der Konzeption des subjektiven ethischen Rationalismus jedoch nicht zur Verfügung stehen.

b) Grenzen

Neben diesen soeben angeführten Problemen gibt es für den subjektiven ethischen Rationalismus eine Reihe weiterer Schwierigkeiten, welche die Grenzen dieser Ethikkonzeption sichtbar werden lassen. Vier von ihnen seien hier kurz angesprochen:

- Die Wirksamkeit von nicht auf Eigeninteressen reduzierbaren ethischen Werten;
- die nicht durch Kooperation abgedeckten Geltungsbereiche der Ethik;
- die Existenz altruistischer Interessen;
- die nicht von Interessen abhängige Falschheit von Handlungen.

Inanspruchnahme ethischer Werte unverzichtbar

Wie wir gerade gesehen haben, lassen sich die massiven revisionären Konsequenzen des subjektiven ethischen Rationalismus nur vermeiden, wenn von *ethischen Werten* Gebrauch gemacht wird. Diese Werte können dann helfen, ethisch legitime von illegitimen Interessen zu unterscheiden, und einsichtig machen, aufgrund welcher Vorstellungen von Gerechtigkeit bestimmte soziale Ordnungen gegenüber anderen aus ethischer Sicht vorzuziehen sind. Damit steht die Ethik des aufgeklärten Eigeninteresses vor der gleichen Konsequenz, die sich auch für die Entscheidungs- und Spieltheorie ergeben hat. Im Gegensatz zu ersteren kann sie die erforderliche Erweiterung nicht durchführen, ohne zugleich ihre basalen Prämissen aufzugeben.

Ethik jenseits der Kooperation

Ein vergleichbares Dilemma ergibt sich bezüglich der Engführung von Ethik und *Kooperation*. Will der subjektive ethische Rationalismus die revisionäre Konsequenz vermeiden, zahlreiche Fragen, die wir als ethische Probleme verstehen, aus dem Bereich der Ethik zu eliminieren, dann muss er zugestehen, dass es Bereiche der Ethik gibt, die sich nicht als Kooperationsprobleme darstellen lassen. Dies wird zum einen daran deutlich, dass es mit der Verantwortung gegenüber der Natur, tierischem und nichtrationalem menschlichen Leben, oder auch den Pietätspflichten gegenüber Verstorbenen einen großen Bereich ethischen Handelns gibt, der sich nicht als Kooperation begreifen lässt (bei jedem sinnvollen Begriff von Kooperation). Außerdem gibt es einen Bereich von ethischen Problemen – die so genannten Pflichten gegen sich selbst –, die man ebenfalls nicht als Kooperation begreifen kann: Wenn man es für ethisch falsch hält, dass sich eine Person mutwillig gesundheitlich zugrunde richtet oder ihr Talent verschwendet, auch wenn sie dadurch niemand anderem schadet als sich selbst, dann unterstellt man nicht, dass diese Person mit sich selbst nicht kooperiert. Schließlich funktioniert die spieltheoretische Rekonstruktion unseres Eigeninteresses an einem rationalen Interessenausgleich nur, wenn sich die Kooperation selbst wiederholen kann: Es ist rational für mich, in einer Situation auf einen möglichen Vorteil zu verzichten, wenn ich sicher sein kann, dass mein Verzicht sich in einer späteren Kooperationssituation auszahlt. Für Fälle einmaliger Kooperation greift diese Überlegung nicht, da es hier kein Motiv des aufgeklärten Eigeninteresses geben kann, meine Interessen zurückzustellen.

Altruistische Interessen

Gegen die Grundannahmen des subjektiven ethischen Rationalismus ist von seinen Anfängen an eingewendet worden, dass er die Existenz *altruistischer Interessen* ignoriere. Diese Überlegungen beruhen den Kritikern zufolge auf einem begrifflichen Fehler: Es stimmt zwar, dass jedes Interesse von mir, gleichsam per definitionem, mein Interesse ist. Das bedeutet aber nicht, dass der Gehalt eines solchen Interesses sich auf mein Wohl oder meine Befriedigung beschränkt. Es ist ein häufiger, auch im Alltag zu beobachtender Interpretationsfehler, welcher der Abwertung altruistischer Einstellungen zugrunde liegt. Diese Abwertung im Sinne des Egoismus wird so begründet: X handelt auf den ersten Blick selbstlos, indem sie Y Geld spendet. Es ist auch nicht der Fall, dass X davon in irgendeiner verborgenen Weise – etwa durch Steuergewinne, soziale Anerkennung, zukünftige Hilfe durch Y oder Freunde von Y – profitiert. Aber, so die Interpretation im Sinne des Egoismus, die Handlung von X ist nicht selbstlos oder altruistisch, weil X damit ja ihr Interesse, Y zu helfen, befriedigt und daher an ihrem Eigeninteresse orientiert ist. Doch diese Überlegung beruht auf einem Fehlschluss: Aus der Tatsache, dass die Realisierung eines meiner Interessen mir eine Befriedigung verschafft, folgt nicht, dass diese Befriedigung das Motiv ist, dessentwillen ich dieses Interesse habe und realisieren möchte. Die sich durch selbstloses Handeln einstellende Befriedigung ist nur ein Nebeneffekt, nicht das Ziel der Handlung selbst. Es ist daher durchaus möglich, ein altruistisches, nicht auf das eigene Wohl ausgerichtetes Interesse zu haben.

Darüber hinaus geraten die Grundannahmen des subjektiven ethischen Rationalismus auch noch auf einem anderen Wege unter Druck. Diese Ethikkonzeption basiert auf einer zweifelhaften anthropologischen Prämisse: der These des psychologischen Egoismus. Diese Annahme besagt, dass nur der Egoismus, d. h. Eigeninteressen, Menschen zum Handeln motivieren können. Gegen diese, in der Neuzeit vor allem auf Thomas Hobbes zurückgehende Annahme, haben sich schon im 17. Jahrhundert viele Philosophen wie z. B. Joseph Butler (1692–1752) oder David Hume gewandt und auf die Existenz altruistischer Interessen hingewiesen (vgl. [IV-10], [IV-11, Buch III] und [IV-12]). Wir bewerten auch solche Ereignisse oder Handlungen unter ethischen Gesichtspunkten, die nicht unser individuelles Wohl oder unsere individuellen Interessen betreffen. Außerdem gibt es die Einstellungen oder ethischen Gefühle der Selbstlosigkeit oder des Wohlwollens. Beide zeigen, dass Menschen auch durch das faktische oder mögliche Leiden anderer Interessenträger zum Handeln motiviert sein können. Hume, der in seiner Anthropologie sowohl altruistische Interessen wie auch Eigeninteressen zulässt, unterscheidet noch zwischen „benevolence" und einer „limited generosity". Das Wohlwollen ist strikt unparteilich, und die Interessen aller Beteiligten werden gleichermaßen ernst genommen. Die begrenzte Großzügigkeit richtet sich dagegen in erster Linie auf den sozialen Nahbereich. Das Wohlergehen von Angehörigen, Freunden oder persönlich Bekannten geht uns normalerweise näher als das von Unbekannten wie folgendes Beispiel zeigt: X kann aus einem nach einem Unfall brennenden Wagen nur noch eine Person retten. Im Wagen befinden sich zwei gleich schwer verletzte Kinder. Eines davon ist ihr eigenes. Ist es ethisch gerechtfertigt, wenn X ihr eigenes Kind rettet? Nicht nur anthropologisch stellte die Forderung der strikten Gleichbehandlung hier eine Überforderung dar. Auch ethisch wäre jede gerechtigkeitstheoretische Begründung von X dafür, dass sie ihr eigenes Kind gerettet hat, einfach ein Gedanke zu viel. Trägt man den altruistischen Interessen in der Ethik Rechnung, dann besteht die ethisch richtige Haltung eines Subjekts darin, zwischen Eigen- und altruistischen Interessen ein angemessenes Verhältnis herzustellen. Wer zu sehr auf sein eigenes Wohl konzentriert ist, zieht sich ethische Kritik zu. Wer dagegen nur auf das Wohl der anderen ausgerichtet ist, kann nicht als Normalfall des ethisch angemessenen Subjekts gelten. Vielmehr zählen wir solche Ausnahmefälle an Altruismus zu den ethischen Helden oder Heiligen. Es wäre aber sicher ebenfalls eine Überforderung, wenn nur der ethische Held oder Heilige ethisch richtig handelt und lebt. Die angemessene Ethik zielt auf das menschliche Maß, nicht auf dessen Unter- oder Überbietung.

Das ethisch Richtige als interessen-unabhängige Größe

Als Letztes muss noch eine basale ethische Intuition erwähnt werden, der zufolge es bestimmte Handlungstypen gibt, die durch eine *interessen-unabhängige ethische Falschheit* ausgezeichnet sind. Die weit geteilte Ansicht ist, dass bestimmte Handlungen – z.B. das Foltern einer Minderheit von Personen – niemals ethisch gerechtfertigt sind, auch wenn durch sie der Gesamtnutzen gesteigert werden könnte. Stellen wir uns vor, dass ein gesunder Mensch getötet wird, um seine Organe fünf sterbenskranken Menschen zu transplantieren, die dadurch wieder ein nahezu normales Leben führen können. Eine solche Handlung lässt sich nicht rechtfertigen, auch dann nicht, wenn man zusätzlich annimmt, dass dieses Opfer ein allein lebender, notorisch krimineller Zeitgenosse ist und die fünf potenziellen Organempfänger alle verdiente Mitglieder unserer Gesellschaft sowie liebende Familienväter sind. Ein anderes Beispiel, welches die gleiche Intuition der intrinsischen Falschheit bestimmter Handlungstypen illustrieren soll, ist das Foltern von Gefangenen, um Informationen über mögliche Terroranschläge zu erhalten. Die Möglichkeit, zukünftigen Schaden zu verhindern, rechtfertigt solche Handlungen in den Augen vieler Menschen nicht. Die ausführliche Behandlung dieses Problems führt auf die generelle Auseinandersetzung zwischen deontologischen und konsequentialistischen Ethiken, die uns später noch beschäftigen wird (vgl. Kap. VIII). Für die Zwecke unserer jetzigen Argumentation können wir aus diesen Beispielen den Schluss ziehen, dass die Konzeption des subjektiven ethischen Rationalismus zentrale Intuitionen unseres alltäglichen ethischen Vorverständnisses nicht angemessen integrieren kann.

4. Zusammenfassung, Lektürehinweise, Fragen und Übungen

Zusammenfassung

Der subjektive ethische Rationalismus versucht, der Ethik ein kognitivistisches, d.h. wahrheits- und begründungsfähiges Fundament zu geben und gleichzeitig ohne metaphysische Annahmen auszukommen, die mit unserem modernen Wirklichkeits- und Selbstverständnis konfligieren. Seine Grundidee ist, dass sich die Anforderungen der Moral verstehen lassen als die Anforderungen des aufgeklärten Eigeninteresses von rationalen Akteuren, welches sich ergibt, wenn die faktischen Interessen eines Subjekts auf Konsistenz und die langfristigen Folgen hin überprüft worden sind. Das ethische Sollen erklärt sich dem subjektiven ethischen Rationalismus zufolge durch den Gegensatz von kurzfristigen und aufgeklärten Eigeninteressen. Erheblich erweitert wird diese Konzeption durch die anthropologische Zusatzannahme, dass Menschen in der Regel ein Interesse an Kooperation haben. Auf der Grundlage entscheidungs- und spieltheoretischer Modelle versucht der subjektive ethische Rationalismus, diese Auffassung der Ethik als Instrument der Kooperationsmaximierung zu entwickeln. Die Diskussion verschiedener Fallbeispiele zeigt jedoch, dass unsere alltägliche ethische Einstellung Aspekte enthält, die der subjektive ethische Rationalismus nicht angemessen einfangen kann, ohne seine Grundannahmen preiszugeben. Neben der Existenz altruistischer Interessen, die sich im Rahmen des subjektiven ethischen Rationalismus nicht erfassen lassen, sind dies erstens die Existenz von Werten und Normen (z.B. die Gerechtigkeitsintuitionen). Diese zusätzlichen ethischen Aspekte unseres Urteilens werden sichtbar in der Bewertung unterschiedlicher Situationen, in denen die Gerechtigkeit in Form der Verteilung und die Effizienz des gesamten Systems in ein Spannungsverhältnis zueinander geraten. In diesen Fällen zeigt sich auch, dass ein strikter Egalitarismus, der Gerechtigkeit mit Gleichheit identifiziert, zu kontraintuitiven Ergebnissen führt. Zweitens lassen sich im Rahmen des subjektiven ethischen Rationalismus solche Probleme nicht als ethische Fragen begreifen, die sich nicht als Kooperationsprobleme darstellen lassen. Dies ist gegenüber unserem ethischen Vorverständnis eine kontraintuitive Konsequenz. Ein dritter Problembereich für den subjektiven ethischen Rationalismus sind die ethischen Ansprüche von Entitäten, die sich nicht als Kooperationspartner begreifen lassen (z.B. die Natur, Tiere oder zukünftige Generationen von Menschen).

Lektürehinweise

Eine der am besten ausgearbeiteten Varianten des subjektiven ethischen Rationalismus stellt [IV-13] dar; zur Diskussion der Relevanz von Entscheidungs- und Spieltheorie für die Ethik vgl. die Beiträge in [IV-14] und zu vertragstheoretischen Ansätzen, mit einem Schwerpunkt in der politischen Philosophie, siehe [IV-15]. Zum Begriff der Rationalität vgl. [IV-16] und zum Verhältnis von Rationalität und Risiko siehe [IV-17]. Wichtige Abhandlungen zum Verhältnis von Gleichheit und Gerechtigkeit sind [IV-18] und [IV-19]; eine hilfreiche Diskussion und Kritik des psychologischen sowie ethischen Egoismus findet sich in [IV-20, Kap. 2–4].

Fragen und Übungen

- Auf welcher Unterscheidung begründet der subjektive ethische Rationalismus seinen Kognitivismus?
- Nennen Sie die Punkte, weshalb der Begriff der Präferenz kein geeigneter Grundbegriff für die Ethik ist.
- Stellen Sie die Grundidee des subjektiven ethischen Rationalismus dar.
- Was ist die Antwort des subjektiven ethischen Rationalismus auf das Motivationsproblem?

- Wie erklärt der subjektive ethische Rationalismus das moralische Sollen?
- Unter welchen Voraussetzungen nennen wir eine Person „rational"?
- Warum ist der subjektive ethische Rationalismus keine Form des ethischen Naturalismus?
- Erläutern Sie den Unterschied zwischen Entscheidungen unter Gewissheit, unter Risiko und unter Unsicherheit.
- Worin besteht die Problematik von Gefangenendilemma und Schwarzfahrerproblem aus Sicht des subjektiven ethischen Rationalismus?
- Welche drei Arten von Kriterien materialer Gerechtigkeit gibt es?
- Begründen Sie, weshalb der Begriff eines „altruistischen Interesses" nicht widersprüchlich ist.
- Nennen Sie die zentralen Probleme des subjektiven ethischen Rationalismus.
- Welches sind die Grenzen des subjektiven ethischen Rationalismus?

V. Objektivismus und Realismus (I)

In diesem Kapitel wird die Grundidee des ethischen Objektivismus in seiner starken, auf Letztbegründung zielenden Form anhand der Vernunftethik Immanuel Kants und der Diskursethik Karl-Otto Apels vorgestellt. Vorbereitend wird dazu das Verhältnis von ethischem Objektivismus und ethischem Realismus bestimmt und bei beiden Konzeptionen eine starke von einer schwachen Version unterschieden.

1. Einleitung

Die Diskussion des subjektiven ethischen Rationalismus verdeutlicht die gravierenden Probleme, welche dieser ethische Ansatz bei aller Angemessenheit an und Attraktivität für das moderne Bewusstsein mit sich bringt. Zum einen hat sich angedeutet, dass sich die Begriffe der Gerechtigkeit, Gleichheit und Unparteilichkeit möglicherweise nicht auf die Interessen und Werteinstellungen empirischer Subjekte zurückführen lassen, sondern auf eine fundamentalere Weise mit der Struktur von rationaler Subjektivität verbunden sind. Die Beschränkung des Bereichs der ethisch relevanten Entitäten auf rationale Kooperationspartner hat zum anderen die Konsequenz, dass vieles aus dem direkten Geltungsbereich der Ethik herausfällt, was unserem alltäglichen Vorverständnis nach hineingehört.

Außerdem widerspricht die Grundidee des subjektiven ethischen Rationalismus, derzufolge sich Werteigenschaften generell auf empirische Einstellungen von Subjekten zurückführen lassen, unserer Werterfahrung. Wenn es um evaluative, d. h. Werteigenschaften – seien es ästhetische, religiöse oder ethische – geht, erleben wir uns in unserer Werthaltung als durch die evaluativen Eigenschaften dieser Entitäten gelenkt und gebunden. Dies setzt voraus, dass evaluative Eigenschaften ihrerseits nicht vollständig abhängen von unseren Werteinstellungen bzw. den ihnen zugrunde liegenden Interessen. Mit anderen Worten: Wir schätzen etwas als ethisch gut, weil es ethisch gut ist. Und nicht: Etwas ist ethisch gut, weil wir es als ethisch gut schätzen.

2. Objektivismus oder Realismus: Vier mögliche Optionen

Vier Positionen

Die soeben noch einmal angeführten Schwierigkeiten des subjektiven ethischen Rationalismus lassen die Grundideen des ethischen Objektivismus und des ethischen Realismus sowie die jeweilige Stoßrichtung ihrer Argumentation verständlich werden. In der Philosophie werden die Begriffe „objektiv" bzw. „Objektivismus" und „real" bzw. „Realismus" auf sehr unterschiedliche Weise verwendet. Deshalb ist es unmöglich, sich einfach einer Terminologie anzuschließen, da jede Entscheidung über die Art ihrer Verwendung mit inhaltlichen Konsequenzen verbunden ist. Außerdem wird gerade in der Metaethik häufig nicht zwischen ethischem Objektivismus und ethischem Realismus differenziert. Da es sich im Laufe unserer Überlegungen jedoch als wichtig erweisen wird, zwischen beiden genau zu unterscheiden, müssen wir einige Bemerkungen zur Terminologie vorwegschicken.

a) Terminologische Festlegungen: „objektiv" und „real"

Der ethische Objektivismus

Der ethische *Objektivismus* geht von der These aus, dass ethische Aussagen sich nicht übersetzen lassen in Aussagen, in denen nur die Interessen empirischer Subjekte vorkommen. Das Fundament ethischer Ansprüche und Normen ist (zumindest zu wesentlichen Teilen) vielmehr in den allgemeinen und universal geltenden Strukturen von rationaler Subjektivität überhaupt zu suchen. Mit „rationale Subjektivität überhaupt" ist dabei eine philosophisch explizierbare Struktur gemeint, die in jeder Entität realisiert ist, die man zu Recht als ein rationales Subjekt bezeichnen kann (mit der genaueren philosophischen Bestimmung dieser Struktur brauchen wir uns für die Zwecke der folgenden Überlegungen nicht weiter zu beschäftigen). Diese Struktur der rationalen Subjektivität überhaupt ist damit unabhängig von der Beschaffenheit konkreter empirischer Lebensformen oder den individuellen Ausgestaltungen einzelner Mitglieder dieser Lebensformen. Wir werden im Folgenden nichtsinnliche und nicht leiblich existierende rationale Subjekte (z. B. ein göttliches Subjekt) oder auch mögliche außerirdische rationale Subjekte mit einer ganz anders aufgebauten leiblichen Existenzform (die in der Philosophie berühmten Marsianer) nicht weiter betrachten, obwohl auch sie an der Struktur der rationalen Subjektivität überhaupt teilhaben, sofern sie als rationale Subjekte konzipiert werden. Der Bezugspunkt unserer Überlegungen beschränkt sich auf den Fall von rationaler Subjektivität überhaupt, der uns faktisch derzeit bekannt ist: die menschliche Lebensform. In dem Maße, wie die Ethik in der rationalen Subjektivität überhaupt verankert werden kann, ist für sie auch ein Fundament gewonnen, welches strikte intersubjektive Geltung sowie interkulturelle und intertemporale Invarianz gewährleistet. Weil die nicht-empirische Grundstruktur rationaler Subjektivität weder individuell noch kulturell oder durch die jeweilige Lebensform bedingt ist, können ethische Ansprüche, die auf ihr basieren, nicht zurückgeführt werden auf empirische Interessen endlicher Subjekte. Ein ethischer Objektivismus, der die Ethik vollständig auf dieser rationalen Subjektivität überhaupt fundiert, enthält dann gar keine kontingenten Elemente. Im Rahmen eines ethischen Objektivismus, der sowohl die rationale Subjektivität überhaupt wie auch die Verfasstheit konkreter empirischer Subjekte als Fundament der Ethik heranzieht, muss man hingegen unterscheiden zwischen den Aspekten der Ethik, die nicht kontingent sind, weil sie aus der Struktur rationaler Subjektivität überhaupt entspringen, und den Aspekten der Ethik, die sich der besonderen Verfasstheit konkreter rationaler Subjekte verdanken. Wenn man, um ein Beispiel zu nennen, davon ausgeht, dass der Begriff eines nicht mit leiblichen Bedürfnissen ausgestatteten rein rationalen Subjekts konsistent ist, dann gehören ethische Ansprüche, die sich der Tatsache verdanken, dass Menschen leiblich existierende, mit Bedürfnissen ausgestattete Wesen sind, zu den kontingenten Aspekten der Ethik. Mit anderen Worten: Wenn Leidensfähigkeit, Leiblichkeit und Bedürftigkeit nicht analytisch zum Begriff der rationalen Subjektivität überhaupt gehören, dann begründen diese den Menschen zweifellos ausmachenden Aspekte keine im strikten Sinne universalen ethischen Ansprüche. Analog zum Deutungsvorschlag des subjektiven ethischen Rationalismus kann der ethische Objektivismus einerseits das faktische empirische Interesse endlicher Subjekte unter Bezug auf diese universalen Strukturen rationaler Subjektivität kritisieren und korrigieren, andererseits ist es ihm möglich, das ethische Sollen aus dieser Differenz heraus zu erklären. Weil diese Strukturen der rationalen Subjektivität universal gelten, sind sie zugleich intersubjektiv, intertemporal und interkulturell invariant. Auf diese Weise deckt der ethische Objektivismus die Intuitionen der Gleichheit, der Unparteilichkeit und der intersubjektiven Begründbarkeit ab. Diese Ethikkonzeption zielt primär auf die Geltung und Begründbarkeit ethischer Ansprüche und Normen, also das ethisch Richtige, ab – sein primäres Feld ist das Paradigma der rationalen Begründung. Er wendet sich vor allem gegen die Vorstellung des subjektiven ethischen Rationalismus, dass die Basis der Ethik ausschließlich zufällige und wandelbare Interessen empirischer Subjekte sein sollen.

Der ethische Realismus

Der ethische *Realismus* zielt dagegen nicht primär auf Geltung und Begründung ab, sondern ist in erster Linie auf die ethische Ontologie ausgerichtet. Er wendet sich vor allem gegen die Vorstellung, dass Werteigenschaften keine realen Eigenschaften der Welt sind, sondern lediglich als Gehalte subjektiver mentaler Zustände bestimmt werden. Der ethische Realismus ist daher in erster Linie eine These über den ontologischen Status evaluativer Eigenschaften. Seine Kernthese besagt, dass diese Werteigenschaften sich nicht vollständig reduzieren lassen auf subjektive Einstellungen oder Subjektivitätsstrukturen. Ethische Ansprüche werden von bestimmten Entitäten gegenüber anderen Entitäten erhoben, weil erstere bestimmte Werteigenschaften haben und letztere prinzipiell in der Lage sind, diese wahrzunehmen. Das Hauptaugenmerk des ethischen Realismus liegt damit darauf, die bindende Kraft von Werteigenschaften und die erlebte Passivität im Wertwahrnehmen angemessen zu erfassen. Dabei geht der ethische Realismus in seinem Bemühen, ethische Ansprüche von empirischen Subjekten loszulösen, noch einen Schritt weiter als der ethische Objektivismus. Der ethische Realist behauptet, dass Werteigenschaften sich weder auf empirische Interessen noch auf die universalen Grundstrukturen rationaler Subjektivität überhaupt zurückführen lassen. Damit ist die Nichtreduzierbarkeit evaluativer Eigenschaften die Basis, aus der intersubjektive Geltung, Gleichheit und Unparteilichkeit ethischer Ansprüche folgen.

Die zentrale Differenz

Die zentrale Differenz zwischen Objektivismus und Realismus besteht also in folgenden zwei Punkten: Der ethische Objektivismus ist primär an intersubjektiver Begründung und Geltung interessiert, fordert aber nicht, dass ethische Ansprüche nicht zurückgeführt werden können auf Subjektivitätsleistungen. Der ethische Realismus zeichnet sich demgegenüber gerade durch die Annahme aus, dass es evaluative Aspekte der Wirklichkeit gibt, die sowohl ethische Ansprüche begründen als auch nicht vollständig auf Subjektivitätsleistungen reduzierbar sind.

b) Starke und schwache Varianten

In der bisherigen Darstellung von ethischem Objektivismus und ethischem Realismus sind die verschiedenen Varianten, die sich hinter der jeweiligen Kennzeichnung verbergen können, noch nicht unterschieden worden. Man kann bei beiden Arten von Ansätzen zwischen einer starken und einer schwachen Form differenzieren, indem man ihre Kernthesen gegenüberstellt. Mit Bezug auf den ethischen Objektivismus kann man den Unterschied durch folgende zwei Thesen markieren.

Der *schwache ethische Objektivismus* behauptet:

Schwacher ethischer Objektivismus

(T 1) Ethische Ansprüche und ethische Geltung lassen sich nicht vollständig auf die Interessen oder Eigenschaften bzw. Fähigkeiten empirischer Subjekte zurückführen. Man muss sich zusätzlich auf die Strukturen von rationaler Subjektivität überhaupt beziehen. Ein Bezug auf subjektunabhängige Entitäten ist dagegen nicht notwendig.

Mit (T 1) ist die Annahme verträglich, dass man sich bei der Analyse ethischer Ansprüche und ethischer Geltung unter anderem auch auf die empirischen Interessen oder Eigenschaften bzw. Fähigkeiten konkreter Subjekte beziehen muss. Behauptet wird nur, dass ethische Ansprüche und ethische Geltung eine Art Überschuss über die empirische Subjektivität hinaus haben. Nehmen wir als Beispiel die schon erwähnte Vorstellung, dass es nicht zum Begriff der rationalen Subjektivität überhaupt gehört, über einen Leib, über Sinnlichkeit und über Bedürfnisse zu verfügen. Dann kann der schwache ethische Objektivist sich auf den Standpunkt stellen, dass es in einer für den Menschen angemessenen Ethik neben den strikt universal gültigen Ansprüchen, die sich aus der rationalen Subjektivität überhaupt ableiten lassen, auch noch schwächer begründete ethische Ansprüche gibt. Letztere basieren dann auf den faktischen Interessen von uns als empirischen Subjekten, die wir deshalb haben, weil wir verletzliche, leidensfähige und auf vielfältige Weise bedürftige Wesen sind.

Der *starke ethische Objektivismus* stellt dagegen eine stärkere These auf:

Starker ethischer Objektivismus

(T 2) Ethische Ansprüche und ethische Geltung lassen sich vollständig analysieren, ohne auf die Interessen oder Eigenschaften bzw. Fähigkeiten empirischer Subjekte Bezug nehmen zu müssen. Man muss sich ausschließlich auf die Strukturen von rationaler Subjektivität überhaupt beziehen.

Durch (T 2) wird ausgeschlossen, dass für die ethische Geltung und die Existenz ethischer Ansprüche faktische Interessen empirischer Subjekte oder die faktischen Eigenschaften bzw. Fähigkeiten dieser empirischen Subjekte von Bedeutung sein können. Die Grundlage der Ethik ist ausschließlich in den universalen Strukturen rationaler Subjektivität überhaupt zu finden. Mit Bezug auf unser obiges Beispiel bedeutet dies, dass die Ansprüche, die aus unserer Leiblichkeit, Verletzbarkeit und Bedürftigkeit erwachsen, nicht zum genuinen Geltungsbereich einer universal gültigen Ethik gehören.

Graduelle Unterscheidung

Die Unterscheidung zwischen starken und schwachen Versionen lässt sich im Falle des ethischen Objektivismus graduell verstehen. Dabei bildet der starke ethische Objektivismus den Endpunkt auf der einen Seite eines Kontinuums (an diesem Punkt ist der Anteil empirischer Interessen = 0). Nach rechts hin werden die Varianten des ethischen Objektivismus immer schwächer, weil ein immer stärkerer Bezug auf die faktischen Interessen oder Eigenschaften bzw. Fähigkeiten von empirischen Subjekten zugelassen wird. Der Endpunkt auf der rechten Seite gehört dabei nicht mehr zur Theorienfamilie des ethischen Objektivismus, denn wenn der Anteil, der sich in der Ethik auf rationale Subjektivität überhaupt stützt, gleich Null wird, dann haben wir es mit der Position des subjektiven ethischen Rationalismus zu tun.

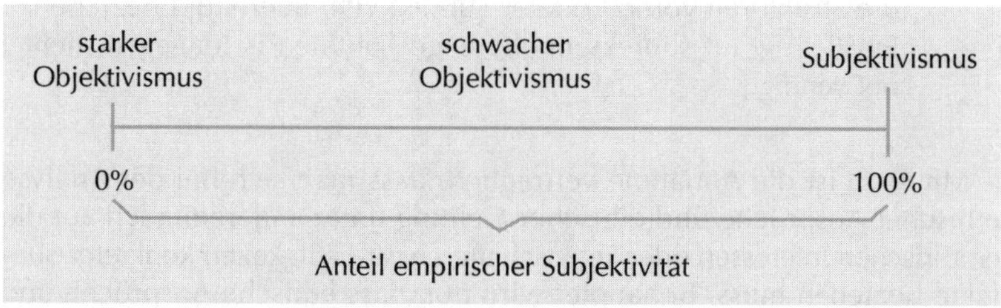

Auch mit Bezug auf den ethischen Realismus kann man die Unterscheidung zwischen schwachem und starkem ethischen Realismus in Form zweier Thesen deutlich machen.

Starker ethischer Realismus

Die *These des starken ethischen Realismus* lautet:

(T 3) Es gibt evaluative Entitäten, die unabhängig von der Existenz von Subjektivität existieren und ethische Ansprüche begründen.

Mit dieser Formulierung wird offen gelassen, um welche Art von Entitäten es sich bei den vom starken ethischen Realismus postulierten evaluativen Entitäten genauer handelt. Außerdem wird offen gelassen, ob es neben diesen postulierten evaluativen Entitäten noch weitere für die Ethik relevante Entitäten gibt, die auf die Existenz von Subjektivität angewiesen sind. Da wir im gegenwärtigen Kontext nur die nichtnaturalistischen Ethiktypen diskutieren, ist mit (T 3) auch gesagt, dass es sich bei diesen evaluativen Entitäten um einen Seinsbereich handelt, der sich prinzipiell nicht naturwissenschaftlich erfassen lässt.

Schwacher ethischer Realismus

Der *schwache ethische Realismus*, ebenfalls in seiner nichtnaturalistischen Variante, bezieht eine schwächere Position:

(T 4) Es gibt evaluative Entitäten, die ethische Ansprüche begründen und die sich nicht vollständig auf Subjektivitätsleistungen irgendwelcher Art (von Subjektivität überhaupt oder empirischer Subjektivität) zurückführen lassen.

(T 4) ist schwächer als (T 3) des starken ethischen Realismus, da sie nicht die vollkommene Unabhängigkeit von evaluativen Entitäten, die ethische Ansprüche begründen können, von Subjektivitätsleistungen fordert. Es wird nur behauptet, dass diese evaluativen Entitäten mehr enthalten als Subjektivitätsleistungen von empirischen Subjekten oder von rationaler Subjektivität überhaupt. Bildlich gesprochen leisten die subjektunabhängigen Aspekte der Welt dem schwachen ethischen Realismus zufolge einen konstitutiven Beitrag zur Ethik.

Klassischerweise wird die Position des schwachen ethischen Realismus mithilfe der Vorstellung evaluativer Eigenschaften formuliert. Diese werden dann als Relationen gedeutet, d. h. als Beziehungen zwischen Gegenständen und Subjekten. Damit diese Relation besteht, müssen sowohl dem Gegenstand wie auch dem Subjekt bestimmte Eigenschaften oder Fähigkeiten zukommen. Wichtig für diese Konzeption, die häufig unter Bezug auf die so genannten sekundären Qualitäten entwickelt wird, ist die Annahme, dass sich Relationen selbst nicht reduzieren lassen auf diese Eigenschaften oder Fähigkeiten von Gegenstand und Subjekt, die man primäre Qualitäten nennt (vgl. dazu Kapitel VI, Abschnitt 3).

Anders als im Fall des ethischen Objektivismus lässt sich die Unterscheidung zwischen starkem und schwachem ethischen Realismus nicht graduell deuten, die ein Kontinuum von Positionen eröffnet. Es handelt sich vielmehr um zwei durch ihre Ontologie unterschiedene ethische Theorien. Aufgrund der hier gewählten Formulierung von (T 4) lässt der schwache Realismus die Position des starken Realismus als eine Untermenge realistischer Positionen zu. Daher kann man das Verhältnis beider Positionen folgendermaßen grafisch darstellen:

Zwei Ontologien

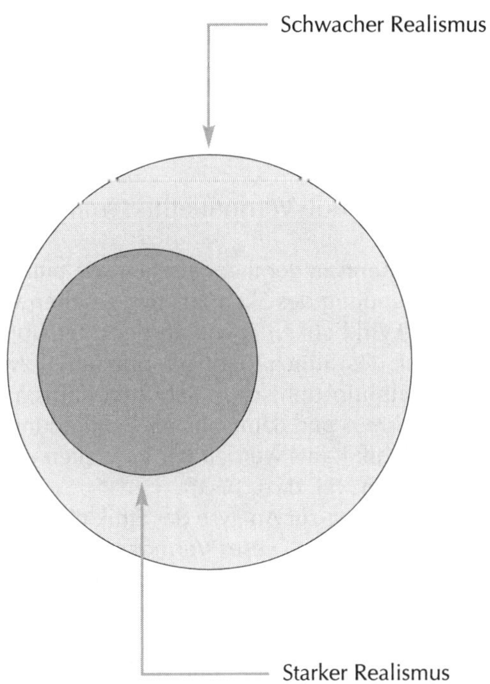

3. Der starke ethische Objektivismus

Rationale Subjektivität überhaupt

Im Folgenden beschränkt sich die Darstellung auf die Grundidee des starken ethischen Objektivismus. Der schwache ethische Objektivismus, der sich als Mischform von starkem ethischen Objektivismus und subjektivem ethischen Rationalismus begreifen lässt, wird in diesem Kapitel nicht eigens behandelt, weil diese Position durch die Ausführungen zu den beiden Theorieelementen, aus denen er sich zusammensetzt, im Wesentlichen charakterisiert wird. In der starken Form konzentriert sich der ethische Objektivismus auf ethische Ansprüche und ethische Geltung, die unter Rückgriff auf die universale Struktur rationaler Subjektivität überhaupt begründet werden sollen. Faktische Interessen oder besondere Eigenschaften bzw. Fähigkeiten empirischer Subjekte dürfen diesem Ansatz zufolge gar keine Rolle spielen. Das ethisch Gesollte ist vollkommen unabhängig von dem faktisch Gewollten. Was faktisch gewollt wird, mag für die konkrete inhaltliche Bestimmung des Gesollten relevant sein, die ethische Geltung ist davon jedoch unabhängig. Indem das ethisch Gesollte unmittelbar aus der rationalen Subjektivität überhaupt abgeleitet wird, kann es von rationalen Subjekten nicht mit rationalen Gründen bestritten werden. Als rationale Subjekte partizipieren sie an der Struktur, welcher dem ethischen Sollen seine Geltung verleiht, und deshalb fallen sie auch in den Geltungsbereich dieses Sollens. Es gibt somit eine Begründung für das ethische Sollen, die auf dem Nachweis beruht, dass dieses Sollen sich rational nicht bestreiten lässt und notwendig zur Struktur rationaler Subjektivität überhaupt gehört (zur Idee der Letztbegründung vgl. [V-1] und [V-2] sowie Kap. IX).

Mit der Vernunftethik von Immanuel Kant und der Diskursethik von Karl-Otto Apel (*1922) werden nun die Grundzüge der zwei gegenwärtig wohl prominentesten Varianten des starken ethischen Objektivismus vorgestellt. Das Ziel der Darstellung ist dabei nicht, eine historisch angemessene Detailinterpretation zu liefern, sondern der Fokus liegt darauf, die Grundideen dieser Ansätze freizulegen.

a) Die letztbegründende Vernunftethik: Immanuel Kant

Das Hauptanliegen Kants in der theoretischen wie praktischen Philosophie kann in der Überwindung des Skeptizismus gesehen werden, der an der Erkennbarkeit der Wirklichkeit sowie an der intersubjektiven Gültigkeit und Begründbarkeit des sittlich Richtigen prinzipiell zweifelt. Daher sind die zentralen moralphilosophischen Schriften Kants auf die Abwehr des ethischen Subjektivismus und damit auf das Begründungsproblem gerichtet (auf die materiale Ethik Kants werden wir im weiteren Verlauf dieser Darstellung nicht eingehen; vgl. dazu [V-3]).

Kant nimmt seinen Weg zur Analyse der Ethik über das Wollen, d.h. das Vermögen, frei zu handeln: Dieses Vermögen nennt er „praktische Vernunft" oder „den Willen". Wie auch in seiner theoretischen Philosophie unterscheidet Kant dabei zwischen einer empirisch bedingten und einer reinen praktischen Vernunft. Die empirische praktische Vernunft bezieht sich auf den Menschen als Sinnen- und Bedürfniswesen. Weil wir als ein solches Wesen mit natürlichen Bedürfnissen ausgestattet sind, haben wir ein Interesse daran, unsere Bedürfnisse zu stillen. Letztlich sind wir Kant zufolge auf eine inhaltlich vage und variabel bleibende Vorstellung der eigenen Glückseligkeit als dem Zweck unserer empirisch bedingten praktischen Vernunft ausgerichtet. Sie ist der Zweck, um dessentwillen wir einzelne Handlungen durchführen, die der Realisierung unserer konkreten Zwecke und letztlich unserer Glückseligkeit dienen. Durch seine Bedürfnisnatur wird der Mensch in seinem Wollen von seiner Sinnlichkeit und seinen Trieben bestimmt, da diese ihm den Zweck vorgeben. Diese empirisch geprägten Zwecke geben dem Menschen zwar auch ein Sollen vor in dem Sinne, dass es rational ist, bestimmte Handlungen als Mittel durchzuführen, um den vorgegebenen Zweck zu erreichen. Im Falle der empirisch bedingten praktischen Vernunft gibt es aber immer einen vorausgesetzten Zweck, auf den hin das Handeln ausgerichtet ist und hinsichtlich dessen wir dann nicht frei sind. Allerdings gilt dies nicht für die reine praktische Vernunft, die unabhängig ist von empirischen Objekten und unserer Bedürfnisnatur als empirische Wesen. Diese reine praktische Vernunft ist für Kant die ethische Vernunft, die sich selbst die ethischen Regeln gibt und daher im Vollsinne frei und autonom ist. Als autonome Vernunft darf sie keine Zwecke von außen aufnehmen, woraus Kant ableitet, dass die reine praktische Vernunft ihre Autonomie selbst zum alleinigen Zweck ihres Wollens machen muss. Die Idee des ethischen Sollens verlangt Kant zufolge einen unbedingten Zweck, der notwendig gesollt wird, d.h. unabhängig ist von den empirischen und wandelbaren Interessen konkreter Subjekte. Kant nennt diese reine praktische Vernunft, die keinerlei empirische Aspekte enthält und daher keine individuelle Ausprägung hat, auch den reinen oder guten Willen. Auf dieser Basis glaubt Kant, ethische Aussagen gewinnen zu können, die seinen strengen Theorieanforderungen genügen: Ethische Aussagen müssen a priori, d.h. unabhängig von jeder Erfahrung begründbar und als Forderungen der reinen praktischen Vernunft ausweisbar sein. Nur so können sie universal gültig, unparteilich sowie intersubjektiv begründbar sein und damit den kantischen Anspruch unbedingter notwendiger Geltung erfüllen.

Opposition zu Hobbes und Hume

Durch den Ausschluss des faktischen empirischen Wollens aus der Ethik und dem ausschließlichen Bezug auf den reinen Willen nimmt Kant eine Gegenposition zu den empiristischen Interessenkonzeptionen von Hobbes oder Hume ein. Die reine praktische Vernunft ist erfahrungsfrei, intersubjektiv, intertemporär und interkulturell invariant. Wenn es möglich ist, aus der Struktur dieser reinen Vernunft das ethische Sollen und Maßstäbe für das ethisch Richtige abzuleiten, dann kann Kant auf diese Weise der Ethik ein Fundament geben, welches frei ist von dem faktischen Wollen empirischer Subjekte. Da es allein auf die reine praktische Vernunft bezogen ist, die sich selbst in freier Weise die Gesetze gibt, sind diese Gesetze unparteilich und im strikten Sinne universal. Sie folgen ja aus der Grundstruktur von Subjektivität überhaupt, sind a priori, d.h. frei von Erfahrungstatsachen zu erkennen und zu gewinnen, und damit nicht anfällig für irgendwelche interessengebundenen Verzerrungen.

Zwei Prämissen Kants

Kant kommt auf der Grundlage seines Ethikansatzes zu einer deontologischen Ethik: Für ihn bestimmt allein der einer autonomen Handlung zugrunde liegende Wille die ethische Qualität einer Handlung (zur deontologischen Ethik siehe Kapitel VIII, 3). Dieser Theorieentscheidung liegen bei Kant zwei Annahmen zugrunde. Die erste ist eine These, die er von seinen empiristischen Vorgängern, gegen deren Ethikentwurf er sich gerade abgrenzt, übernimmt. Sie besagt, dass sich materiale Wertaussagen immer auf die Bedürfnisnatur des Menschen und damit auf seine empirischen Interessen beziehen müssen. Damit sind materiale Wertaussagen letztlich immer empirisch bedingt und somit nicht im strengen Sinne objektiv begründbar (da die Bedürfnisse der Menschen verschieden sind und sich ändern können, gelten diese materialen Wertaussagen nicht notwendig und sind auch nicht universal). Kants zweite Annahme kommt durch folgende Überlegung zum Ausdruck: Die Konsequenzen einer Handlung lassen sich nur in der Erfahrung ermitteln und können nicht a priori erkannt werden. Außerdem hängt der Erfolg unserer Handlungen von zufälligen Umständen ab, die wir weder vollständig überschauen noch kontrollieren können. Angesichts dieser Abhängigkeit sind wir mit Bezug auf die faktischen Folgen unserer Handlungen nicht autonom, sondern fremdbestimmt von äußeren Umständen und Zufällen. Damit ist die von Kant für das ethisch Richtige geforderte Bedingung der Freiheit und Autonomie mit Bezug auf die Folgen unserer Handlungen nicht gegeben. Nur die aus der Freiheit bzw. Autonomie sich ergebende Verantwortung für das eigene Handeln kann aber als ethischer Maßstab herangezogen werden. Also können die Handlungsfolgen nicht die ethische Qualität der Handlung ausmachen, da sie weder a priori erkannt noch autonom hervorgebracht werden können. Somit bleibt für Kant nur die Alternative, den Wert einer Handlung nach der Qualität der Absicht zu bestimmen, wobei diese Qualität nicht darin liegen kann, welche Wirkungen beabsichtigt sind. Denn auch diese Inhalte der Absicht beruhen letztlich auf empirischen Annahmen und genügen damit den kantischen Anforderungen nicht.

An dieser Stelle ist zweierlei kritisch anzumerken: Zum einen übernimmt Kant von seinen empiristischen Vorgängern ohne weitere Prüfung die These, dass Wertaussagen immer im Sinne des Empirismus zu deuten sind. Zum anderen fällt Kant hinter die Einsichten von Butler oder Hume zurück, weil er annimmt, dass alle subjektiven Interessen notwendig egoistisch sein müssen. Plausibel ist dieses Vorgehen Kants nur auf der Grundlage einer weiteren Annahme und einer Hoffnung. Die Annahme besteht darin, dass die empirische Welt durchgehend kausal determiniert ist. Ein Mensch ist qua biologisch-sinnliches Wesen der Naturkausalität unterworfen und damit nicht frei. Dies bedeutet für Kant, dass der Mensch als Sinneswesen nicht der Adressat ethischer Forderungen sein kann, da diese Forderungen Freiheit und Autonomie voraussetzen. Die Hoffnung Kants besteht nun darin, dass der Mensch nicht nur ein empirisches, sinnliches Subjekt ist, sondern auch an der reinen praktischen Vernunft partizipiert. Als ein solches intelligibles Subjekt ist er frei und autonom, sodass für ihn das ethische Sollen gilt. Außerdem ist Kant davon überzeugt, dass es ihm gelungen ist, auf der Basis der reinen praktischen Vernunft eine plausible philosophische Ethik entwickelt zu haben, in der drei Aufgaben gelöst worden sind: erstens zu zeigen, wie sich die reine praktische Vernunft selbst einen Inhalt, ein Sittengesetz gibt; zweitens zu entwickeln, wie wir Menschen als empirische Subjekte in der Lage sind, diesem Sittengesetz zu folgen, und drittens zu demonstrieren, dass dieses Sittengesetz Realität hat.

Selbstgegebener Inhalt

Der selbstgegebene Inhalt der reinen praktischen Vernunft: Da es keine empirischen Bestimmungsgründe des guten oder reinen Willens und damit auch keinen Bezug auf das Wohl oder das Gute geben kann, bleibt Kant zufolge nur eine Möglichkeit offen: Die Struktur der Subjektivität, universell geltende praktische Vernunft zu sein, muss selbst den alleinigen Inhalt des Sittengesetzes ausmachen. Das Kriterium, anhand dessen sich die Qualität einer Handlung messen lässt, ist damit die Handlungsmaxime, aufgrund deren das Subjekt diese Handlung auswählt. Die einzige Regel, die ein empirisches Subjekt sich selbst aus ethischer Sicht zur Handlungsmaxime machen darf, lautet ([V-4], S. 421; vgl. auch [V-5], S. 30):

> „Handle nur nach derjenigen Maxime, durch die du zugleich wollen kannst, daß sie ein allgemeines Gesetz werde".

Diese ausgezeichnete Regel stellt eine limitierende Bedingung für alle konkreten Handlungsabsichten, die wir unseren Handlungen zugrunde legen können, dar. Sie fordert die widerspruchsfreie Verallgemeinerbarkeit der konkreten Handlungsabsichten in Form eines universalen Gesetzes praktischer Vernunft (da die konkreten Handlungsabsichten rationaler Wesen nach Kant ebenfalls die Form einer Maxime haben, kann man das Sittengesetz am besten als Metaprinzip ansehen). Auf diese Weise kommt das Wesen der reinen praktischen Vernunft als formale Bestimmung unseres empirischen Wollens zur Geltung. Wären wir Wesen, deren Willen allein durch die reine praktische Vernunft bestimmbar wäre, würde dieses Gesetz einfach beschreiben, wie wir wollen. Da Menschen als sinnlich-triebhafte Wesen zugleich immer auch konkrete Handlungsmotive haben, die ihren empirischen Interessen Rechnung tragen, entsteht eine Spannung zwischen der „Stimme" der reinen praktischen Vernunft und den „Gelüsten" unserer sinnlichen Trieb- und Bedürfnisstruktur. Mit dieser Spannung erklärt Kant das ethische Sollen: Das Sittengesetz tritt uns als eine Forderung entgegen: als kategorischer Imperativ. Weil wir uns als frei und autonom begreifen, stehen wir unter der Forderung der reinen praktischen Vernunft, unsere Handlungen nach dem kategorischen Imperativ auszurichten.

Bedingungen der Erfüllbarkeit des Sittengesetzes

Die Erfüllbarkeit des Sittengesetzes: Für Kant gehört zu den Geltungsbedingungen ethischer Forderungen, dass die Adressaten im Prinzip in der Lage sein können müssen, diesen Forderungen nachzukommen: Sollen impliziert Können. Nun ist aber die Frage, wie wir als endliche Subjekte dieser strikten Anforderung einer reinen praktischen Vernunft nachkommen können. Wie schaffen wir es, unter Absehung oder gar Hintanstellung aller unserer empirischen Bedürfnisse und Interessen, ohne Ansehen von Glück und Wohl, uns zum ethischen Handeln zu motivieren? Kant selbst sieht, dass seine Konzeption ohne einige starke metaphysische Zusatzannahmen nicht auskommen kann. Empirische Subjekte müssen faktisch das ethische Ideal immer verfehlen. Deshalb benötigen sie erstens die Vorstellung einer zeitlich unendlichen Annäherung an dieses Ideal: die Vorstellung der individuellen Unsterblichkeit. Die Übereinstimmung unseres faktischen Willens, der auf das Glück ausgerichtet ist, mit dem reinen Willen impliziert zweitens die Übereinstimmung von Natur und Freiheit, von Sinnlichkeit und reiner Subjektivität. Garant dafür kann nur Gott sein, der als vernünftiger Urheber der Natur beides, Sinnlichkeit und reine Subjektivität, miteinander versöhnt. Und drittens setzt Kants gesamte Konzeption Freiheit im Sinne der Autonomie voraus. Diese drei metaphysischen Grundannahmen: Freiheit, Gott und unsterbliche Seele, versteht Kant nun aber nicht als theoretische Prinzipien, sondern als praktische Postulate. Ohne sie bzw. die Hoffnung auf sie ist unser ethisches Selbstverständnis seiner Meinung nach nicht aufrecht zu erhalten.

Realität des Sittengesetzes

Die Realität des Sittengesetzes: Akzeptieren wir, dass Kant gezeigt hat, wie aus der Idee der reinen praktischen Vernunft das Sittengesetz inhaltlich folgt, und akzeptieren wir auch seine Lehre der praktischen Postulate als Garantie dafür, dass wir als endliche Subjekte den Anforderungen der reinen praktischen Vernunft genügen können. Dann stellt sich die Frage, wie Kant den skeptischen Zweifel ausräumen kann, der dieses ganze Gedankengebäude für eine philosophische Erfindung hält. Kant selbst hat in seiner theoretischen Philosophie die Position vertreten, dass wir uns zwar die Möglichkeit der Freiheit verständlich machen können, aber weder in der Lage sind, ihre Realität zu beweisen noch ihre genaue Funktionsweise zu bestimmen. Da seine Ableitung des Sittengesetzes und seine Konzeption der reinen praktischen Vernunft die Vorstellung der Freiheit als Autonomie in Anspruch nimmt, ist zu fragen, wie sein Nachweis der Realität des Sittengesetzes verläuft.

Zwei Begründungsversuche

Kant unternimmt zwei Versuche, die Realität des Sittengesetzes philosophisch zu begründen (auf die Frage, wie das Verhältnis beider Begründungsansätze zueinander bestimmt werden muss, können wir hier nicht eingehen; vgl. dazu [V-6]). Der Gedankengang seines ersten Versuchs lässt sich in den Grundzügen so wiedergeben: Für die Realität des Sittengesetzes ist nicht der Nachweis notwendig, dass ein rationales Subjekt frei ist. Es genügt vielmehr zu zeigen, dass ein rationales Subjekt glauben muss, über diese Freiheit zu verfügen. Denn solange es diese Überzeugung hat (und die Nichtexistenz der Freiheit kann man nach Kant nicht beweisen), muss es davon ausgehen, dass das Sittengesetz für es Gültigkeit hat. Der entscheidende Punkt der Argumentation besteht nun in dem Nachweis, dass ein Wesen, welches sich als ein rational handelndes Wesen versteht, sich notwendigerweise auch das Vermögen der reinen praktischen Vernunft zuschreiben muss. Die Notwendigkeit dieser Überzeugung leitet Kant dann aus der Voraussetzung ab, dass wir Menschen uns notwendig als Teil der intelligiblen Welt betrachten und daher die Rationalität unseres Handelns, im Gegensatz zur Bedingtheit unserer Interessenverfolgung, als unser eigentliches Wesen ansehen (vgl. dazu [V-4], Teil III). Der Gedankengang seines später formulierten zweiten Versuchs ist wesentlich einfacher: Kant beruft sich darauf, dass die reine praktische Vernunft sich faktisch im menschlichen Handeln als wirksam zeigt und somit ihre Realität demonstriert. Dieses Argument beruht also auf unserem alltäglichen ethischen Selbstverständnis und darauf, dass wir uns faktisch als ethische Subjekte begreifen, die unter der Anforderung des Sittengesetzes stehen (vgl. [V-5], S. 3). Unser praktisches Wissen und die Tatsache, dass wir unser Handeln nach ethischen Maßstäben bewerten, also der Rekurs auf das in unserer ethischen Praxis wirksame Selbstverständnis, reichen nach Kant aus, den skeptischen Einwand zu entkräften.

Die zweite Begründungsstrategie Kants ist m. E. im Prinzip dazu geeignet, skeptische Einwände im Bereich der Ethikbegründung zurückzuweisen (vgl. zum Problem der Begründung in der Ethik Kap. IX). Fraglich ist jedoch, ob Kant mit seiner Theorie wirklich die einzig richtige oder zumindest eine plausible Deutung unseres ethischen Selbstverständnisses vorgelegt hat. Seine Konzeption bringt nicht nur die interpretatorische und sachliche Schwierigkeit mit sich, die Verbindung von Freiheit und Verantwortung zu deuten (siehe dazu Kap. X). Vor allem entkleidet Kant das ethische Subjekt im Bemühen, der Ethik eine strikt universale Grundlage zu schaffen, aller empirischen Interessen und anthropologischen Eigenschaften. Damit aber kommt der Mensch nicht nur als ethisches Subjekt in eine extreme Spannung zu sich als Sinnes- und Bedürfniswesen. Es ist auch klar, dass sich damit das Motivationsproblem der Ethik in aller Schärfe stellt. Als Inhalt des Sittengesetzes stehen dem Menschen nur noch formale Kriterien zur Verfügung, die sich allein der Struktur der rationalen Subjektivität überhaupt verdanken. Dies führt aber dazu, dass das Sittengesetz zu einem bloßen Konsistenztest herabgestuft wird. Ein inhaltlich gehaltvolles Prinzip zur Bestimmung materialer ethischer Aussagen erhält man auf diese Weise nicht; so lautete schon die Kritik von Georg W. F. Hegel (1770–1831) an der Konzeption Kants (vgl. [V-7], S. 459–466 und [V-8], § 135). Es hat den Anschein, als hätte der enorme Begründungsanspruch einer philosophischen Letztbegründung im Sinne der Skeptikerwiderlegung, den Kant an ethische Aussagen knüpft, uns in eine Sackgasse geführt. Die Diskursethik von Karl-Otto Apel, der wir uns jetzt zuwenden, versucht hier einen Ausweg aufzuzeigen, ohne diese Begründungsansprüche preiszugeben.

b) Die letztbegründende Diskursethik: Karl-Otto Apel

Kommunikation als Grundlage der Ethik

Der Grundidee der Diskursethik zufolge ist die Grundlage der Ethik in den Strukturen der rationalen Kommunikation, d. h. in argumentativen Diskursen, zu finden. Im Anschluss an Kant wird das Problem der intersubjektiven Begründbarkeit und der universalen Geltung des ethischen Sollens in den Kernbereich der Ethik gerückt. Dabei hält Apel an der auch von Kant geteilten Auffassung fest, dass nur eine erfahrungsfreie, a priorische Begründung ethischer Aussagen in der Lage ist, diesen Begründungsanspruch einzulösen. Anders als Kant, der das Begründungsapriori in den Strukturen reiner Vernunft überhaupt gesucht hatte, setzt Apel bei der Kommunikation an. Begründung heißt für ihn immer Begründen gegenüber anderen und ist damit nur in kommunikativen Akten möglich. Zugleich geht Apel von der Annahme aus, dass Kommunikation die basalste Form sozialen Handelns darstellt. Weil Ethik Apel zufolge verstanden werden muss als Institution der Regelung sozialen Handelns, muss sie wesentlich bezogen sein auf Kommunikation. Im kommunikativen Handeln konvergieren gleichsam die beiden zentralen Aspekte der Ethik: soziales Handeln und Begründung. Apel hat dieses Programm selbst einmal so formuliert ([V-9], S. 332):

„Die sprachpragmatische *Transformation der Transzendentalphilosophie* kann meines Erachtens zweierlei zeigen: 1. daß wir im öffentlichen Argumentieren und auch im empirisch-einsamen Denken die normativen Bedingungen der Möglichkeit eines idealen argumentativen Diskurses jederzeit als einzig denkbare Einlösungsbedingung unserer normativen Geltungsansprüche voraussetzen müssen; und 2. daß wir damit zugleich auch schon implizit das Prinzip einer *Diskursethik* notwendigerweise anerkannt haben."

Diesem Zitat lassen sich die beiden Beweisziele der Diskursethik entnehmen, die sie mit dem Ansatz von Kant teilt. Zum einen muss gezeigt werden, dass rationales Kommunizieren notwendigerweise genau ein bestimmtes ethisches Prinzip enthält. Zum anderen ist zu entwickeln, welcher materiale ethische Inhalt aus der Struktur der reinen kommunikativen Vernunft folgt.

Wir können an dieser Stelle nicht auf die Frage eingehen, ob das Denken möglicherweise vor der Sprache kommt oder ob sich Sprache auch als nichtkommunikatives Phänomen denken lässt. Im Folgenden geht es darum, in einem ersten Schritt die spezifische Form der Begründung von Ethik nachzuzeichnen, die Apel vorschlägt. Im zweiten Schritt wird dann darzustellen sein, wie das diskursethische Pendant zum kantischen Sittengesetz aussieht, und zu erörtern sein, welchen materialen ethischen Gehalt man aus der Grundstruktur der rationalen Kommunikation gewinnen kann.

Performativer Selbstwiderspruch

Letztbegründung und der performative Selbstwiderspruch: Apel geht es, genau wie Kant, um eine Letztbegründung der Ethik: Gesucht wird ein Argument, welches das zu überzeugende Gegenüber nicht rational bestreiten kann, ohne dadurch zugleich einen fundamentalen Fehler zu begehen. Bei Kant war die Grundidee, dass das Gegenüber als rationales Wesen die Geltung des Sittengesetzes deshalb nicht bestreiten kann, weil sie direkt aus der Natur der rationalen Subjektivität überhaupt folgt. Apels Gedankengang verläuft nun etwas anders. Er möchte nicht auf einen logischen Widerspruch hinaus, sondern versucht nachzuweisen, dass die Bestreitung bestimmter ethischer Geltungsansprüche auf einen Selbstwiderspruch des Argumentierenden hinausläuft. Wer sich auf die Praxis des Begründens und Bestreitens von Gründen einlässt, akzeptiert durch sein faktisches Tun, d.h. durch sein Argumentieren, implizit bestimmte Geltungsansprüche. Bestreitet er diese, begibt er sich in einen Widerspruch, der aber kein logischer, sondern ein performativer ist.

Sprechakttheoretische Unterscheidungen

Um dies zu verstehen, müssen wir uns noch einmal auf die Sprechakttheorie zurückbesinnen, in der zwischen konstatierenden und performativen Verben bzw. Sprechakten unterschieden wird (siehe zur Sprechakttheorie Kapitel III, Abschnitt 2). Konstatierende Sprechakte behaupten einen Sachverhalt mit Anspruch auf Wahrheit (z.B.: Die Erde ist kugelförmig und dreht sich um die Sonne.). Performative Sprechakte werden dagegen durch performative Verben eingeleitet und bringen zum Ausdruck, dass der Sprecher eine bestimmte Handlung vollzieht (z.B.: Ich verspreche Dir, beim nächsten Mal pünktlich zu sein.). Logische Widersprüche ergeben sich nun, wenn zwei Aussageinhalte so zusammentreffen, dass die Wahrheit des einen die Falschheit des anderen impliziert, und umgekehrt. Wenn ich beispielsweise behaupte: „Peter ist 1.90 m groß und Peter ist nicht 1.90 m groß", dann begehe ich einen logischen Widerspruch, sofern ich mich mit „Peter" beide Male auf die gleiche Entität beziehe. Bei performativen Widersprüchen liegt der Widerspruch demgegenüber nicht in den Aussageinhalten, sondern an einer anderen Stelle. Nehmen wir dazu das Beispiel von Jaakko Hintikka (*1929), auf den der Begriff des performativen Widerspruchs zurückgeht. Ich stelle die Behauptung auf: „Ich existiere nicht". Wenn dieser Satz widersprüchlich ist, dann ganz offensichtlich nicht deshalb, weil zwei Aussageinhalte miteinander im Konflikt stehen. Es gibt hier ja nur einen Aussageinhalt. Achtet man aber nicht nur darauf, was gesagt wird, sondern bezieht auch das Tun des Sprechers, nämlich einen Sprechakt zu vollziehen, mit in die Betrachtung ein, dann ergibt sich der gesuchte Widerspruch. Handeln, und damit auch Sprechakte vollziehen, setzt Existieren voraus. Solche Voraussetzungen, die nicht Teil des Ausgesagten selbst sind, nennt man Präsuppositionen, und solche Voraussetzungen, die Bedingungen des Sprechens sind, Sprecherpräsuppositionen. Der Widerspruch liegt also zwischen dem Gesagten und dem Tun des Sprechers. Der Aussageinhalt widerspricht dem Gehalt einer seiner Sprecherpräsuppositionen.

Diskursethische Letztbegründung

Mit dieser Grundfigur des performativen Widerspruchs versucht Apel zu zeigen, dass jedes rationale Subjekt, welches sich auf Argumentation, d. h. auf rationale Begründung in und durch Kommunikation einlässt, durch dieses Tun auf bestimmte Sprecherpräsuppositionen festgelegt ist. Diese können dann, bei Strafe des performativen Widerspruchs, vom Sprecher nicht durch Argumentation bestritten werden (vgl. [V-10]). Von hier aus scheint die Letztbegründung der Ethik in greifbarer Nähe zu sein. Wenn wir uns argumentativ über die Richtigkeit und Begründetheit ethischer Aussagen auseinandersetzen, dann haben wir als Sprecher immer schon alle Präsuppositionen und Sprecherpräsuppositionen akzeptiert, die sich als Bedingungen rationaler Kommunikation ausweisen lassen. Und wenn darunter auch ethisch gehaltvolle Aussagen sind, dann können diese ethischen Sprecherpräsuppositionen mit Mitteln der Argumentation nicht mehr bestritten werden. Anders gesagt: Wenn rationale Argumentation ethisch gehaltvolle Präsuppositionen und Sprecherpräsuppositionen voraussetzt, dann kann man diese nicht mehr argumentativ in Frage stellen.

Materialer Gehalt kommunikativen Handelns

Der materiale ethische Gehalt kommunikativen Handelns: Damit entscheidet sich das Programm der kommunikationstheoretischen Letztbegründung der Ethik an der Frage, ob es die unterstellten ethisch gehaltvollen Sprecherpräsuppositionen gibt. Apel nennt die folgenden (vgl. [V-9], S. 333):

- alle Diskurspartner sind prinzipiell an der Auflösung aller denkbaren Geltungsfragen interessiert;
- alle Diskurspartner gehen davon aus, dass sie mit allen anderen die denkbaren Probleme teilen;
- alle Diskurspartner halten alle anderen Teilnehmer für gleichberechtigt;
- alle Diskurspartner wollen Konflikte durch Kommunikation und Begründung rational und gewaltfrei lösen.

Dabei lassen sich alle Diskurspartner a priori von dem Ideal leiten, „Problemlösungen zu erreichen, die für alle Mitglieder einer unbegrenzten, idealen Argumentationsgemeinschaft konsensfähig sind" (ebd.). Diese idealen Diskurse setzen für die Diskurspartner in Apels Augen folgende ethische Normen voraus (vgl. [V-9], S. 335 f.):

- die Mitverantwortung aller für die Lösung aller anstehenden Probleme;
- die prinzipielle Gleichberechtigung als Vorbedingung der universalen Konsensfähigkeit aller Problemlösungen.

Diese „regulative Idee menschlicher Kommunikation" (ebd.) ist damit als Vorbedingung „auf die Dialogvoraussetzung der ernsthaften Frage im Sinne der uneingeschränkten und vorbehaltlosen Bereitschaft zur Verständigung über Geltungsansprüche" angewiesen ([V-9], S. 334 Anm. 13).

Zur Abwehr des nahe liegenden Einwands, faktische Kommunikation, Argumentation und Begründung laufe anders ab, verweist Apel darauf, dass diese faktische Kommunikation, in der die Bedingungen der Gleichberechtigung und der universellen Begründbarkeit nicht beachtet werden, nur als nicht perfekte Formen der idealen Diskurse zu verstehen seien. Rationalität, auch kommunikative Rationalität, sei ein Ideal, welches in der Empirie immer nur partiell realisiert werde. Dennoch leiten sich nach Apel die faktischen Geltungsansprüche, die in faktischen Begründungsversuchen erhoben werden, von diesen idealen Geltungsansprüchen ab. Sie enthalten sozusagen einen utopischen normativen Überschuss, ohne den unsere faktische Begründungspraxis nicht verstehbar wäre.

Wahrheit versus Konsens

Gestehen wir Apel zum einen zu, dass jede strategische Kommunikation, in der die Bedingungen des idealen Diskurses nicht akzeptiert werden, implizit auf diese idealen Spielregeln des kommunikativen Handels ausgerichtet sein müssen. Folgen wir ihm auch darin, dass alle auf Verständigung ausgerichteten faktischen Diskurse, in denen diese idealen Spielregeln immer nur unzulänglich realisiert werden können (u. a. zeitliche Begrenzung, faktische Ungleichheiten z. B. hinsichtlich der Information), ebenfalls implizit auf diese idealen Spielregeln des kommunikativen Handelns verweisen. Trotz dieser Zugeständnisse funktioniert das diskursethische Programm der Letztbegründung von Ethik nicht, weil die idealen Bedingungen der Kommunikation und der Begründung, wenn man sie denn ansetzen will, keine ethischen sind. Begründung zielt nicht auf Konsens, sondern auf Wahrheit. Dass A und B darin übereinstimmen, dass grüne Gummibärchen ungesund sind, bedeutet nicht, dass sie ungesund sind. Konsens ist daher nicht das Ziel von kommunikativer Begründung (vgl. [V-11], S. 108–131). Wenn es aber um Wahrheit und nicht um Konsens geht, dann ist nicht mehr zu sehen, weshalb Gleichberechtigung und die Anerkennung aller Diskursteilnehmer als ethische Subjekte notwendige Vorbedingungen für den Diskurs sein sollen. Warum sollte es widersprüchlich sein, jemanden als rationalen Begründer, nicht aber als ethisches Subjekt anzusehen (vgl. [V-12], S. 131)? Wenn es empirischerweise der Fall ist, dass nur solche Wesen rationale Begründer sind, die auch ethische Subjekte sind, dann ist dies zumindest kein a priori bestehender Zusammenhang. Sich auf ihn zu verlassen, bedeutet daher, den Theorierahmen des starken ethischen Objektivismus zu verlassen.

Wollte man an dieser Stelle den letztbegründenden Ansatz der Diskursethik damit verteidigen wollen, dass man die von Apel herausgestellten Bedingungen zwar nicht für Begründungsdiskurse im Allgemeinen, wohl aber für ethische Begründungsprobleme gelten lässt, dann hätte man implizit die Unterscheidung zwischen ethischen und nichtethischen Problemen und Begründungsansprüchen bereits vorausgesetzt. Sie müsste dann ihrerseits anderweitig inhaltlich bestimmt und begründet werden. Aus der a priori rekonstruierbaren Struktur der reinen kommunikativen Vernunft entspringen die grundlegenden ethischen Normen daher genauso wenig wie aus der Rationalität der kantischen reinen praktischen Vernunft.

4. Zusammenfassung, Lektürehinweise, Fragen und Übungen

Zusammenfassung

In diesem Kapitel sind die Grundannahmen des ethischen Objektivismus und des ethischen Realismus vorgestellt worden, wobei jeweils eine starke und eine schwache Form unterschieden wurden. Der ethische Realismus, der im nächsten Kapitel behandelt wird, zielt auf die ontologischen Implikationen der Ethik und richtet sich gegen die Vorstellung, dass sich ethische Ansprüche auf Subjektivitätsleistungen reduzieren lassen. Der in diesem Kapitel erörterte ethische Objektivismus ist demgegenüber primär auf die Frage der Begründung und Geltungsreichweite ethischer Ansprüche ausgerichtet. Er richtet sich gegen den subjektiven ethischen Rationalismus, indem er die Ethik auf Strukturen einer rationalen Subjektivität überhaupt stützt, die sich nicht auf empirische Interessen konkreter Subjekte reduzieren lässt. In der starken Form des ethischen Objektivismus fällt der Bezug auf empirische Interessen vollständig weg, da sich ein solcher Bezug nicht mit den starken Bedingungen, die an ethische Begründung gestellt werden, vereinbaren lässt. Mit der Vernunftethik Kants und der Diskursethik Apels sind zwei letztbegründende Versionen des starken ethischen Objektivismus diskutiert worden. In beiden Konzeptionen wird der Anspruch erhoben, für die Ethik eine philosophische Letztbegründung entwickelt zu haben, d.h. eine Begründung, die von rationalen Wesen nicht bestritten werden kann, ohne einen logischen Widerspruch (Kant) oder einen performativen Selbstwiderspruch zu begehen (Apel). Die Vernunftethik Kants muss sich, um an der Letztbegründung festhalten zu können, an formalen Aspekten der Rationalität orientieren. Daraus lässt sich jedoch für die Ethik kein materialer Inhalt gewinnen. Die letztbegründende Diskursethik dagegen muss sich auf die allgemeinsten Präsuppositionen kommunikativen Handelns beziehen, die jedoch nicht für die Begründung ethischer Ansprüche einschlägig sind.

Lektürehinweise

Zur Frage des moralischen Status von Entitäten vgl. [V-13] sowie die dort genannte weiterführende Literatur; der Hauptvertreter des schwachen ethischen Objektivismus in der diskursethischen Variante ist Jürgen Habermas (vgl. vor allem [V-14]). Zur Philosophie und spezieller zur Ethik Kants sei aufgrund der unüberschaubaren Vielfalt hier verwiesen auf die Überblicksartikel [V-15] und [V-16] sowie die dort genannte weiterführende Literatur. Für die ebenfalls sehr umfangreiche Literatur zur Diskursethik sei verwiesen auf den Überblicksartikel [V-17] und die dort genannte weiterführende Literatur.

Fragen und Übungen

- Worin liegt die Differenz zwischen ethischem Objektivismus und ethischem Realismus?

- Beschreiben Sie, in welchem Punkt der ethische Objektivismus eine Gegenposition zum subjektiven ethischen Rationalismus einnimmt.
- Beschreiben Sie, in welchem Punkt der ethische Realismus eine Gegenposition zum subjektiven ethischen Rationalismus einnimmt.
- Erläutern Sie die Grundfigur der Letztbegründung.
- Was ist ein performativer Widerspruch?
- Stellen Sie die beiden Begründungen Kants für die Realität des Sittengesetzes dar.
- Stellen Sie Kants Gedankengang zur inhaltlichen Bestimmung des Sittengesetzes dar.
- Wie löst Kant das Motivationsproblem der Ethik?
- Stellen Sie Apels Ableitung des Sittengesetzes dar.
- Auf welche Weise versucht der starke ethische Objektivismus die universale Geltung ethischer Ansprüche zu garantieren?
- Nennen Sie die zentralen Schwierigkeiten des starken ethischen Objektivismus.
- Weshalb sind die Grundannahmen des ethischen Objektivismus (T 1) und (T 2) mit den Grundannahmen des ethischen Realismus (T 3) und (T 4) nicht vereinbar?
- Formulieren Sie die Grundannahme des schwachen ethischen Realismus (T 4) so um, dass sie mit der Grundannahme des starken ethischen Realismus (T 3) unvereinbar wird.

VI. Objektivismus und Realismus (II)

In diesem Kapitel werden nach einer begrifflichen Vorabklärung der verschiedenen Verwendungen des Begriffs „Realismus" in verschiedenen Kontexten der Philosophie die Grundideen zweier Hauptvarianten des ethischen Realismus vorgestellt. Der starke ethische Realismus sieht die Grundlage der Ethik in evaluativen Entitäten, die unabhängig von Subjektivitätsleistungen existieren, während der schwache ethische Realismus von evaluativen Relationen ausgeht, die durch die Interaktion von subjektunabhängiger Wirklichkeit und Subjektivitätsleistungen konstituiert werden.

Berücksichtigung der ethischen Phänomenologie

Ein Hauptanliegen des ethischen Realismus ist es, unserer ethischen Phänomenologie Rechnung zu tragen. Gegen den subjektiven ethischen Rationalismus und den ethischen Objektivismus besteht der ethische Realist auf der Tatsache, dass wir in unserer ethischen Einstellung evaluative Entitäten als reale Bestandteile oder Aspekte der Wirklichkeit wahrnehmen und uns von diesen angezogen oder gebunden fühlen. Damit kommt durch die ontologische Selbständigkeit ein Garant für Gleichheit und Universalität in die Ethik, die allerdings nur so weit reicht wie die jeweils behauptete ontologische Selbständigkeit der evaluativen Entitäten. Bevor mit dem starken und dem schwachen Realismus die beiden Haupttypen des ethischen Realismus präsentiert werden können, müssen erst noch einige Vorklärungen erfolgen.

1. Vorklärungen

a) Drei Bedeutungen von „Realismus"

Unter „Realismus" wurde und wird in der Philosophie Verschiedenstes verstanden (vgl. [VI-1]). Die genauere Bedeutung dessen, was gemeint ist, wenn man eine philosophische Position als „Realismus" bezeichnet, lässt sich am besten ermitteln, wenn man den jeweiligen Oppositionsbegriff angibt, von dem „Realismus" abgegrenzt wird. Die folgenden drei Oppositionspaare geben die drei zentralen Bedeutungen von „Realismus" wieder:

- Realismus versus Nominalismus
- Realismus versus Idealismus
- Realismus versus Verifikationismus

Drei Bedeutungen von „Realismus"

Als Realismus wird erstens eine philosophische Position bezeichnet, die im Gegensatz steht zum so genannten Nominalismus. Ein Realismus in diesem Sinne liegt dann vor, wenn Universalien (z.B. Eigenschaften, Relationen), abstrakte Gegenstände (Zahlen, Propositionen, Sachverhalte) oder auch kollektive Einzeldinge (z.B. Mengen oder Klassen) als selbständig existierende Entitäten, d.h. als nicht auf konkrete Einzeldinge reduzierbarer Bereich der Wirklichkeit angenommen werden. Unter Realismus wird zweitens auch die These verstanden, dass die Wirklichkeit von subjektiven oder objektiven geistigen Leistungen (z.B. Denken, Sprache oder

Erkennen) unabhängig ist. Der Realismus in diesem Sinne steht in Opposition zu philosophischen Positionen, die einen konstitutionstheoretischen oder konstruktivistischen Idealismus vertreten. Drittens steht „Realismus" vor allem in der gegenwärtigen sprachanalytischen Philosophie für eine Auffassung, derzufolge die Wahrheit und die semantische Bedeutung einer Aussage unabhängig ist von der Möglichkeit ihrer Verifikation oder Rechtfertigung. Wahr sind Aussagen in dieser realistischen Konzeption unabhängig von unseren Erkenntnismöglichkeiten; und diese Erkenntnismöglichkeiten begrenzen auch nicht die Bedeutung unserer Begriffe und Aussagen. In welchem Sinne muss ein ethischer Realismus nun *realistisch* sein?

Ethischer Realismus unvereinbar mit Verifikationismus

Allgemein gesprochen geht es dem ethischen Realismus um die Eigenständigkeit evaluativer Entitäten (Werte, Werteigenschaften oder Tatsachen), die ethische Ansprüche begründen können. Das Programm einer Zurückführung dieser evaluativen Entitäten auf Subjektivitätsleistungen irgendeiner Art wird also bestritten. Indem der ethische Realismus damit in Opposition zum ethischen Subjektivismus und zum ethischen Objektivismus eingeführt wird, ist zugleich entschieden, dass der ethische Realismus kein Verifikationismus sein kann. Ethischen Aussagen kommt, anders als im Objektivismus, nicht nur intersubjektive Geltung im Sinne der Begründbarkeit zu, sondern auch Wahrheit. In den kognitivistischen Theorien des subjektiven ethischen Rationalismus und des ethischen Objektivismus wird nur die intersubjektive Begründbarkeit ethischer Aussagen gefordert. Dafür muss kein Anspruch auf Wahrheit erhoben werden, der über die Möglichkeit intersubjektiver Begründung hinausgeht (z. B. Wahrheit im Sinne der Übereinstimmung des Behaupteten mit einer subjektunabhängigen Realität), sodass diese Positionen mit einem Verifikationismus vereinbar sind. Beim ethischen Realismus liegen die Verhältnisse anders: Ein ethischer Realist kann kein Verifikationist im Sinne der sprachanalytischen Gegenwartsphilosophie sein.

Ethischer Realismus vereinbar mit Nominalismus

Die im letzten Kapitel vorgenommene Bestimmung des Realismus lässt offen, welche Arten von Gegenständen postuliert werden. Solange hier keine weiteren Theorieentscheidungen (z. B. zugunsten der Annahme, dass Werte oder Eigenschaften als Universalien zu deuten sind) getroffen werden, bleibt unsere bisherige Begriffsbestimmung neutral gegenüber der Unterscheidung Realismus versus Nominalismus. Auch wenn es, vor allem in der Wertethik, eine Affinität zu nichtnominalistischen Konzeptionen gibt, ist im Prinzip doch auch eine realistische Wertethik denkbar, die z. B. nur die Existenz konkreter Vorkommnisse von evaluativen Eigenschaften oder evaluative Situationen postuliert. Solange wir uns im Folgenden hinsichtlich dieser weiter gehenden ontologischen Fragen nicht festlegen, können wir das Gegensatzpaar Realismus versus Nominalismus vernachlässigen. Für die Zwecke unserer Argumentation markiert es keinen signifikanten Unterschied zum subjektiven ethischen Rationalismus oder zum ethischen Objektivismus.

Ethischer Realismus und Idealismus

Wie steht es aber nun mit dem Gegensatz Realismus versus Idealismus? Eine in diesem Sinne realistische Position muss die These vertreten, dass ethische Tatsachen oder ethische Entitäten nicht abhängen von Leistungen der Subjektivität. Dabei muss eine Unabhängigkeit nicht nur von empirischer Subjektivität, sondern auch von der apriorischen reinen Subjektivität bzw. praktischen Vernunft behauptet werden, wie wir sie exemplarisch bei Kant oder Apel kennen gelernt haben. Eine bloße Unabhängigkeit von empirischer Subjektivität würde zwar ausreichen, den Unterschied zwischen dem ethischen Subjektivismus und dem ethischen Realismus zu markieren. Die zentrale Differenz zwischen dem ethischen Objektivismus und dem ethischen Realismus hingegen würde verschleiert.

Im letzten Kapitel ist zwischen einem starken und einem schwachen ethischen Realismus unterschieden worden. Die Kernthese des starken ethischen Realismus lautet:

(T 3) Es gibt evaluative Entitäten, die unabhängig von der Existenz von Subjektivität existieren und ethische Ansprüche begründen.

Im Lichte unserer gerade angestellten Überlegungen ist klar, dass mit Subjektivität hier sowohl empirische wie reine Vernunft gemeint ist. Mit dieser Formulierung wird offen gelassen, welchen ontologischen Status die vom starken ethischen Realismus postulierten evaluativen Entitäten haben (Neutralität gegenüber der Opposition von Realismus und Nominalismus). Außerdem lässt (T 3) neben diesen postulierten evaluativen Entitäten die Existenz weiterer ethisch relevanter Entitäten zu, die von Subjektivitätsleistungen abhängen. Der ethische Realist muss also nicht behaupten, dass *alle* evaluativen Entitäten, die ethische Ansprüche begründen können, unabhängig sind von Subjektivitätsleistungen. Da er aber die Existenz solcher von Subjektivitätsleistungen unabhängiger evaluativer Entitäten behauptet, stellt der starke ethische Realismus eine Gegenposition zum Idealismus dar.

Die Kernthese des schwachen ethischen Realismus lautet dagegen:

(T 4) Es gibt evaluative Entitäten, die ethische Ansprüche begründen und die sich nicht vollständig auf Subjektivitätsleistungen irgendwelcher Art (von Subjektivität überhaupt oder empirischer Subjektivität) zurückführen lassen.

Diese These ist schwächer, da nicht die Unabhängigkeit einiger der ethische Ansprüche begründenden evaluativen Entitäten von Subjektivitätsleistungen gefordert wird. Behauptet wird nur, dass diese evaluativen Entitäten mehr enthalten als Subjektivitätsleistungen. Der schwache Realismus bleibt ebenfalls neutral gegenüber der Opposition von Realismus versus Nominalismus und ist auch mit der Annahme vereinbar, dass es evaluative Entitäten gibt, die ethische Ansprüche begründen können und auf Subjektivitätsleistungen zurückführbar sind.

Der schwache ethische Realismus ist kein Idealismus

Gegen den Vorschlag, (T 4) als Realismus zu bezeichnen, lässt sich nun ein Einwand formulieren: Der schwache ethische Realismus könne nicht als Realismus klassifiziert werden, weil (T 4) nicht die Existenz von evaluativen Entitäten postuliert, die unabhängig von Subjektivitätsleistungen existieren. Das Gegensatzpaar Realismus versus Idealismus sei doch so bestimmt worden, dass der Realismus die Existenz von Entitäten postuliert, die unabhängig von Subjektivitätsleistungen irgendeiner Art existieren. Der Idealismus als Negation dieser realistischen These könne sich dann auf die *schwache* idealistische These beschränken, dass es keine Entitäten gibt, die unabhängig von Subjektivitätsleistungen existieren. Er müsse nicht die starke idealistische These vertreten, dass sich alle Entitäten vollkommen auf Subjektivitätsleistungen bzw. Geistiges zurückführen lassen.

Auf der Grundlage dieser Bestimmung des Gegensatzes von Realismus und Idealismus – soweit ist dem Einwand Recht zu geben – wäre (T 4) nicht stark genug, um als Realismus zu zählen. Als Antwort hierauf könnte man sich auf den Standpunkt stellen, dass es auf die Klassifikation nicht weiter ankomme, solange die einzelnen Positionen inhaltlich wohl bestimmt und klar voneinander unterschieden sind. Im Gegensatz zu dieser Reaktion ist es m. E. jedoch sinnvoll und wichtig, im Bereich der Ethik die Bestimmung des Realismus so festzulegen, dass auch der schwache ethische Realismus als Realismus gilt. Dafür gibt es drei Gründe. Wie sich im Verlauf dieses Kapitels noch zeigen wird, führt der starke ethische Realismus zu systematischen Schwierigkeiten, die sich im Rahmen des schwachen ethischen Realismus vermeiden lassen. Daher gibt es erstens systematische Gründe, diese beiden Ethiktypen zu unterscheiden. Darauf ließe sich erwidern, man könne zwischen diesen beiden Ethiktypen ja auch unterscheiden, indem man zwischen ethischem Realismus und ethischem Idealismus unterscheidet. Dieser mögliche Weg hat aber – dies ist der zweite Grund – gegenüber dem hier gewählten klassifikatorischen Vorgehen einen gravierenden Nachteil: In der Ethik bzw. Metaethik liegen mit dem ethischen Subjektivismus bzw. dem ethischen Objektivismus Konzeptionen vor, die den Anspruch erheben, ethische Aussagen allein unter Rekurs auf Leistungen der empirischen oder reinen praktischen Vernunft zu analysieren. In der Ethik und Metaethik sind die prominenten und vorherrschenden Alternativen zum Realismus damit Konzeptionen, die eine *starke* idealistische These bezüglich evaluativer Entitäten enthalten. Die Differenz zwischen diesen dominanten ethischen Konzeptionen und dem schwachen ethischen Realismus wird deutlich, wenn man die Alternative des schwachen Realismus als *Realismus* ansieht. Man könnte zweifelsohne die damit herausgestellte Differenz auch kenntlich machen, indem man zwischen einem starken und einem schwachen ethischen Idealismus unterscheidet. Dann wären ethischer Subjektivismus und ethischer Objektivismus als starke Idealismen zu klassifizieren, und (T 4) wäre ein schwacher Idealismus. Mit diesem Vorgehen hätte man aber zum einen ebenfalls eine Binnendifferenzierung in stark und schwach eingeführt, nur diesmal auf der Seite des Idealismus. Zum anderen aber – und dies ist das dritte Argument für die hier gewählte Klassifikation, die auf der Seite des Realismus differenziert – besteht die Pointe und eine philosophische Begründungsproblematik des schwachen Realismus gerade darin, die Existenz von Entitäten zu postulieren, die evaluativ und nicht vollständig auf Subjektivitätsleistungen reduzierbar sind. Vor dem Hintergrund eines modernen Natur- und Wirklichkeitsverständnisses ist dies eine provokative These; und die darin enthaltene Provokation bzw. diese systematische Pointe wird nur dann deutlich hervorgehoben, wenn man (T 4) zum Realismus zählt. Denn im Bereich von Ethik und Metaethik ist in der Moderne eine übermächtige

Tendenz zu einer idealistischen Ausrichtung zu beobachten, in welcher der Bereich der Ethik vollständig in Subjektivität aufgelöst wird. Wenn aber die dominanten Alternativen, die wir in den letzten beiden Kapiteln kennen gelernt haben, auf einem starken Idealismus beruhen, dann gewinnt der schwache ethische Realismus seine Kontur am besten dadurch, dass man ihn als Realismus zählt.

b) Werterfahrung und Werturteil

Weil unter dem Vorzeichen des ethische Realismus Aspekte oder Entitäten ethische Ansprüche begründen, die sich nicht auf Subjektivitätsleistungen zurückführen lassen, muss es sich um eine teleologische, auf bestimmte Entitäten oder Aspekte von Entitäten ausgerichtete Ethik handeln (z. B. wertvolle Eigenschaften von Handlungen, Handlungsresultaten oder Weltzuständen). Diese Entitäten lenken unsere ethische Einstellung, sie sind es, die wir in Werterfahrungen erleben, fühlen oder wahrnehmen, und sie sind es auch, die unsere Werturteile begründen und von uns bei der Begründung unserer ethischen Einstellungen bzw. bei der Rechtfertigung unserer Handlungen angeführt werden. Mit der Werterfahrung kommen daher materiale Gehalte in die Ethik, die sich nicht auf die formalen oder prozeduralen Qualitäten einer reinen praktischen oder einer reinen kommunikativen Vernunft zurückführen lassen. Als Realismus kann diese Ethikkonzeption außerdem der Wahrnehmung und dem Erleben einen zentralen Platz in der Ethik zurückgeben, während diese Faktoren in den anderen Ansätzen aufgrund ihrer einseitigen Fokussierung auf das Begründungsproblem weitgehend ausgeblendet werden.

c) Zwei Arten des Wahrnehmens

Ganz allgemein gilt es, zwei Arten von Wahrnehmen zu unterscheiden. So kann man erstens Gegenstände wahrnehmen. Die Aussage:
(1) Ich sehe ein Auto vor mir.
bringt eine solche *Objektwahrnehmung* zum Ausdruck. Davon zu unterscheiden ist die Aussage:
(2) Ich sehe, dass Du Dir einen Kaffee geholt hast.
Bei dieser zweiten Aussage wird eine *Sachverhaltswahrnehmung* ausgedrückt. Diese Unterscheidung gilt auch für andere epistemische Begriffe wie „sehen" oder „beobachten". Wir können jemanden sehen oder beobachten, und wir können sehen bzw. beobachten, dass etwas der Fall ist.

Relevanz der Unterscheidung

Die Tatsache, dass es die Sachverhaltsbedeutung epistemischer Ausdrücke gibt, ist für den ethischen Realismus von zweifacher Bedeutung. Zum einen muss ein ethischer Realist die Wahrnehmung von evaluativen Entitäten nicht notwendigerweise nach dem Modell der Objektwahrnehmung konzipieren. Damit muss der ethische Realismus die unterstellten evaluativen Entitäten nicht nach dem Modell raum-zeitlich existierender Dinge begreifen und z. B. Werte wie Gegenstände behandeln, die man wahrnehmen kann. Wenn ich z. B. wahrnehme, dass eine konkrete Handlung gut ist, legt mich dies also nicht auf die Behauptung fest, dass es den Wert des Guten als einen separaten, wahrnehmbaren Gegenstand gibt. Dies ist zwar eine mögliche Option, denkbar ist aber auch die Deutung von „gut" als evaluative Eigenschaft von Objekten, oder die Deutung meiner Aussage als Wahrnehmung des Sachverhalts, dass diese Handlung gut ist. Legt man die Sachverhaltswahrnehmung zugrunde, dann kann das realistische Element der Ethik in evaluativen Eigenschaften verortet werden, die in Sachverhalte eingehen. Die weiter gehenden Fragen der Ontologie, z.B. das Verhältnis von Eigenschaften und Sachverhalten, können hier nicht behandelt werden; wichtig für unsere Überlegungen ist allein die Tatsache, dass ein ethischer Realismus nicht auf die Annahme festgelegt ist, dass Werte eine Art übersinnlicher Dinge sind, die im Sinne der Objektwahrnehmung wahrgenommen werden.

Ethische Wahrnehmung

Weil der ethische Realismus ein Realismus ist, hat er also in seiner Konzeption einen Platz für die Wahrnehmung. Denn Wahrnehmung oder Beobachtung setzt im Normalfall einen nicht auf Subjektivitätsleistungen reduzierbaren Gegenstandsbereich voraus; eine Ausnahme bildet hier nur das Erleben eigener Subjektivitätsleistungen, denn selbst die Subjektivitätsleistungen anderer Subjekte können wir nur mittels ihrer leiblich-physischen Realisierungen wahrnehmen. Zugleich muss der ethische Realist die subjektivistische Deutung von Werterfahrungen zurückweisen, d.h., er muss die These vertreten, dass zumindest einige Werterfahrungen einen über empirische oder reine Subjektivität hinausgehenden Gehalt haben.

Deshalb muss der ethische Realist erstens die Möglichkeit einer falschen Wahrnehmung zulassen. Aus dem Satz

(3) Ich nehme wahr, dass diese Handlung ethisch schlecht ist.

folgt also nicht, dass die fragliche Handlung wirklich schlecht ist. Der Realismus kann und muss, im Unterschied zum Verifikationismus, die Möglichkeit zulassen, dass wir die Wahrheit oder Falschheit eines ethischen Sachverhalts faktisch nicht erkennen oder sogar niemals erkennen können. Wahrnehmen ist im Rahmen des ethischen Realismus damit nicht als Erfolgsverb zu verstehen, denn bei Erfolgsverben gilt, dass die Verwendung von ihnen den Erfolg (die Wahrheit) impliziert. So ist z.B. die Handlungsbeschreibung „ein Tor erzielen" ein Erfolgsverb, und es macht keinen Sinn zu sagen, dass X ein Tor erzielt hat, aber kein Tor erzielt worden ist. Wenn „wahrnehmen" kein Erfolgsverb in diesem Sinne ist, dann ist Folgendes möglich:

(4) Ich nehme wahr, dass p. & Es ist nicht der Fall, dass p.

Die Wahrheit oder Falschheit des Sachverhalts p ist also weder abhängig von unseren epistemischen Leistungen noch von unseren Fähigkeiten, p zu begründen.

Werterfahrung ist kein subjektives Werterleben

Zweitens muss der ethische Realist jeden Versuch zurückweisen, Werterfahrungen auf subjektives Werterleben zu reduzieren, weil ihm sonst die realistische Basis für seine Ethikkonzeption verloren ginge. Um dies genauer zu sehen, müssen wir einige weitere Aussagen unterscheiden (vgl. [VI-2], S. 229ff.). Verwenden wir „gut" als evaluativen Ausdruck, dann ist zwischen folgenden beiden Aussagen zu unterscheiden:

(5) Paul nimmt es als gut wahr, dass die Sonne scheint.

(6) Peter nimmt wahr, dass das Scheinen der Sonne gut ist.

Beide Aussagen beschreiben intentionale Einstellungen, da sowohl Peter als auch Paul Sachverhalte wahrnehmen. Während Paul jedoch einen rein deskriptiven Sachverhalt wahrnimmt, nimmt Peter einen evaluativen Sachverhalt wahr. Paul nimmt wahr, dass die Sonne scheint, und diese Wahrnehmung empfindet er als gut. Peters Wahrnehmung dagegen ist auf einen evaluativen Sachverhalt ausgerichtet: Er nimmt wahr, dass dem Scheinen der Sonne eine evaluative Eigenschaft, nämlich gut zu sein, zukommt. Während die Aussage über Paul einen evaluativen Ausdruck zur Charakterisierung der Wahrnehmung von Paul aufweist, dient der evaluative Ausdruck im Falle Peters zur Charakterisierung des Wahrgenommenen. Für das Projekt des ethischen Realismus ist es von entscheidender Bedeutung, diese beiden Verwendungen von Wertprädikaten, die zur Charakterisierung von Empfindungen oder Erlebnissen und die zur Charakterisierung der wahrgenommenen Objekte, auseinander zu halten.

Jede Ethikkonzeption, die den ethischen Realismus vermeiden möchte, muss nun versuchen, Aussagen der Form (6) zu umgehen bzw. in Aussagen anderer Form zu übersetzen. Ethische Naturalisten, denen zufolge sich ethische Aussagen in rein naturalistische Aussagen übersetzen und sich evaluative Entitäten naturalisieren lassen, versuchen, für den in Satz (6) benannten evaluativen Sachverhalt einen äquivalenten, rein naturalen Sachverhalt anzugeben (vgl. zu den Aussichten dieses Projekts einer Naturalisierung der Ethik Kapitel VII). Ein Nonkognitivist wird bestreiten, dass wir die Grammatik von Satz (6) ernst nehmen können und statt dessen behaupten, dass in diesem Satz der gleiche Sachverhalt beschrieben wird wie in Satz (5), zusätzlich aber eine Emotion oder eine Empfehlung zum Ausdruck gebracht wird (vgl. dazu Kapitel III). Die kognitivistischen und nichtnaturalistischen Konzeptionen des subjektiven ethischen Rationalismus oder des ethischen Objektivismus werden statt dessen versuchen, Sätze vom Typ (6) an Sätze vom Typ (5) anzugleichen, d. h. alle Wertprädikate als Beschreibungen subjektiver Erlebniszustände zu analysieren. Würde man aber in Satz (6) das „gut" im Sinne dieses Vorschlags als ein Wertprädikat deuten, welches ein Erlebnis charakterisiert, dann erhalten wir aus

(6) Peter nimmt wahr, dass das Scheinen der Sonne gut ist.

die folgende Aussage:

(7) Peter nimmt wahr, dass er das Scheinen der Sonne als gut wahrnimmt.

Nun mag es zwar sein, dass Peter, wenn er wahrnimmt, dass das Scheinen der Sonne gut ist, zugleich auch wahrnimmt, dass er dies wahrnimmt, denn es gibt bekanntlich solche Fälle von explizitem Selbstbewusstsein. Aber wenn die obige Analyse von (6) im Sinne von (7) generell richtig wäre, dann müssten wir alle Objekt- und Sachverhaltswahrnehmungen, sofern sie sich auf evaluative Entitäten richten, als Wahrnehmen des Wahrnehmens deuten. Doch dies ist zumindest eine gewaltsame philosophische Umdeutung unserer alltäglichen Erfahrung, d. h. unserer ethischen Phänomenologie. Wer eine grausame Handlung wahrnimmt, nimmt in aller Regel wahr, dass diese Handlung grausam und nicht gut ist. Wir haben den Eindruck, Sachverhalte oder Eigenschaften von Objekten wahrzunehmen, und wir sind normalerweise nicht der Meinung, dass wir dabei eigentlich nur unsere Wahrnehmung selbst zum Gegenstand haben. Ein ethischer Realist wird daher auf den phänomenalen Ausgangsdaten bestehen und die

These weiterverfolgen, dass wir – analog zum Erleben oder Wahrnehmen naturaler Objekte, Eigenschaften oder Sachverhalte – auch evaluative Entitäten wahrnehmen. Hält man aber daran fest, dann stellt sich die metaethische Frage, worum es sich bei diesen Entitäten eigentlich handelt. Auf diese Frage geben der starke und der schwache ethische Realismus dann unterschiedliche Antworten.

2. Der starke ethische Realismus

a) Drei Versionen

Allen ethischen Realisten ist gemeinsam, dass sie dem Wahrnehmen (z. B. dem Wertfühlen oder der Wertschau) in der Ethik einen zentralen Platz einräumen; ein weiteres gemeinsames Merkmal vieler realistischer Ethikkonzeptionen ist darin zu sehen, dass dem Emotionalen eine fundamentale Rolle in der Ethik zuerkannt wird. Die Basis der Ethik liegt in unseren basalen Werteinstellungen zur Welt begründet, die sich in Akten des Liebens, des Hassens und des Vorziehens manifestiert. Den ersten beiden Versionen, d. h. den Ansätzen von Franz Brentano (1838–1917) einerseits sowie Max Scheler (1874–1928) und P. Nicolai Hartmann (1882–1950) andererseits, ist dabei dreierlei gemeinsam. Ihnen zufolge erschließt sich uns in den Akten eine von diesen Akten bzw. unseren subjektiven Wertungen unabhängige Qualität. Zudem beruht dieses Werten nicht auf empirischer, sondern auf einer apriorischen Leistung der Subjektivität. Und drittens folgt für alle drei aus der fundamentalen Bedeutung des Emotionalen für die Ethik nicht, dass man eine nonkognitivistische Ethikkonzeption vertreten müsste. In jeweils unterschiedlicher Form gehen sie vielmehr davon aus, dass auch die menschliche Emotionalität und das menschliche Fühlen kognitive Strukturen aufweisen (vgl. exemplarisch [VI-3]). Die dritte Version, das ist der Ansatz von George E. Moore, zeichnet sich gegenüber den ersten beiden Versionen durch seine empiristische Grundausrichtung aus. Anders als Brentano, Hartmann oder Scheler deutet Moore unseren Zugang zum Guten rein theoretisch, d. h., er blendet die emotionale Dimension der Ethik aus. Und anders als die sehr komplexen Entwürfe von Hartmann oder Scheler enthält Moores Ethik keine differenzierte Theorie des Wertraums. Moore teilt mit Brentano, Scheler und Hartmann allerdings die These von der Nichtnaturalisierbarkeit des Guten und verfolgt wie sie das Ziel, dem Guten in der Ethik einen Primat vor dem Richtigen zu sichern.

Brentanos ethischer Realismus

Brentano äußert sich in seiner Theorie zum ontologischen Status der Werteigenschaften nur sehr vorsichtig und schreibt, zumindest in einer späteren Phase seines Denkens, den Wertausdrücken keine auf Dinge referierende Funktion zu (siehe [VI-4], S. 19; vgl. zur Modifikation von Brentanos Theorie in diesem Punkt die Anmerkungen des Herausgebers S. 62–64). Für diese Zurückhaltung lassen sich zwei philosophische Thesen Brentanos als Erklärung heranziehen. Zum einen versteht er Wahrheit nicht als Übereinstimmung einer epistemischen Einstellung mit einer davon unabhängigen Wirklichkeit, sondern als apriorische Evidenz. Im Falle des Wertfühlens behauptet Brentano die Existenz einer inneren Wahrnehmung, die unmittelbar von einzelnen Gemütsakten des Liebens, Hassens oder

Vorziehens aus den allgemeinen Wertcharakter dieser Akte erfasst und dabei untrüglich ist ([VI-4], S. 82 f.). Diese „innere Wahrnehmung" darf daher nicht nach dem Modell der empirischen äußeren Beobachtung oder der empirischen Induktion gedacht werden. Zum anderen vertritt Brentano einen Nominalismus, demzufolge es nur konkrete Einzeldinge gibt. Von daher lag ihm das Postulat einer eigenen Sphäre von Werten als selbständigen Entitäten fern (aufgrund unserer Festlegung von (T 3) ist dies jedoch kein Einwand dagegen, Brentanos Konzeption als Realismus zu zählen).

Der ethische Realismus von Hartmann und Scheler

Scheler und Hartmann gehen demgegenüber in zweifacher Hinsicht über Brentano hinaus. Erstens wollen sie den Wertcharakter der Wirklichkeit nicht auf besondere Qualitäten des Wertfühlens zurückführen. Vielmehr soll sich umgekehrt dieser besondere Charakter des Wertfühlens bzw. die Werthaftigkeit und Berechtigtheit dieser Werteinstellung gegenüber bestimmten Objekten begründen durch die Werteigenschaften der Objekte, auf die sich dieses Wertfühlen richtet. Und zweitens denken sich Scheler und Hartmann diese Werteigenschaften der Objekte als Instantiierungen von bzw. als Teilhabe der Objekte an diesen Werten. So findet sich etwa bei Scheler die Aussage, „daß es *echte* und *wahre* Wertqualitäten gibt, die ein eigenes Bereich von *Gegenständen* darstellen" ([VI-5], S. 37); und Hartmann formuliert explizit die Behauptung: „Werte sind der Seinsweise nach Platonische Ideen" ([VI-6], S. 108). Wesen, die zu ethischer Erkenntnis und Einsicht fähig sind, haben ein apriorisches Vermögen, diese eigenständige Wertsphäre zu erfassen. Darüber hinaus ist es ihnen möglich, die Struktur dieses Wertraums (eine Ordnung höherer und niederer Werte) zu erkennen.

Moores ethischer Realismus

Moore legt ebenfalls eine Version des ethischen Realismus vor, die allerdings auf einer empiristischen Grundlage basiert. Für ihn bezeichnet „gut" eine nicht reduzierbare und damit in seinem Sinne „nicht definierbare" evaluative Eigenschaft, die er weder als natürliche, noch als übernatürliche Eigenschaft von Entitäten ansieht (zu Moores Verständnis von Definition als Reduktion vgl. Kapitel II, 1b). Wir können Moore zufolge mittels ethischer Intuitionen, die nach dem Modell der Anschauungen konzipiert werden, wahrnehmen, welche Dinge gut sind. Diese Intuitionen ermöglichen es uns in seiner Konzeption jedoch nicht, moralische Normen und Pflichten zu erkennen. Diese gewinnt Moore aus dem Utilitarismus, demzufolge eine Handlung genau dann ethisch richtig ist, wenn sie das größtmögliche Gut hervorbringt. Das damit akzeptierte utilitaristische Grundaxiom hält Moore wiederum für unbezweifelbar, weil es uns intuitiv evident ist. Da wir mit Bezug auf die Konsequenzen unserer Handlungen jedoch niemals über sicheres Wissen verfügen, bleibt der Bereich unserer moralischen Normen und Pflichten, anders als die intuitive Erkenntnis des an sich Guten, problematisch und fehlbar (weil wir uns mit den Problemen des utilitaristischen Grundaxioms bereits auseinandergesetzt haben (vgl. Kapitel IV) und der Utilitarismus später noch behandelt wird (vgl. Kapitel VIII, 4), brauchen wir auf diesen Aspekt von Moores Denken jetzt nicht näher einzugehen). Mit Blick auf seinen ethischen Realismus bleibt festzuhalten, dass Moore sich nicht klar dazu äußert, ob es das Gute als eigenständiges Universale oder nur in konkreten Vorkommnissen gibt. Anders als Scheler und Hartmann lässt er daher, ähnlich wie Brentano, den ontologischen Status des Guten in einem bestimmten Sinne offen. Dies gilt allerdings nicht hinsichtlich der Frage nach der Unabhängigkeit dieser Werteigenschaft. Sie ist für ihn, genau wie für die anderen ethischen Realisten, nicht zurückführbar auf naturale Eigenschaften der Dinge, die als gut erkannt werden (siehe zu dieser Frage Kapitel VII). Anders aber als Hartmann – bei ihm heißt es explizit: „Werte bestehen unabhängig vom Bewußtsein" ([VI-6], S. 134) – hat Moore bis zuletzt geschwankt, ob die Eigenschaft des Guten vollkommen unabhängig von Subjektivität existieren kann. Nicht geschwankt hat er aber hinsichtlich der These, dass sich das Gute nicht auf Subjektivitätsleistungen reduzieren lässt. Damit bleibt nur offen, ob Moore einen starken oder einen schwachen ethischen Realismus vertritt.

b) Mackies Kritik

Mackies Einwände gegen den ethischen Realismus

John L. Mackie (1917–1981) beginnt sein Hauptwerk zur Ethik mit dem Satz „Es gibt keine objektiven Werte" ([VI-7], S. 11) und widmet das erste Kapitel dann der Analyse und Zurückweisung einer Ethikkonzeption, die in unserer Klassifikation dem starken ethischen Realismus entspricht (Mackie selbst unterscheidet die beiden Versionen des Realismus nicht). Dabei gesteht er dieser Konzeption durchaus zu, unserem alltäglichen Ethikverständnis und unserer ethischen Wahrnehmung zu entsprechen. Von daher muss man dem starken ethischen Realismus in Mackies Augen einen gewissen Anfangskredit gewähren. Angesichts der Schwierigkeiten, die mit ethischen Theorien dieses Typs einhergehen, gelangt Mackie jedoch zu dem Schluss, dass sich eine Ethikkonzeption im Sinne des starken Realismus nicht konsistent entwickeln lässt. Daraus zieht er dann die Konsequenz, dass unser alltägliches ethisches Selbstverständnis auf einem Irrtum beruhen müsse, weil wir darin von der Existenz evaluativer Eigenschaften oder Werte ausgehen, die es gemäß der philosophischen Analyse aber nicht geben könne. Dabei führt Mackie im Zuge seiner Argumentation fünf Hauptschwierigkeiten für den starken ethischen Realismus an ([VI-7], S. 58f.):

(E 1) Zentrale Aspekte unseres moralischen Denkens weisen eine weit gehende Relativität oder Verschiedenheit auf, worin sich ihre offensichtliche Abhängigkeit von den tatsächlichen Lebensweisen der Menschen zeigt.

(E 2) Die postulierten objektiven Werte sind ontologisch suspekt, weil sie einige metaphysische Absonderlichkeiten aufweisen (so müssen sie sowohl als unabhängig als auch als innerlich handlungsanleitend und motivierend gedacht werden).

(E 3) Es ist nicht geklärt, wie die postulierten ethischen Werte von den natürlichen Eigenschaften derjenigen Entitäten abhängen, denen sie zukommen.

(E 4) Es gibt keine Erkenntnistheorie, die uns die Erkennbarkeit dieser Werte verständlich machen kann.

(E 5) Alternativ zum starken ethischen Realismus, der unser ethisches Selbstverständnis akzeptiert, besteht die Möglichkeit, die Quellen für den Irrtum einer falschen Objektivierung von Werten in unserem alltäglichen Ethikverständnis aufzudecken.

Bewertung von Mackies Einwänden

Mackies Einwände sind bis heute in der Diskussion um den ethischen Realismus von zentraler Bedeutung und müssen deshalb erörtert werden. Da vor allem die ersten Einwände bzw. unsere Erörterungen derselben teilweise dazu motivieren werden, von einem starken auf einen schwachen Realismus überzugehen, beginne ich die Diskussion in der umgekehrten Reihenfolge.

Mit (E 5) spielt Mackie auf seine eigene Theorie an, in der eine solche Genealogie des realistischen Missverständnisses, welches dem alltäglichen Ethikverständnis unterläuft, geleistet werden soll. Im Anschluss an die Irrtumstheorie von Mackie ist in der sprachanalytischen Metaethik jedoch eine Debatte geführt worden, in der gerade Formen des ethischen Realismus wiederbelebt wurden. Für diesen Entwicklungsverlauf lassen sich drei Hauptgründe nennen:

- Petitiöse Prämissen von Mackies Irrtumstheorie;
- unplausible Konsequenzen von Mackies Irrtumstheorie;
- unplausible Aspekte der nichtrealistischen Ethikkonzeptionen.

Die revisionären und zumindest teilweise unplausiblen Aspekte der alternativen Ethikkonzeptionen, denen der ethische Realismus insgesamt seine wiedergewonnene Attraktivität verdankt, sind bereits behandelt worden (vgl. Kapitel IV und V). Daher können wir uns auf eine kurze Darstellung der anderen beiden Punkte beschränken. Petitiös ist vor allem der prominenteste von Mackies Einwänden, dass Werte ontologisch suspekt sind. Die ontologischen Voraussetzungen, die diesem Einwand zugrunde gelegt werden, entstammen dem naturwissenschaftlich entzauberten Wirklichkeitsverständnis, und vor diesem Hintergrund müssen Werte wirklich als verdächtig erscheinen. Aber dieser Einwand setzt implizit voraus, was zu beweisen ist, und stellt damit eine *petitio principii* dar, denn der ethische Realist wird die vorausgesetzte Ontologie Mackies nicht akzeptieren (vgl. dazu [VI-8], Kap. 6). Unplausibel sind auch die Konsequenzen, die sich ergeben, wenn man Mackies Irrtumstheorie folgt. Auf der einen Seite stellt die Irrtumstheorie selbst schon eine massive Revision unseres ethischen Alltagsverständnisses dar, die hohe Beweislasten mit sich bringt. Auf der anderen Seite sind, die Irrtumstheorie vorausgesetzt, alle unsere ethischen Begriffe irrtumsinfiziert und können daher in einer Ethik, die sich von diesem fundamentalen Irrtum des alltäglichen Ethikverständnisses befreit hat, nicht mehr in der alten Bedeutung weiterverwendet werden. Der Zwang, ein neues Grundvokabular erfinden zu müssen, gehört sicher zu den unplausiblen Konsequenzen von Mackies Irrtumstheorie. Er selbst hat übrigens, anstatt irrtumsbereinigte neue ethische Grundbegriffe zu definieren und einzuführen, im weiteren Verlauf seiner eigenen Ethik die alten ethischen Begriffe weiter benutzt. Dies zeigt zumindest praktisch, dass Mackie seine skeptische Haltung gegenüber unserem alltäglichen ethischen Selbstverständnis nicht konsequent umgesetzt hat (vgl. zu diesem Problem [VI-9]).

(E 4) stellt die Frage nach der Erkennbarkeit von Werten (oder evaluativen Eigenschaften) und damit indirekt die Frage nach der Möglichkeit intersubjektiver Begründbarkeit in der Ethik. Damit sind echte Probleme, sowohl für den ethischen Realismus wie für die Ethik überhaupt, angesprochen. Allerdings eröffnet der Realismus die stärkste Möglichkeit von Irrtum; außerdem ist die möglicherweise fehlende Erkennbarkeit einer Entität für einen Realisten kein prinzipielles Argument gegen ihre Existenz. Dennoch stellt die Frage, wie man auf der Basis der vom ethischen Realismus bereitgestellten ethischen Erkenntnistheorie zu intersubjektiven Begründungen kommt, ein relevantes Problem dar, weil es in der Ethik *auch* um intersubjektive Begründung geht. Es bleibt aber erstens festzuhalten, dass die anderen Ethikkonzeptionen an dieser Stelle nicht besser dastehen, denn in ihnen stellt sich ebenfalls das Problem zu zeigen, wie intersubjektive Begründung in der Ethik möglich ist. Außerdem liefert uns die Phänomenologie unseres ethischen Alltagserlebens zweitens die Evidenz, dass wir zu diesem Bereich einen Erkenntniszugang haben (die Erkennbarkeit zeigt sich im Faktum unserer alltäglichen ethischen Begründungspraxis). Vielleicht ist der vom ethischen Realismus ins Zentrum gestellte Zugang zu Werten im Werterleben nicht primär dazu geeignet, intersubjektive Begründbarkeit durch diskursive Verfahren zu ermöglichen. Aber er liefert Orientierung im eigenen ethischen Handeln und damit Antworten auf die erste Grundfrage der Ethik.

In den letzten Jahrzehnten sind unterschiedliche philosophische Modelle entwickelt worden, die von Mackie als problematisch angesehene Beziehung zwischen naturalen und evaluativen Eigenschaften zu analysieren. (E 3) ist eigentlich auch kein Einwand, sondern kann als Aufforderung Mackies gelesen werden, geeignete Theorien zu entwickeln. Außerdem hat sich gezeigt, dass man solche Modelle für die Beziehung zwischen naturalen und evaluativen Eigenschaften auch benötigt, um die Beziehung zwischen physischen und mentalen Eigenschaften zu analysieren. Nur wenige Philosophen sind im Kontext des Körper-Geist-Problems bereit, mit Bezug auf das Mentale eine ähnlich radikale Lösung zu vertreten wie sie Mackie für evaluative Entitäten vorgeschlagen hat. Schließlich sind die Mehrzahl unserer alltäglichen ethischen Begriffe so genannte „dichte Begriffe", d. h. Begriffe, in die neben evaluativen auch nichtevaluative Bedeutungsaspekte eingehen (z. B. „grausam", „edel" oder „tapfer"). Nur die abstrakten Grundbegriffe der philosophischen Ethik (z. B. die reinen deontischen Begriffe wie „sollen", „geboten" oder „richtig") sind frei von nichtevaluativen Bedeutungsaspekten.

Mackies Einwand (E 2) ist in einer Hinsicht, wie in der Antwort auf (E 5) bereits ausgeführt, für einen ethischen Realisten unproblematisch. Dass diese evaluativen Entitäten nicht in die Basisontologie eines entzauberten Weltbildes passen, ist zwar richtig, aber kein Einwand, den der ethische Realist gelten lassen muss. Vielmehr könnte ja auch dieses moderne Weltbild eine unzulängliche Beschreibung der Wirklichkeit sein. In einer anderen Hinsicht dagegen verweist der Einwand auf ein echtes Problem. Wie können diese Werte oder Werteigenschaften uns zum Handeln motivieren, wenn sie mit uns als empirischen Subjekten gar nichts zu tun haben? Wie wir gleich sehen werden, ist diese Schwierigkeit einer der wichtigsten Gründe, von einem starken auf einen schwachen ethischen Realismus überzugehen.

Auch Mackies Einwand (E 1) ist in einer Hinsicht unproblematisch. Der Verweis auf faktische Meinungsverschiedenheiten und die Pluralität ethischer Überzeugungen muss für jede Ethik, die nicht relativistisch ist, gleichermaßen Gegenstand der Erklärung sein. Für den Realisten gibt es hier kein spezifisches Problem, da er zwischen Wahrheit, Begründung und Erkennbarkeit unterscheidet und ethischen Irrtum zulässt (vgl. dazu auch Kapitel IX, 2). Offensichtlich schaffen es auch andere, primär auf intersubjektive Begründung abzielende Ethiktypen nur in Grenzen, faktisch ethischen Konsens zu erzielen. Die Möglichkeit einer solchen universalen Einigung ist aber auch im ethischen Realismus gegeben, sodass der ethische Realismus in diesem Punkt nicht schlechter dasteht als die verschiedenen antirealistischen Versionen des ethischen Kognitivismus. In einer anderen Hinsicht ist (E 1) jedoch für den ethischen Realismus relevant, nämlich dann, wenn er nicht als Hinweis auf die Pluralität und Relativität ethischer Überzeugungen gemeint ist, sondern als Hinweis darauf, dass die evaluativen Eigenschaften der Welt von der menschlichen Lebensform qua biologischem Lebewesen, qua kulturellem Wesen und qua individueller Persönlichkeit nicht unabhängig sein können. In Verbindung mit dem Motivationsproblem, welches sich für den starken ethischen Realisten ergibt, stellt diese Beobachtung ein starkes Motiv für die Entwicklung einer ethischen Konzeption dar, in der evaluative Eigenschaften nicht auf Subjektivitätsleistungen reduzierbar, jedoch auch nicht vollkommen unabhängig von diesen existent sind. Eine solche Konzeption ist der schwache ethische Realismus, der im nun folgenden Abschnitt in den Grundzügen skizziert wird.

3. Der schwache ethische Realismus

Die Unterscheidung zwischen starkem und schwachem ethischen Realismus ist nicht graduell zu verstehen. Daher handelt es sich beim schwachen ethischen Realismus um einen eigenständigen Theorietyp. Während der starke ethische Realist evaluative Entitäten als von Subjektivitätsleistungen unabhängige Entitäten (Universalien oder Vorkommnisse von Eigenschaften) konzipiert, sind sie im schwachen ethischen Realismus gedacht als Relationen einer besonderen Art. Klassischerweise steht für diese Position die Analogie von Werten als sekundären Qualitäten (vgl. [VI-8], Kap. 7).

a) Die relationale Konzeption evaluativer Eigenschaften

Primäre und sekundäre Qualitäten

Zumeist wird die Konzeption relationaler evaluativer Eigenschaften unter Rückgriff auf John Lockes (1632–1704) Konzeption sekundärer Qualitäten und am Beispiel der Farben erläutert. Locke unterscheidet zwischen primären und sekundären Qualitäten (vgl. [VI-10], Buch 2, Kapitel 8). Erstere kommen einer Entität unabhängig von ihrer Beziehung zu anderen Entitäten zu. Die Größe eines Würfels beispielsweise hängt nicht von anderen Entitäten oder der Relation dieses Würfels zu anderen Entitäten ab, auch wenn wir seine Größe möglicherweise in unterschiedlichen konventionellen Längenmaßen (z. B. Kilometern oder Meilen) angeben. Primäre Qualitäten sind damit einstellige Eigenschaften. Neben diesen primären Qualitäten kommen Entitäten wie z. B. unserem Würfel auch Aspekte zu, die durch seine Relation zu einer anderen Entität (oder mehreren anderen Entitäten) konstituiert sind: so z. B. wenn unser Würfel auf einem Tisch steht (oder in der Mitte zwischen einer Kugel und einer Pyramide liegt).

Sekundäre Qualitäten sind nun eine spezielle Art von Relationen, die zwei Besonderheiten aufweisen: Erstens werden sekundäre Qualitäten durch die Interaktion von Subjektivitätsleistungen und subjektunabhängigen Eigenschaften (oder Relationen) von Objekten konstituiert. Zweitens werden diese evaluativen Relationen von dem Subjekt, welches die für ihre Konstitution notwendige Subjektivitätsleistung erbringt, als primäre Qualitäten der fraglichen Objekte wahrgenommen. Musterbeispiel für solche sekundären Qualitäten sind die Farben, und zwar in dem Sinne, in dem wir sie im Alltag erleben, nicht als Absorption und Reflexion von Licht einer bestimmten Wellenlänge. In unserem alltäglichen Verständnis enthalten Farbprädikate den Verweis auf die Erlebnisqualität, einem wahrnehmenden Subjekt auf eine bestimmte Weise zu erscheinen. Dieser subjektive Anteil ist in der Bedeutung der Farbprädikate, wie sie in der Physik definiert werden, gerade eliminiert (ein analoger Fall liegt vor, wenn Schmerz einmal als rein physiologischer Vorgang definiert wird, während die Bedeutung von „Schmerz" im alltäglichen Sprachgebrauch auf eine Erlebnisqualität verweist). Welche Farbe ein Objekt hat, hängt von dem Erkenntnis- bzw. Sinnesapparat des wahrnehmenden Subjekts ab, aber auch die subjektunabhängige Beschaffenheit des Objekts leistet einen konstitutiven Beitrag. Durch die Interaktion beider Seiten wird die Farbigkeit eines Objekts konstituiert; es handelt sich um eine Relation, die Subjektivitätsleistungen und subjektunabhängige Merkmale miteinander verbindet. Außerdem erlebt das beteiligte Subjekt die Situation so, dass es diese sekundären Qualitäten als Eigenschaften der wahrgenommenen Objekte erlebt. Sein eigener konstitutiver Beitrag zum Bestehen dieser sekundären Qualitäten wird dem Subjekt, anders als bei absichtlichen Herstellungsprozessen, dabei nicht bewusst. Im Falle der Farben bedeutet dies, dass wir eine Banane als gelb wahrnehmen und ihr die Farbe als Eigenschaft zuschreiben.

Evaluative Relationen

Nach diesem Modell werden im schwachen ethischen Realismus evaluative Eigenschaften gedeutet, die damit als evaluative Relationen gedacht werden. Wie in Mackies Irrtumstheorie ergibt die philosophische Analyse, dass unsere alltägliche Wahrnehmung die Dinge nicht vollständig richtig wiedergibt, weil diese Relationen als Eigenschaften der Objekte wahrgenommen werden. Die subjektivistische Projektionstheorie zieht hieraus den Schluss, dass evaluative Eigenschaften lediglich Projektionen von Subjekten sind, die gar keinen subjektunabhängigen Anteil aufweisen (vgl. [VI-11]). Der schwache ethische Realismus zieht dagegen nicht den radikalen Schluss, den Beitrag der Objekte an den evaluativen Relationen zu leugnen und die These aufzustellen, dass sich evaluative Eigenschaften generell auf subjektive Zustände oder Leistungen zurückführen lassen. Die basale ontologische These des schwachen ethischen Realismus besagt vielmehr, dass es genuine evaluative Relationen gibt, d. h. Relationen, die nicht aufgelöst werden können in Eigenschaften oder Fähigkeiten der Bestandteile, durch deren Interaktion diese evaluativen Relationen konstituiert werden.

b) Die Reichweite des schwachen ethischen Realismus

Auf der Grundlage dieser Ontologie des schwachen ethischen Realismus lassen sich nun verschiedene Konzeptionen entwickeln, die sich zum einen hinsichtlich der geforderten Subjektivitätsleistung unterscheiden und zum anderen hinsichtlich der Allgemeinheit bzw. der Partikularität der involvierten Subjektivität variieren.

So kann man *erstens* unterschiedlich weite Konzeptionen von Werterfahrung bzw. Werteinstellung entwickeln, je nachdem, welche Leistungen man als Subjektivitätsleistungen zählt. Unter nichtnaturalistischen Voraussetzungen sollte man das Verhalten von Organismen, die nicht Subjekte von Bewusstseinszuständen (z. B. Schmerzerleben oder Rotwahrnehmen) oder von propositionalen Einstellungen (z. B. Überzeugungen) sind, gleichwohl aber in ihrer Umwelt durch ihr Verhalten zwischen für sie zuträglichen und abträglichen Zuständen, Dingen und Eigenschaften unterscheiden, nicht als Werterleben bzw. Werturteilen deuten. Solche rein biologischen Vorgänge lassen sich naturalisieren und sollten von denen, in die Subjektivität (phänomenales Bewusstsein, Selbstbewusstsein, Begriffsgebrauch) eingeht, unterschieden werden, da letztere nicht naturalisierbar ist. Ab welcher Stufe von Subjektivitätsleistungen man dann davon ausgeht, dass es sich um solche handelt, die evaluative Relationen zu konstituieren imstande sind, hängt letztlich von der Philosophie des Geistes ab, die man vertritt (und kann daher in unserem Kontext nicht entschieden werden).

Schwacher ethischer Realismus und Nominalismus

Davon zu sprechen, dass es evaluative Relationen gibt, impliziert also, dass die Wirklichkeit evaluative Aspekte enthält, die zugleich durch subjektunabhängige Aspekte von Objekten und durch Eigenschaften und Fähigkeiten von Subjekten konstituiert werden. Da sich solche Relationen sowohl als konkrete Vorkommnisse wie auch als Universalien deuten lassen, bleibt der schwache ethische Realismus bis zu diesem Punkt neutral gegenüber der Opposition Realismus versus Nominalismus. Sobald man aber nach der Universalität der Geltung dieser evaluativen Relationen fragt, hilft eine rein nominalistische Konzeption nicht mehr weiter, sodass der schwache ethische Realismus eine nichtnominalistische Ontologie akzeptieren sollte. Angesichts der Schwierigkeiten, in die eine nominalistische Ontologie in allen Bereichen der Philosophie führt, ist dies jedoch keine außergewöhnlich belastende Hypothek.

Universalität ethischer Geltung im schwachen ethischen Realismus

Der Grad der Universalität hinsichtlich der Geltung dieser evaluativen Relationen, der sich in einem schwachen ethischen Realismus erreichen lässt, hängt nun *zweitens* von der Universalität der Eigenschaften der Objekte sowie der Allgemeinheit der involvierten Subjektivitätsleistungen ab. Wenn man eine universale reine Vernunft postuliert, dann haben die durch sie konstituierten evaluativen Relationen universale Geltung für alle rationalen Wesen. Unterstellt man eine weit gehende biologische und anthropologische Gemeinsamkeit der Menschen, dann wird man den Geltungsbereich der darauf basierenden evaluativen Relationen in diesem Ausmaß verallgemeinern können (z. B. das Interesse an Nahrung, schützender Unterkunft oder auch Fortpflanzung). Darüber hinaus lassen sich evaluative Relationen denken, die sich einer gemeinsamen kulturellen Sozialisation verdanken (z. B. hygienische Bedürfnisse oder solche der Nahrungszubereitung und Tischsitten). Schließlich lässt der schwache ethische Realismus auch die Möglichkeit evaluativer Relationen zu, die auf die spezifische Persönlichkeit einzelner Subjekte beschränkt sind (z. B. Ansprüche, die sich durch die individuelle Biografie und die darin eingehenden Wertvorstellungen einer Person ergeben). Von seiner ontologischen Grundidee her ist der schwache ethische Realismus damit in der Lage, von einem strikten Universalismus bis hin zu einem ethischen Partikularismus alles zu integrieren.

Auch Hartmann und Scheler haben versucht, Werten, deren Geltung sich auf individuelle Personen beschränkt, in ihrer Ontologie Platz zu schaffen. Diese Geltung besteht dann, wie Scheler es formuliert, einerseits an sich, andererseits für mich. Diese Formulierung ist, wenn man den schwachen ethischen Realismus zugrunde legt, nur scheinbar paradox. Die erstere Bestimmung (das „an sich") bezieht sich auf den realistischen Status der evaluativen Entität, die letztere (das „für mich") auf den Geltungsbereich, der durch die involvierte Subjektivität festgelegt wird. Solche persönlichkeitsbezogenen Werte sind daher prinzipiell mit dem Realismus vereinbar und nicht etwa zwingend Ausdruck eines subjektivistischen Relativismus, für den evaluative Relationen ja reduzierbar sind auf Eigenschaften oder Fähigkeiten empirischer Subjekte. Gleichwohl sind solche z. B. persönlichkeitsbezogenen Werte mit einem starken ethischen Realismus nicht vereinbar und erzeugen deshalb auch eine Spannung in den Theorien von Scheler oder Hartmann. Denn für den starken Realismus dürfte die Art der involvierten Subjektivität keinerlei Auswirkungen haben auf die ontologische Beschaffenheit der evaluativen Entitäten. Für einen schwachen ethischen Realismus dagegen sind solche persönlichkeitsbezogenen Werte genauso wenig ein Problem wie strikt universale, solange sie als evaluative Relationen konzipiert werden.

Die Offenheit des schwachen ethischen Realismus

Dabei ist es mit der Grundthese des schwachen ethischen Realismus sogar vereinbar, sowohl wertunabhängige deontische Sachverhalte des Gebotenseins (oder des ethisch Richtigen) wie auch rein subjektabhängige Werte zuzulassen, da (T 4) nicht besagt, dass alle evaluativen Entitäten sich als evaluative Relationen bestimmen lassen müssen. Angesichts der immanenten Schwierigkeiten, vollkommen subjektunabhängige Werte ontologisch plausibel zu machen, und angesichts der Schwierigkeiten, die Relevanz solcher Werte für die ethische Motivation des Menschen aufzuweisen, spricht jedoch wenig dafür, die Option des starken ethischen Realismus offen zu lassen. Aufgrund der Tatsache, dass wir nicht nur über objektbezogene, sondern auch über empfindungsbezogene Wertprädikate in unserer Sprache verfügen (z. B. gutriechend oder wohlklingend), erscheint es als unumgänglich, auch rein subjektive evaluative Eigenschaften zuzulassen. Aufgrund der zentralen Bedeutung deontischer Aussagen sowie der Tatsache, dass alle bisherigen Versuche, deontische Aussagen auf Wertaussagen zurückzuführen, genauso gescheitert sind wie die umgekehrten Versuche, sollte eine angemessene Ethik bzw. Metaethik – zumindest bis auf weiteres – davon ausgehen, dass wir mit dem Guten und dem Richtigen zwei unabhängige Grundorientierungen in der Ethik vorfinden.

Wenn evaluative Relationen durch Subjektivitätsleistungen wie z. B. biologisch oder anthropologisch fundamentale Bedürfnisse, individuelle oder soziale Interessen oder auch Überzeugungen und Lebenspläne konstituiert werden, dann liegt es auf der Hand, dass die Einsicht in solche evaluativen Relationen uns erstens zum Handeln motivieren kann. Zweitens kann man auch leicht sehen, weshalb uns die Wahrnehmung dieser evaluativen Relationen eine Orientierung im Handeln ermöglicht. Durch die Wahrnehmung evaluativer Relationen erkennt ein Subjekt eine Wertigkeit der Wirklichkeit, die sich in seiner Interaktion mit der Welt ergibt.

c) Materiale ethische Bestimmungen

Unverzichtbarkeit materialer ethischer Bestimmungen

Bislang haben wir keinen Versuch unternommen, den Bereich der evaluativen Relationen in irgendeiner Weise zu ordnen oder inhaltlich auf den Bereich des Ethischen zu beschränken. Es wird, unterstellt man z. B. perverse Bedürfnisse einzelner Subjekte, sicher auch evaluative Relationen geben, die für einzelne Subjekte Werte darstellen, insgesamt aber ethisch inakzeptabel sind. Hier steht der schwache ethische Realismus daher prima facie vor dem gleichen Problem wie z. B. eine Ethik, die alle Interessen unqualifiziert als Grundlage der Ethik zulassen will. Dies bedeutet aber nur, dass der schwache ethische Realismus allein keine befriedigende Ethik ist. Es werden vielmehr inhaltliche Kriterien benötigt, die es erlauben, die unterschiedlichen evaluativen Relationen in ethische, metaethische und nicht-ethische zu unterteilen. Und innerhalb der ethischen Relationen ist es notwendig, Ordnungs- und Abwägungskriterien zu formulieren, wie die unterschiedlichen evaluativen Relationen zueinander gewichtet werden können. Hier wird sich der schwache ethische Realist an den Analysen der anderen ethischen Theorien orientieren können. In einer Hinsicht hatte Moore daher Recht, wenn er die Reichweite der realistischen Intuitionen in der Ethik beschränkte. Da der schwache ethische Realist problemlos materiale Inhalte in die Ethik einführen kann, bietet sich ihm die Möglichkeit, inhaltliche Kriterien der Bewertung ethischer Relationen zu entwickeln, die er aus unserer vorfindlichen ethischen Praxis aufnehmen und dann einer kritischen Prüfung unterziehen kann. Bedenkt man die Bandbreite der konstitutiven Subjektivitätsfaktoren, die von biologischen über anthropologische Grundlagen bis hin zu individuellen persönlichen Anlagen und Lebensplänen reichen können, dann wird ein solcher materialer Maßstab letztlich nur eine umfassende Vorstellung des guten Lebens sein können, in dem eine maximale Kohärenz der verschiedenen Aspekte des Menschen qua Natur-, qua Sozial- und qua Individualwesen gedacht wird. Aufgrund der sozialen Natur des Menschen werden hier auch die Vorstellungen der Gerechtigkeit und der Kooperation ihren Platz finden. Darüber hinaus werden Konzeptionen von empirisch-universellen Grundbedürfnissen, die Menschen aufgrund ihrer biologischen und anthropologischen Lebensform haben, sich ebenfalls integrieren lassen. In eine insgesamt umfassende integrative Ethik wird dann aber auch der Bereich persönlicher Autonomie und individueller Lebensführung einzufügen und in ein angemessenes Verhältnis zu den übrigen Dimensionen des menschlichen Lebens zu bringen sein. Da sich vor allem Letzteres im Laufe gesellschaftlicher Entwicklungen ändert, kann das unterstellte Bewertungskriterium des guten Lebens material nicht vollends festgeschrieben und invariant sein. Es wird vielmehr immer wieder, im Lichte sich verändernder Rahmenbedingungen, neu auszuhandeln und auszutarieren sein. Dies gilt nicht nur auf der Ebene der individuellen Lebensführung, sondern auch auf der Ebene der Gestaltung eines gerechten sozialen Lebens und eines angemessenen Umgangs des Menschen mit der außermenschlichen Wirklichkeit (vgl. [VI-12], Kap. 5).

4. Zusammenfassung, Lektürehinweise, Fragen und Übungen

Zusammenfassung

In diesem Kapitel ist mit dem ethischen Realismus die dritte kognitivistische Konzeption vorgestellt worden. Zuerst wurden in einer Vorklärung mit dem Nominalismus, dem Idealismus und dem Verifikationismus drei Oppositionen zum Realismus benannt, die dem Begriff des Realismus jeweils eine spezifische Bedeutung geben. Es zeigt sich, dass der ethische Realismus in Opposition steht zum Verifikationismus, aber neutral bleiben kann hinsichtlich der Frage des Nominalismus. Außerdem wurde auf die Rolle der Werterfahrung und des Werturteils im ethischen Realismus hingewiesen und die für das Projekt eines ethischen Realismus fundamentale Unterscheidung zwischen Objekt- und Sachverhaltswahrnehmung eingeführt. Diese Unterscheidung erlaubt es dem ethischen Realismus, ganz verschiedene ethische Ontologien zu entwickeln, die dem realistischen Programm Rechnung tragen können. Anschließend wurden drei Versionen des starken ethischen Realismus präsentiert, die von der Existenz subjektunabhängiger evaluativer Entitäten als Basis der Ethik ausgehen. Anhand der Diskussion von Mackies Kritik an dieser Form des Realismus wurde dann die Konzeption des schwachen ethischen Realismus als plausible Alternative entwickelt. Der schwache ethische Realismus geht von einer Ontologie evaluativer Relationen als Grundlage der Ethik aus, die durch unabhängige Aspekte der Wirklichkeit einerseits und durch Subjektivitätsleistungen andererseits konstituiert werden. Obwohl dem schwachen ethischen Realismus zufolge also Subjektivitätsleistungen konstitutiv in die der Ethik zugrunde liegenden evaluativen Entitäten mit eingehen, handelt es sich bei dieser Konzeption dennoch um einen Realismus. Dies liegt daran, dass im Kontext der Metaethik mit dem ethischen Subjektivismus und dem ethischen Objektivismus starke idealistische Positionen dominierend sind, in denen die konstitutive Beteiligung der subjektunabhängigen Wirklichkeit für die Grundlagen der Ethik generell bestritten wird. Da der schwache ethische Realismus davon ausgeht, dass auch die subjektunabhängige Wirklichkeit einen konstitutiven Beitrag zur Grundlage der Ethik leistet, ist es sinnvoll, diese Konzeption als eine Variante des ethischen Realismus anzusehen. Gegenüber dem starken ethischen Realismus hat der schwache ethische Realismus den Vorteil, die partikularistischen Werte in seine Ontologie integrieren und das Motivationsproblem lösen zu können. Dazu muss der schwache ethische Realist allerdings davon ausgehen, dass unsere ethische Wahrnehmung aus philosophischer Sicht zu korrigieren ist. In unserem alltäglichen ethischen Selbstverständnis nehmen wir evaluative Relationen als subjektunabhängige Eigenschaften wahr und werden uns der eigenen konstitutiven Leistungen nicht bewusst.

Lektürehinweise
Zur philosophischen Diskussion des Realismus vgl. [VI-13] und die Beiträge in [VI-14]; zur Konzeption der sekundären Qualitäten und zur Frage ihrer Eignung als Modell für evaluative Relationen vgl. [VI-15], Kapitel 4 und [VI-16], S. 143–160 ; neuere Konzeptionen des ethischen Realismus sind [VI-17], [VI-18], [VI-19], einen guten Überblick über die gegenwärtige Diskussion gewinnt man durch [VI-20] und [VI-21], und eine grundlegende Kritik am ethischen Realismus findet sich im ersten Teil von [VI-22]. Eine relationale Konzeption im Sinne des schwachen ethischen Realismus wird entwickelt in [VI-23].

Fragen und Übungen
- Erläutern Sie die unterschiedlichen Bedeutungen von „Realismus".
- Erläutern Sie den Unterschied zwischen Objekt- und Sachverhaltswahrnehmung.
- Warum kann ein ethischer Realismus im Prinzip neutral bleiben gegenüber der Opposition Realismus versus Nominalismus?
- Worin besteht die Relevanz der Unterscheidung zwischen Objekt- und Sachverhaltswahrnehmung für den ethischen Realismus?
- Worin besteht die Differenz zwischen dem ethischen Realismus von Moore und den Positionen von Brentano, Hartmann oder Scheler?
- Erläutern Sie den Unterschied zwischen primären und sekundären Qualitäten.
- Was sind die Besonderheiten der vom schwachen ethischen Realismus postulierten evaluativen Relationen?
- Auf welche Weise löst der schwache ethische Realismus das Motivationsproblem in der Ethik?
- Was besagt die Irrtumstheorie von Mackie?
- Welche Kritikpunkte lassen sich gegen Mackies Einwände gegen den ethischen Realismus vorbringen?
- In welchem Sinne enthält der schwache ethische Realismus auch eine Irrtumstheorie?
- Weshalb sollte man den schwachen ethischen Realismus als Realismus zählen?

VII. Ethischer Naturalismus

In diesem Kapitel wird mit dem ethischen Naturalismus die Variante des Kognitivismus in der Ethik diskutiert, die bisher ausgeblendet worden ist. Die Grundidee des ethischen Naturalismus besteht darin, ethische Begriffe und Aussagen zu reduzieren auf naturwissenschaftlich respektable Begriffe und Begründungen. Am Beispiel der evolutionären Ethik werden die unterschiedlichen Ansprüche und Beweisziele dieser Form des ethischen Naturalismus herausgearbeitet und anschließend als exemplarische Thesen des ethischen Naturalismus mit den zentralen Einwänden konfrontiert, denen das Projekt einer Naturalisierung der Ethik generell ausgesetzt ist.

Unsere bisherigen Überlegungen stellen den Versuch dar, den ethischen Nonkognitivismus zu vermeiden und an dem Anspruch festzuhalten, eine rationale Begründung für unsere ethische Praxis und einzelne ethische Aussagen zu finden. Die in den letzten Kapiteln diskutierten kognitivistischen Optionen des Subjektivismus, des Objektivismus und des Realismus gehen alle von der Prämisse aus, dass unsere ethischen Grundbegriffe und unsere ethische Praxis einen eigenständigen Gegenstandsbereich bilden, der sich nicht naturalistisch erfassen lässt. Aufgrund dieser Voraussetzung gehören alle bisher erörterten kognitivistischen Positionen zum nichtnaturalistischen Lager.

Eine grundsätzliche Alternative

Weitgehend ausgeblendet wurde dabei die systematische Option des ethischen Naturalismus, die sich eröffnet, wenn man diese Grundvoraussetzung des nichtnaturalistischen Lagers bestreitet. Aus den internen Schwierigkeiten und Beweislasten der nichtnaturalistischen Theorietypen bezieht der ethische Naturalismus Attraktivität und Anfangsplausibilität. Sein zentrales Ziel muss es sein, unsere ethischen Grundbegriffe in naturwissenschaftlich respektable Begriffe zu übersetzen und ethische Begründungen durch naturwissenschaftlich akzeptable Begründungen zu ersetzen. Dabei kann der ethische Naturalismus sowohl in der Form eines Subjektivismus als auch in der Form eines Realismus entwickelt werden. Daher sollen in diesem Kapitel erstens die Grundidee des ethischen Naturalismus dargestellt und die für den ethischen Naturalismus zentralen Grundbegriffe bestimmt werden. Mit der evolutionären Ethik wird anschließend eine Hauptvariante des ethischen Naturalismus erörtert, deren Ansprüche und Ziele abschließend mit zentralen Einwänden gegen das Programm einer Naturalisierung der Ethik konfrontiert werden.

1. Grundidee und Grundbegriffe

a) Die Grundidee

Unter der naturalistischen Ethik versteht Moore „ethische Theorien, die erklären, es gebe keinen eigentlichen Wert, außer im Besitz einer gewissen *natürlichen* Eigenschaft, die nicht Lust ist; sie erklären dies in der Annahme, daß ‚gut' sein soviel *bedeutet,* wie die besagte Eigenschaft besitzen". Die „Methode" der naturalistischen Ethik, so Moore weiter, „besteht darin, für ‚gut' eine bestimmte Eigenschaft eines natürlichen Gegenstands oder eine Anzahl natürlicher Gegenstände einzusetzen". Die Konsequenz und das Ziel der naturalistischen Ethik ist damit, „die Ethik durch eine bestimmte Naturwissenschaft zu ersetzen" (vgl. [VII-1], S. 77). Unter „Natur" versteht Moore dabei alles, was Gegenstand der Naturwissenschaften ist, wobei er die Psychologie zu den Naturwissenschaften gezählt hat. Zusammengefasst sind ethische Theorien im Sinne Moores dann naturalistisch, wenn sie behaupten, dass das „einzige Gut in einer bestimmten Eigenschaft von Dingen besteht, die in der Zeit existieren, wobei vorausgesetzt wird, daß ‚gut' selbst im Hinblick auf eine solche Eigenschaft definiert werden kann" ([VII-1], S. 79).

Obwohl diese Charakterisierung mittlerweile einhundert Jahre alt ist, trifft sie das Projekt einer Naturalisierung der Ethik immer noch genau. Wichtig ist dabei, sich daran zu erinnern, was Moore mit „Definierbarkeit" meint (vgl. Kapitel II, 1b). Im philosophisch relevanten Sinne ist die Definition eines Gegenstandes die Angabe der Bestandteile und der Relationen zwischen diesen Bestandteilen, die diesen Gegenstand bilden. Auf der Ebene sprachlicher Ausdrücke kann dies bedeuten, einen Begriff durch die Kombination anderer Begriffe zu definieren. Auf der Ebene der Gegenstände selbst stellt eine Definition fest, „welches die Teile sind, die unveränderlich ein bestimmtes Ganzes bilden" (vgl. [VII-1], S. 39).

Grundidee des ethischen Naturalismus

Die allgemeine Grundidee des ethischen Naturalismus besteht also darin, die Eigenständigkeit des Ethischen zu bestreiten und zu zeigen, dass sich das Ethische auf etwas Außerethisches reduzieren lässt. Mit dieser allgemeinen Formulierung ist allerdings noch nicht angemessen erfasst, was Moore unter ethischem Naturalismus verstanden hat. Außerdem lässt diese Formulierung der Grundidee noch offen, welches Theorieprogramm und welche Beweislasten mit seiner Umsetzung verbunden sind. Für eine präzisere Fassung des Naturalisierungsprogramms ist daher erstens erforderlich anzugeben, was als das Außerethische gilt. Zweitens muss angegeben werden, was die Bedingungen für eine Reduktion sein sollen.

b) Wissenschaftstheoretische Vorbedingungen

„Naturwissenschaft" als erster Grundbegriff

Moore hat in den Naturwissenschaften den Bezugspunkt einer Naturalisierung der Ethik gesehen und unterscheidet von der naturalistischen Ethik ein anderes, von ihm als metaphysisch bezeichnetes Reduktionsprogramm. Dieses teilt mit dem ethischen Naturalismus die Grundidee, dass das Ethische nichts Eigenständiges ist. Die Differenz liegt darin, dass hier das Ethische auf etwas Metaphysisches zurückgeführt werden soll, nicht auf eine naturwissenschaftliche Basis (vgl. [VII-1], Kap. IV). Um aus der allgemeinen Grundidee das Programm des ethischen Naturalismus zu machen, muss man also als Reduktionsbasis die Naturwissenschaften bzw. die Natur im naturwissenschaftlichen Sinne wählen. Der erste für das Programm des ethischen Naturalismus zentrale Grundbegriff ist damit „Naturwissenschaft".

Es muss geklärt werden, welche Disziplin als eine Naturwissenschaft zählt, aufgrund welcher Merkmale sie als solche anerkannt und aufgrund welcher Merkmale sie als die geeignete Reduktionsbasis für die Ethik angesetzt wird. So ist z. B. bis heute strittig, ob die Psychologie wirklich zu den

Naturwissenschaften zu zählen ist, und eine Antwort darauf hängt entscheidend davon ab, welche methodologischen Vorgaben eine Naturwissenschaft erfüllen muss. Fraglich ist auch, ob z. B. solche Disziplinen wie die Ethnologie, die Ökonomie oder die Soziologie, wenn sie sich selbst als rein deskriptive und empirisch ausgerichtete Disziplinen verstehen, geeignete Naturalisierungsbasen sein können. Vor allem aber müssen Kriterien genannt werden, aufgrund derer sich Wissenschaften von metaphysischen Theorien unterscheiden. Kann z. B. eine marxistisch fundierte Ökonomie oder Soziologie als geeignete Basis für eine Naturalisierung der Ethik angesehen werden? Oder – um einen vielleicht weniger klaren Fall zu nennen – die Psychoanalyse? Ohne die hier erforderlichen weiter gehenden Bestimmungen der Reduktionsbasis beschränkt sich das ganze Projekt des ethischen Naturalismus auf die allgemeine Grundidee, die Eigenständigkeit der Ethik zu bestreiten.

„Reduktion" als zweiter Grundbegriff

Setzen wir voraus, dass sich diese wissenschaftstheoretische Herausforderung bewältigen und der erste Eckpfeiler des ethischen Naturalismus hinreichend präzise bestimmen lässt. Dies können wir zumindest provisorisch gewährleisten, indem wir eine Disziplin als Reduktionsbasis wählen, die im Allgemeinen als Naturwissenschaft anerkannt wird und die sich durch ein hinreichend klares Methodenbewusstsein auszeichnet. Dann muss in einem zweiten Schritt geklärt werden, was unter der Reduktion des Ethischen auf die jeweils gewählte Reduktionsbasis verstanden werden soll. Welche Beweislasten mit diesem Programm der Reduktion des Ethischen im Einzelnen verbunden sind, hängt entscheidend ab von der genauen inhaltlichen Füllung des Reduktionsbegriffs selbst (vgl. dazu den klassischen Beitrag in [VII-2] sowie die aktuelle Diskussion in [VII-3]). Das Konzept der Reduktion (oder der Definition im Moore'schen Sinne) stellt den zweiten Grundbegriff im Programm des ethischen Naturalismus dar.

In der stärksten Form müssen sich ethische Grundbegriffe und ethische Aussagen in die außerethischen Grundbegriffe und -aussagen der gewählten Naturwissenschaft übersetzen lassen. In dieser Form besteht eine Reduktion darin, eine Theorie (hier: die Ethik) in eine andere Theorie (die gewählte Reduktionsbasis) zu überführen. Gelingt dies, dann müssen sich ethische Begriffe und Aussagen ohne Bedeutungsverlust durch die Begriffe und Aussagen der Basistheorie definieren bzw. wiedergeben lassen.

Die Entwicklungen in der Wissenschaftstheorie, aber auch neuere philosophische Theorien der sprachlichen Bedeutung, legen den Schluss nahe, dass dieses Verständnis von Reduktion zu stark ist. Das Programm des ethischen Naturalismus deshalb zurückzuweisen, weil es diesem strengen Ideal der Reduktion nicht genügt, wäre jedoch keine überzeugende Argumentation. Eine schwächere Form der Reduktion besteht darin, die ethischen Entitäten zu reduzieren auf außerethische Entitäten (also z. B. ethische Eigenschaften auf naturale Eigenschaften), um auf diese Weise ohne einen eigenständigen Gegenstandsbereich der Ethik auskommen zu können. Ethische Beschreibungen, Bewertungen, Einstellungen oder Handlungen müssen dann auf der Grundlage der Reduktionsbasis erklärt und einer im Rahmen der Basistheorie vorgenommenen Neubeschreibung zugeführt werden. Auf diese Weise liefert uns die Reduktion zwar keine semantischen Äquivalente für unsere ursprünglichen ethischen Begriffe. Sie erklärt uns aber, wie wir zu diesen Begriffen gekommen sind, welche außerethischen Sachverhalte ihnen zugrunde liegen und welche Mechanismen unsere ethische Praxis eigentlich lenken. Wenn damit auch keine vollständige Übersetzung des Ethischen erreicht werden kann, so ist die Reduktionsbasis doch reichhaltig genug, um die wesentlichen Züge des Ethischen zu integrieren und im Rahmen der Basistheorie zu rekonstruieren. Gelingt dies, dann können wir unser alltägliches ethisches Selbstverständnis durch die vom ethischen Naturalismus angebotene Theorie ersetzen.

c) Die Attraktivität des ethischen Naturalismus

Die Attraktivität des ethischen Naturalismus lässt sich in drei Aspekten zum Ausdruck bringen. *Erstens* akzeptiert der ethische Naturalismus das neuzeitliche Natur- und Wirklichkeitsverständnis. Seine Grundausrichtung an den Naturwissenschaften ist auch in dem Sinne zu verstehen, dass nur diejenigen Entitäten (Eigenschaften, Einzeldinge, Tatsachen) fundamentale oder genuine Bestandteile der Realität sind, die von den Naturwissenschaften postuliert werden oder im Rahmen naturwissenschaftlicher Untersuchungen erforscht werden können. Damit verbunden ist *zweitens* der Vorteil, dass der ethische Naturalismus für die Analyse unserer ethischen Praxis und unserer ethischen Wahrnehmung keine erkenntnistheoretischen Zusatzannahmen braucht. Wenn sich ethische Entitäten auf naturwissenschaftliche Entitäten reduzieren lassen, dann benötigen wir keine spezielle Wahrnehmungs- oder Erkenntnistheorie für die Ethik, sondern kommen mit den Annahmen aus, die für Wahrnehmung im Kontext naturwissenschaftlichen Erkennens erforderlich sind. Der *dritte* attraktive Grundzug des ethischen Naturalismus besteht darin, dass für die Ethik auch keine spezielle Begründungstheorie erforderlich wird. Wenn sich ethische Aussagen in naturwissenschaftliche Aussagen übersetzen lassen, oder wenn sich ethisches Argumentieren naturwissenschaftlich rekonstruieren oder fundieren lässt, dann erübrigt sich eine darüber hinausgehende spezielle Theorie ethischer Begründung.

Diese drei attraktiven Merkmale des ethischen Naturalismus entspringen dem Anspruch, die Ethik in die Naturwissenschaft eingliedern zu können. Gelingt dies, dann besteht die Möglichkeit, an der Begründbarkeit und Wahrheitsfähigkeit ethischer Aussagen festhalten zu können, ohne die Grundannahmen des neuzeitlichen Natur- und Wirklichkeitsverständnisses preisgeben zu müssen. Wir haben im dritten Kapitel als eines der zentralen Motive für den ethischen Nonkognitivismus die Überzeugung identifiziert, dass die Interpretation ethischer Äußerungen als wahrheitsfähige Aussagen unvereinbar ist mit einem naturwissenschaftlichen Weltbild. Der ethische Naturalismus verspricht dagegen eine Lösung, die einen ethischen Kognitivismus vereinbart mit diesem neuzeitlichen Wirklichkeitsverständnis.

Neben diesen drei Merkmalen, die das Projekt des ethischen Naturalismus für viele Philosophen generell als attraktiv erscheinen lassen, weisen manche ethische Naturalismen einen weiteren verheißungsvollen Aspekt auf: Dieses *vierte* attraktive Merkmal besteht in einer eleganten Lösung des Motivationsproblems der Ethik. Dies gilt für diejenigen Ansätze des ethischen Naturalismus, die als Reduktionsbasis eine Theorie wählen, in der menschliches Handeln oder Verhalten analysiert wird. Wählt man z. B. die Psychologie oder die Biologie als Basiswissenschaft, dann kann man versuchen, die Motivation zu ethischem Handeln anzubinden an die in diesen Wissenschaften generell enthaltene Motivations-, Verhaltens- oder Handlungstheorie. Wenn es z. B. gelingt, ethisches Handeln und die damit verbundenen Motive zurückzuführen auf solche Handlungen und Motive, die im Rahmen einer deskriptiven Psychologie erörtert werden, dann werfen ethische Motive oder Handlungen zumindest keine speziellen Probleme mehr auf. Gleiches gilt, wenn ethisches Verhalten im Rahmen allgemeiner verhaltensbiologischer Annahmen hinreichend zu erklären ist.

Zwei Adäquatheitsbedingungen

Solche Reduktionsstrategien stehen und fallen nicht nur mit der Exaktheit, in der die angestrebte Reduktion durchzuführen ist. Die Plausibilität des gesamten Projekts wird auch maßgeblich davon abhängen, welche Anerkennung die als Reduktionsbasis gewählte Theorie selbst hat. Der ethische Naturalismus hat aufgrund seiner Orientierung an den Naturwissenschaften zum einen deshalb eine hohe Anfangsplausibilität, weil naturwissenschaftlichem Wissen in unserer Kultur ein ausgezeichneter Stellenwert zukommt. Zum anderen ist das Projekt des ethischen Naturalismus attraktiv, weil es unsere ethische Praxis auf eine kognitive Grundlage zu stellen verspricht. Das Ziel des ethischen Naturalismus ist ja nicht, die Realität des Ethischen zu leugnen. Als Reduktionsprogramm stellt der ethische Naturalismus vielmehr den Versuch dar, unsere ethische Praxis und unser alltägliches ethisches Verständnis durch die Integration in das naturwissenschaftliche Weltbild zu bewahren. Diese beiden Merkmale lassen sich in zwei Adäquatheitsbedingungen festhalten, die der ethische Naturalismus zugleich zu erfüllen hat:

- Gefordert ist eine Reduktion, Rekonstruktion oder Übersetzung der Ethik, die mit den naturwissenschaftlichen Vorgaben der gewählten Basistheorie vereinbar ist.
- Diese Naturalisierung muss zugleich so beschaffen sein, dass sie unser alltägliches ethisches Vor- und Selbstverständnis hinreichend adäquat einfängt.

Die Gretchenfrage wird sein, ob ein solcher Spagat gelingen kann.

2. Ansprüche und Ziele der evolutionären Ethik

a) Evolutionstheorie als Grundlage des Naturalisierungsprojekts

Im Folgenden wird mit dem Projekt der evolutionären Ethik eine der wichtigsten Varianten des ethischen Naturalismus exemplarisch erörtert. Die Wahl dieses Beispiels ist natürlich nicht alternativlos, lässt sich aber gut begründen. Erstens ist die Zugehörigkeit der Biologie und der Evolutionstheorie zu den Naturwissenschaften weitgehend unstrittig. Die Gefahr, dass die gewählte Reduktionsbasis als nicht naturalistisch abgelehnt wird, ist deshalb gering. Zweitens geht es in der Biologie und der Evolutionstheorie darum, das Verhalten von Lebewesen zu erklären. Damit ist diese Reduktionsbasis intuitiv sehr viel näher an den zu erklärenden ethischen Phänomenen als z. B. die Physik oder die Chemie. Dies verleiht dem ganzen Projekt eine höhere Ausgangsplausibilität und mehrt die Chancen, dass im Rahmen dieses Naturalisierungsversuchs auch das Motivationsproblem der Ethik gelöst werden kann. Drittens gibt es mittlerweile in vielen anderen Wissenschaften, aber auch in anderen philosophischen Disziplinen wie z. B. der Erkenntnistheorie, Versuche, evolutionäre Erklärungsansätze fruchtbar zu machen. Die evolutionäre Ethik steht deshalb nicht als ein isoliertes Projekt da (vgl. [VII-4], S. 7–10; [VII-5] u. [VII-6]). Außerdem ist unbestreitbar, dass Grundannahmen der Biologie und der Evolutionstheorie zu einem festen Bestandteil unseres alltäglichen Welt- und Selbstverständnisses geworden sind. Deshalb hat das Projekt einer evolutionären Ethik viertens den Vorteil, an Annahmen anzuschließen, die genauso zu unserem Überzeugungssystem gehören wie unser alltägliches ethisches Selbstverständnis und unsere sonstigen ethischen Überzeugungen.

Grundannahmen der Evolutionstheorie

Die basalen Annahmen der Evolutionstheorie gehören in unserer Kultur zum Kernbestand des allgemeinen Wissens (vgl. [VII-7]). Die zentrale These ist, dass alle Populationen von Organismen sich im Rahmen eines gesetzmäßigen Kausalprozesses entwickeln. Die wichtigste Kausalkraft ist dabei die natürliche Selektion; diese findet sowohl auf der Ebene der einzelnen Organismen und deren Verhalten, als auch auf der molekularbiologischen und der genetischen Ebene statt. Die Mitglieder einer Population von Organismen variieren in Bezug auf ihre Vererbung im Bereich der Anatomie, der Physiologie und des Verhaltens. Träger bestimmter Kombinationen dieser Anlagen sind besser für das Überleben geeignet und reproduzieren sich besser als ihre Konkurrenten. Diese „fitness" führt dazu, dass die Erbanlagen der erfolgreichen Individuen in größerem Maße weitervererbt werden als die der unterlegenen Organismen. Obwohl die natürliche Selektion primär auf der Ebene der einzelnen Organismen und der in ihnen manifestierten Anlagen greift, schlägt der Selektionsprozess deshalb bis auf die Ebene der Gene durch, wo dann die langfristigsten und stabilsten Auswirkungen dieses Kausalprozesses zu finden sind. Die artspezifischen Eigenschaften und Fähigkeiten einzelner Organismen bzw. ihrer Organe und deren Funktionen lassen sich der Evolutionstheorie zufolge in der Regel erklären durch die Angabe der evolutionären Selektionsprozesse, aufgrund derer sie erfolgreich waren.

Evolutionstheorie und Ethik

Zu den zentralen Annahmen der Evolutionstheorie gehört, dass diese Erklärungsstrategie vor dem Menschen nicht halt macht. Auch für den Menschen gilt, dass er im Laufe der Evolution entstanden ist und sich seine Anlagen, Eigenschaften und Fähigkeiten erklären lassen im Rahmen der allgemeinen evolutionstheoretischen Erklärungsstrategie. Dies gilt nicht nur für seine allgemeinen biologischen Anlagen, sondern auch für seine kognitiven Fähigkeiten, die ja ebenfalls im evolutionären Prozess entstanden und damit als Resultat von Selektionsprozessen zu begreifen sind. Wie andere höher entwickelte Tierarten zeigt auch der Mensch ein komplexes Sozialverhalten. Die auf dieses Verhalten ausgerichtete Soziobiologie wendet die evolutionstheoretische Erklärungsstrategie auch hierauf an: bei menschlichen wie nichtmenschlichen Lebewesen gleichermaßen (zu den Grundlagen der Soziobiologie vgl. [VII-8]). Bedenkt man erstens, dass ein zentraler Themenbereich der Ethik das richtige Verhalten gegenüber anderen Menschen (und möglicherweise auch nichtmenschlichen Entitäten) ist, liegt es nahe, auch die ethische Praxis im Rahmen eines evolutionstheoretischen Forschungsprogramms zu untersuchen. Einen zweiten Grund, weshalb schon der Erfinder der Evolutionstheorie, Charles Darwin (1809–1882), das Verhältnis von Evolutionstheorie und Ethik näher zu bestimmen versuchte, findet man in folgender Überlegung: Es ist unstrittig, dass die ethische Praxis ein wesentliches Merkmal des Menschen ist. Nach einem sowohl im Alltag wie auch in der Philosophie weit verbreiteten Verständnis stehen ethische Forderungen den egoistischen Interessen der Individuen gegenüber. Mit anderen Worten: Die Moral fordert die Aufopferung der Eigeninteressen zugunsten der Interessen anderer (= Altruismus). Dies scheint mit der Grundannahme der Evolutionstheorie nicht vereinbar zu sein, da sie von der These ausgeht, dass sich das Verhalten von Organismen erklären lässt als Strategie zur eigenen Überlebenssicherung. Einerseits fordert die Moral die Überwindung des Eigeninteresses, während das Grundgesetz der Evolutionstheorie andererseits besagt, dass jedes Verhalten, also auch das menschliche, auf das eigene Überleben ausgerichtet und damit eigeninteressiert ist. So ergibt sich *prima facie* das Problem, dass mit der Moral ein unbestreitbar zentraler Bereich des menschlichen Verhaltens nicht vereinbar ist mit den Grundannahmen der Evolutionstheorie. Von daher kann es nicht verwundern, dass der Zusammenhang von Evolution und Altruismus von Anfang an im Zentrum des Interesses der evolutionären Ethik gestanden hat. Ein drittes Motiv, aus dem heraus sich Evolutionstheoretiker mit der Ethik beschäftigen, ist ein genuin ethisches. Viele der Autoren, die dem Projekt der evolutionären Ethik anhängen, sehen auf der einen Seite große ethische Probleme, die im Rahmen der ökologischen Krise entstanden sind. Auf der anderen Seite sind diese Theoretiker davon überzeugt, mit der Evolutionstheorie eine erklärungsmächtige Theorie über die wirklichen Motive und Beweggründe menschlichen und nichtmenschlichen Verhaltens in den Händen zu haben. Daher wollen sie die Ethik gerne auf eine verlässliche Grundlage stellen und nicht der Philosophie überlassen. Nur mit einer naturwissenschaftlich abgesicherten und mit der biologischen Natur des Menschen übereinstimmenden Ethik können, so die Überzeugung, die sozialen und ökologischen Herausforderungen der Gegenwart bewältigt werden.

b) Ansprüche und Ziele

Die Diskussion um die Möglichkeiten und Grenzen der evolutionären Ethik ist vielschichtig und verworren. Ein Hauptgrund für die Schwierigkeiten besteht darin, dass die Ansprüche und Ziele, die mit dem Projekt einer evolutionären Ethik verbunden werden, nicht immer klar formuliert werden (vgl. [VII-9]). Vor einer kritischen Bewertung dieses Projekts müssen daher die verschiedenen Ansprüche und Ziele unterschieden werden.

Dabei wird sich zeigen, dass einige von ihnen gar nicht zum Programm einer Naturalisierung der Ethik gehören. Insgesamt lassen sich fünf Ansprüche oder Ziele der evolutionären Ethik unterscheiden; der basalste von ihnen lautet:

(EE 1) Die evolutionäre Ethik erklärt die Genese der wesentlichen Merkmale ethischen Verhaltens.

Kennzeichnend für die evolutionäre Ethik ist seit ihren Ursprüngen bei Charles Darwin und Herbert Spencer (1820–1903) die These, das wesentliche Merkmal ethischen Verhaltens bestehe in der Überwindung des Egoismus, sei also der Altruismus. Bis heute sehen evolutionäre Ethiker in altruistischen Akten der Selbstaufopferung des eigenen Lebens für das Überleben anderer das Paradebeispiel ethischen Verhaltens (vgl. [VII-10]).

Ethik und Altruismus

Für dieses Vorverständnis lassen sich mehrere Gründe anführen, auch wenn man die Gleichsetzung von Ethik und Altruismus nicht akzeptieren sollte. So trifft die Vorstellung, ethisches Verhalten fordere die Überwindung egoistischer Interessen, ein basales Element unseres ethischen Vorverständnisses und kann sich auch auf viele ethische Theorien berufen. Zusätzlich scheint altruistisches Verhalten die größte Herausforderung für die Evolutionstheorie zu sein. Überdies muss jede evolutionäre Ethik von ihrer gesamten Stoßrichtung her daran interessiert sein, zwischen dem Verhalten von Menschen und Tieren eine größtmögliche Kontinuität aufzuweisen.

Die Entdeckung altruistischen Verhaltens im Tierreich, entweder in der Form des Altruismus gegenüber genetischen Verwandten oder in Form eines reziproken Altruismus, bei dem kurzfristige Nachteile zur Erreichung langfristiger kooperativer Vorteile in Kauf genommen werden, kam dem Anliegen, eine größtmögliche Kontinuität zwischen dem ethischen Verhalten des Menschen und den in der Natur beobachtbaren Verhaltensweisen im Tierreich nachzuweisen, entgegen. Die Fundierung der Evolutionstheorie in der Genetik stellt mittlerweile auch die Möglichkeit in Aussicht, den scheinbar altruistischen Akt eines einzelnen Organismus, der sich für das Überleben seiner Gruppe aufopfert, als Verhalten zu erklären, durch welches der genetischen Ausstattung dieses einzelnen Organismus das Überleben ermöglicht wird, indem seine genetisch nächsten Verwandten weiterleben und sich reproduzieren können. Der vermeintliche Gegensatz von egoistischem und altruistischem Verhalten fällt weg, wenn man es auf der Ebene der genetischen Verwandtschaft analysiert. Außerdem ist es auch gelungen, das Prinzip gegenseitiger Hilfe, welches dem reziproken Altruismus zugrunde liegt, im Rahmen evolutionstheoretischer Erklärungsstrategien in Ansätzen zu modellieren und als evolutionär erfolgreiches Verhaltensmuster auszuweisen (vgl. dazu [VII-11]). In Computersimulationen werden einzelne „Organismen" mit unterschiedlichen Verhaltensstrategien programmiert, deren Erfolg in der Interaktion mit anderen „Organismen" durch steigende Reproduktionszahlen belohnt werden. Eine Vorgabe ist dabei, dass Kooperation miteinander vorteilhafter ist als Konfrontation gegeneinander. Noch ergiebiger ist allerdings das Ausbeuten eines kooperationswilligen Partners, dessen Vorleistungen vom „Betrüger" ausgenutzt werden und ohne Gegenleistung bleiben (es handelt sich hier um eine evolutionstheoretische Variante des Gefangenendilemmas, vgl. Kapitel 4, 2b). Da die „Organismen" zugleich lernfähig sind und ihre weitere Verhaltensstrategie nach den Erfahrungen mit ihrem vormaligen Verhalten ausrichten, lässt sich in der Simulation zeigen, dass folgende Strategie auf längere Sicht evolutionär sinnvoll ist: Kooperiere beim ersten Kontakt und verhalte dich danach genau so wie dein Kooperationspartner („tit-for-tat"). Die Gefahr eines Verlustes durch nicht erwiderte Kooperation beschränkt sich damit auf einen einmaligen Versuch (wenn der „Organismus" auf einen Betrüger trifft). Treffen aber zwei kooperationsbereite „Organismen" aufeinander, dann können sie in fortgesetzter Kooperation ihre Reproduktionserfolge maximieren. Auf diese Weise setzt sich in der Computersimulation langfristig eine auf einmaligem Vertrauensvorschuss basierende Kooperationsstrategie in der „Population" durch. Auf empirischer Basis hatte Peter Kropotkin (1842–1921) bereits in der Frühphase der Evolutionstheorie versucht, das Prinzip der gegenseitigen Hilfe als evolutionäre Strategie empirisch nachzuweisen, und eine Ethik entwickelt, die in den Grundzügen der heutigen evolutionären Ethik entspricht (vgl. dazu [VII-12] u. [VII-13]). Damit scheint nicht nur ein gewichtiger Einwand gegen die Evolutionstheorie als solche aus dem Wege geräumt, sondern zugleich auch eine evolutionstheoretische Erklärung des ethischen Verhaltens erreicht zu sein. Unsere ethische Praxis als ganze, so die Vermutung der evolutionären Ethiker, lässt sich als evolutionär erfolgreiche Strategie verstehen, wodurch erklärt wird, dass Populationen, die dieser Strategie folgen, sich im Laufe der Evolution durchgesetzt haben.

Auf der Grundlage dieser letzteren Annahme liegt auch das nächste Ziel der evolutionären Ethik nahe:

(EE 2) Die evolutionäre Ethik formuliert adäquatere ethische Prinzipien und Ziele.

Diesem Anspruch liegt folgende Überlegung zugrunde: Im Laufe der Evolution hat sich das ethische Verhalten des Menschen als erfolgreiche Problemlösungsstrategie ausgebildet. Die Evolutionstheorie kann diese Strategie beschreiben und zeigen, für welche Arten von Problemen sich diese Strategien entwickelt haben. Es handelt sich dabei, so die These, in der Regel um kurzfristige ethische Probleme (vgl. [VII-7]). Durch gesellschaftliche und technische Entwicklungen stehen wir heute vor neuen ethischen Herausforderungen (z. B. im Bereich der Ökologie). Diese lassen sich, wie der Begriff der Nachhaltigkeit zum Ausdruck bringt, nur bewältigen, wenn die langzeitigen Folgen menschlichen Handelns in Betracht gezogen werden. Für eine solche Bewertung langfristiger Auswirkungen ist unsere Ethik aber nicht entwickelt worden. Die bisher entstandenen ethischen Lösungsstrategien greifen daher zu kurz und müssen auf der Grundlage evolutionstheoretischer Erkenntnisse durch angemessenere Strategien ersetzt werden (vgl. [VII-7], S. 192).

Ein dritter Anspruch der evolutionären Ethik lässt sich so formulieren:

(EE 3) Die evolutionäre Ethik deckt Voraussetzungen und Rahmenbedingungen der ethischen Praxis auf.

Die hinter diesem Ziel steckende Überlegung geht von der Annahme aus, dass die biologische Natur des Menschen, d.h. seine physische, psychische und kognitive Ausstattung, im Laufe des evolutionären Prozesses entstanden ist und durch diesen Prozess maßgeblich geprägt wurde. Die evolutionäre Ethik besteht darin, unser ethisches Selbstverständnis und die ethische Theorie mit diesem evolutionären Wissen in Verbindung zu setzen, um auf diese Weise zu einem plausibleren und mit den Forschungsergebnissen der Evolutionstheorie zu vereinbarenden Verständnis der Ethik zu gelangen (vgl. [VII-6], Kap. 5). Die Evolutionstheorie könne zwar nicht direkt zu ethischen Konsequenzen führen, sie sei aber in der Lage, die Ethik durch die Bereitstellung relevanten empirischen Hintergrundwissens angemessener und effektiver zu machen.

Von diesem eher moderaten Anspruch und Ziel ist folgende Behauptung, die ebenfalls gelegentlich im Kontext der evolutionären Ethik aufgestellt wird, zu unterscheiden:

(EE 4) Die evolutionäre Ethik legt die determinierenden Triebfedern menschlichen Verhaltens offen.

Grundlage dieser starken Behauptung ist die These, dass alles Verhalten von Organismen letztlich durch eine genetische Steuerung determiniert wird. Damit lässt sich jedes Verhalten, auch das ethische, im Prinzip durch die Angabe der genetischen Ursachen erklären. Daraus wird dann entweder abgeleitet, dass unsere ethische Praxis auf einem Irrtum beruht, weil sie von der falschen Prämisse ausgeht, es gebe so etwas wie Handlungs- und Entscheidungsfreiheit. Oder es wird der Schluss gezogen, dass sich unsere ethischen Grundbegriffe, Begründungen und Handlungen auf die von der Evolutionstheorie bereitgestellten genetischen Erklärungen zurückführen lassen.

Diesen zuletzt genannten Anspruch der evolutionären Ethik kann man, auch ohne die Annahme eines genetischen Determinismus, als allgemeines Ziel formulieren:

(EE 5) Die evolutionäre Ethik bietet den Schlüssel für die Metaethik.

In dieser Form verspricht die evolutionäre Ethik eine Reduktion der Ethik auf die Evolutionstheorie, indem entweder zentrale ethische Begriffe wie das „ethisch Gute" oder das „ethisch Gesollte" durch evolutionsbiologische Begriffe wie „evolutionär nützlich" analysiert oder die ethisch relevanten Merkmale von Handlungen (z.B. Altruismus) sowie ethisches Reflektieren und Begründen auf evolutionstheoretisch beschreibbare Prozesse reduziert werden. Insgesamt werden die von der ethischen Theorie formulierten Grundbegriffe und Prinzipien als naturwissenschaftlich erklärbare und in die Evolutionstheorie übersetzbare Begriffe und Zusammenhänge angesehen. Die Evolutionstheorie klärt uns darüber auf, was wir mit unserem ethischen Selbstverständnis eigentlich gemeint und zu beschreiben versucht haben, sowie darüber, welche Motive unserem ethischen Handeln letztlich zugrunde liegen.

3. Reichweite und Grenzen der naturalisierten Ethik

a) Erörterung der Ansprüche

EE 1 kein Bestandteil des Naturalisierungsprojekts

Betrachtet man die fünf soeben unterschiedenen Ansprüche bzw. Ziele der evolutionären Ethik vor dem Hintergrund des Programms einer naturalistischen Ethik, so kann man festhalten, dass (EE 1) alleine genommen gar keine Variante des ethischen Naturalismus ist. Die Darstellung der Genese der Ethik ist ein anderes Projekt als die Begründung der innerhalb der Ethik erhobenen Geltungsansprüche. Auch die Aufklärung darüber, welche Funktion die Entwicklung der ethischen Praxis im Rahmen der Evolution des Menschen hat, kann ohne weitere Zusatzannahmen die Frage nach der internen Geltung der ethischen Begriffe, Ansprüche und Prinzipien nicht beantworten. Zu fragen, welchen evolutionären Nutzen das Schachspielen hat, ist eine Sache. Zu fragen, welches der beste Schachzug in einer konkreten Spielsituation ist, zielt dagegen auf etwas anderes ab. Gleiches gilt für die ersten beiden Grundfragen der Ethik. Eine Antwort darauf, was man tun soll, bzw. weshalb man eine bestimmte Handlung aus ethischer Sicht vollziehen sollte, lässt sich nicht durch eine evolutionstheoretische Erklärung liefern. Selbst wenn die Evolutionstheorie erklären kann, weshalb altruistisches Handeln in einer Population von Organismen entsteht und sich stabilisiert, beantwortet sie damit nicht die Frage eines bestimmten Handelnden, weshalb er die altruistische Handlung X der egoistischen Handlung Y vorziehen sollte.

Entweder wird (EE 1) an dieser Stelle mit der Annahme verstärkt, dass sich alle ethischen Begriffe und Überlegungen auf evolutionstheoretische Begriffe und Erklärungen zurückführen lassen, wodurch wir (EE 5) erhalten. Denn nur unter dieser Voraussetzung lässt sich die gerade behauptete Differenz zwischen einer externen evolutionstheoretischen Erklärung und einer internen ethischen Frage beseitigen (zur Unterscheidung dieser beiden Perspektiven auf unsere ethische Praxis vgl. Kapitel I, 3b). Oder man versteht (EE 1) so, dass die evolutionstheoretischen Erklärungen strikt deterministisch sind, und setzt voraus, dass die internen ethischen Fragen dadurch sinnlos werden, wodurch wir (EE 4) erhalten.

EE 2 kein Bestandteil des Naturalisierungsprojekts

Auch der zweite Anspruch der evolutionären Ethik, bessere ethische Ziele zu formulieren, passt nur dann in das Projekt des ethischen Naturalismus, wenn sich die damit erhobenen ethischen Geltungsansprüche übersetzen lassen in naturwissenschaftliche Aussagen. Damit stehen wir wieder bei (EE 5). Versteht man die obige Aussage dagegen so, dass mit diesen neu formulierten Zielen genuin ethische Ansprüche erhoben werden, dann stellt (EE 2) einen internen Beitrag zur Ethik dar. Als solcher fällt er nicht unter das Projekt des ethischen Naturalismus und muss sich an alternativen ethischen Vorschlägen messen lassen. Die Eigenständigkeit der Ethik wird damit gerade nicht beseitigt, sondern vorausgesetzt.

EE 3 keine naturalistische Strategie

Der plausibelste Anspruch, der von der evolutionären Ethik erhoben wird, ist (EE 3). Auch er ist ohne weitere Zusatzannahmen jedoch keine Strategie des ethischen Naturalismus. Denn zum einen führen die empirischen Annahmen der Evolutionstheorie nur dann zu einer ethisch verbesserten Praxis und zu einem verbesserten Verständnis der Ethik, wenn es darüber hinaus auch noch genuin ethische Begriffe und Ansprüche gibt (es sei denn, man kombiniert (EE 3) wieder mit dem Reduktionsprogramm (EE 5), um diesen Eigenanteil der Ethik zu beseitigen). Ohne diese Zusatzannahme lässt sich das Ziel von (EE 3) so verstehen: Auf der einen Seite kann die Evolutionstheorie helfen, ethische Forderungen, die mit der biologischen Natur des Menschen nicht oder nur schwer zu vereinbaren sind, als solche zu erkennen und zum Gegenstand einer ethischen Kritik zu machen. Auf diese Weise ermöglichen evolutionstheoretische Einsichten, ethische Überforderungen sichtbar werden zu lassen. So lässt sich z.B. auf evolutionstheoretischer Basis begründen, weshalb altruistische Einstellungen oder Mitleid unser Verhalten primär im sozialen Nahbereich leiten, aber wenig geeignet sind, globale Zusammenhänge ethisch angemessen zu regeln. Festzuhalten bleibt dabei, dass die Frage der Angemessenheit und Unangemessenheit ethischer Forderungen innerhalb der Ethik und mittels ethischer Begriffe und Begründungen zu diskutieren ist. Zum anderen können evolutionstheoretische Einsichten helfen, menschliches Verhalten besser zu verstehen und für die ethische Praxis nachteilige Effekte, die durch evolutionär erworbene Verhaltensmuster hervorgerufen werden können, besser zu bewältigen (dies ist allerdings nur möglich, wenn (EE 3) nicht mit (EE 4) kombiniert wird).

EE 4 verweist auf den Zusammenhang von Ethik und Determinismus

Die Vorstellung, dass die Gene menschliches Verhalten sowie die Entwicklung der Eigenschaften und Fähigkeiten menschlicher Individuen vollständig determinieren (EE 4), ist eine zumindest im alltäglichen Weltbild häufig anzutreffende Vermutung. Nach dem gegenwärtigen Stand des Wissens ist die Annahme eines strikten genetischen Determinismus jedoch vermutlich falsch. Konsequenzen für die Ethik hat diese These der evolutionären Ethik außerdem nur dann, wenn unsere ethische Praxis mit dem Determinismus unverträglich ist. Ob dies der Fall ist, hängt aber nicht von der Frage nach dem ethischen Naturalismus ab (vgl. zum Verhältnis von Determinismus und Ethik Kapitel X).

EE 5 als zentrales Element des Naturalisierungsprojekts

Damit erweist sich (EE 5) als die Kernthese der evolutionären Ethik, sofern sie als Realisierung des ethischen Naturalismus verstanden wird. Der Anspruch ist dann, alle ethischen Begriffe, Begründungen und Entitäten (z.B. ethische Einstellungen, evaluative Eigenschaften oder Werte) zurückzuführen auf solche Begriffe oder Entitäten, die im Rahmen der Evolutionstheorie verwendet, postuliert oder aber erklärt werden können. Unsere alltägliche ethische Praxis ließe sich vollständig in die Evolutionstheorie übersetzen, wobei diese Übersetzung uns eine systematische Erklärung unserer ethischen Praxis sowie unseres Verständnisses dieser Praxis bieten könnte.

Prinzipielle Einwände gegen Naturalisierung der Ethik

Philosophen wie Moore, die dem Projekt einer Reduktion der Ethik auf die Naturwissenschaften kritisch gegenüberstehen, haben auf einen solchen Reduktionsvorschlag mit prinzipiellen Einwänden reagiert. Diese Einwände sind prinzipiell, weil sie zeigen sollen, dass nicht nur eine bestimmte Variante der naturalistischen Ethik scheitert, sondern die Grundidee des gesamten Projekts verfehlt ist. Die beiden wichtigsten Einwände, die gegen jede naturalistische Ethik vorgebracht werden, sind Humes Gesetz auf der einen und Moores Konzeption des naturalistischen Fehlschlusses auf der anderen Seite. Obwohl beides in der Diskussion häufig miteinander identifiziert wird, muss man Humes Gesetz und den naturalistischen Fehlschluss auseinanderhalten, da letzterer auf speziellen Zusatzannahmen beruht.

Humes Gesetz

David Hume hat die These aufgestellt, dass aus rein deskriptiven Ist-Aussagen keine Soll-Aussagen ableitbar sind (vgl. [VII-14], S. 211 f.). Wenn man von einer Menge von rein deskriptiven Ist-Aussagen auf eine Wert- oder Sollaussage übergehen will, benötigt man stets mindestens eine Aussage, die nicht rein deskriptiv ist. In diesem Sinne ist Humes Gesetz im Rahmen der deontologischen Logik als gültig ausweisbar. Allerdings ist damit vereinbar, dass unsere zentralen ethischen Begriffe und Aussagen nicht nur einen evaluativen oder präskriptiven Bedeutungsgehalt haben, sondern auch einen deskriptiven Bedeutungsanteil. Wenn man nicht die inhaltlich abstraktesten deontischen Begriffe (z. B. „ethisch geboten" oder „ethisches Sollen") verwendet, sondern inhaltlich reichhaltigere Begriffe wie z. B. „grausam" oder „beleidigend", dann stellen diese „dichten" Begriffe eine Brücke dar zwischen dem Bereich des Deskriptiven und des Präskriptiven bzw. Werthaften. Aufgrund des deskriptiven Gehalts dieser inhaltlich reichhaltigen ethischen Begriffe enthält unsere Ethik auch deskriptive Elemente, an die dann andere deskriptive Begriffe und Aussagen anschließen können.

Plausibilität der Kritik an apriorischer Ethik

Evolutionäre Ethiker verteidigen ihr Projekt einer Naturalisierung der Ethik häufig, indem sie bestreiten, dass unsere ethischen Begriffe frei sind von deskriptiven Bedeutungselementen. Verbunden wird dieser Punkt zumeist mit einer vehementen Kritik an solchen ethischen Theorien, die versuchen, das ethische Sollen oder ethische Werte vollkommen unabhängig von empirischen Aspekten zu bestimmen. Solchen rein apriorischen oder formalen Ansätzen gegenüber ist die Kritik der evolutionären Ethik berechtigt. Sie führt aber nur auf das Projekt (EE 3), d. h. auf die Schlussfolgerung, dass weder unsere ethische Praxis noch unsere ethische Begrifflichkeit zusammenhanglos neben unseren empirischen und sonstigen deskriptiven Begriffen bzw. Überzeugungen steht. Ethiken, die sich von dem Ideal des weiten Überlegungsgleichgewichts leiten lassen, sind mit dem Anliegen der evolutionären Ethik im Sinne von (EE 3) verträglich, weil sich auch unsere ethischen Überzeugungen in den Kontext unseres gesamten Überzeugungssystems einfügen müssen.

In einem schleichenden Übergang gehen viele ethische Naturalisten jedoch über diese plausible Einsicht hinaus, indem sie die Behauptung aufstellen, dass sich auch der präskriptive oder wertende Aspekt unserer ethischen Begrifflichkeit und Praxis naturalistisch analysieren oder kausal erklären lasse. Diese Verstärkung der These bringt das Projekt des ethischen Naturalismus mit Humes Gesetz in Konflikt. Denn nun müssen von einer rein deskriptiven Basis aus die für die Ethik spezifischen Aspekte eingefangen werden. Dies wäre aber nur denkbar, wenn man von einem bloßen *Ist* letztlich doch auf ein *Sollen* schließen könnte.

Naturalistischer Fehlschluss

Die Konzeption des naturalistischen Fehlschlusses, die Moore gegen jede Form einer naturalistischen Ethik ins Feld führt, beruht – anders als Humes Gesetz – auf speziellen inhaltlichen Prämissen. Deshalb ist sie auch von geringerer Reichweite als Humes Gesetz und letztlich nur attraktiv, wenn man eine Version des ethischen Realismus für plausibel hält.

Moore geht davon aus, dass „gut" der einzige Grundbegriff der Ethik ist und eine genuine Eigenschaft bezeichnet. Diese Eigenschaft ist einfach, sodass sie sich nicht in basalere Bestandteile zerlegen, d. h. im Moore'schen Sinne definieren lässt. Daher vertritt Moore auch die These der Undefinierbarkeit von „gut". Zugleich behauptet Moore, dass es vollkommen evident sei, dass „gut" keine natürliche Eigenschaft bezeichne, sondern eine nichtnatürliche, ethische Eigenschaft. Den naturalistischen Fehlschluss begeht man nach Moore dann, wenn man versucht, das Prädikat „gut" auf naturwissenschaftliche Begriffe zu reduzieren, was nach Moore identisch ist mit dem Versuch, die Eigenschaft des (ethischen) Gutseins zu identifizieren mit einer naturalen Eigenschaft (vgl. [VII-1], S. 39 ff.).

Unterschied zwischen Humes Gesetz und dem naturalistischen Fehlschluss

Moores Argument berührt sich in manchen Punkten mit Humes Gesetz, gibt ihm aber ein ontologisches Fundament und beschränkt sich nicht auf den Unterschied der Geltungsansprüche, die mit deskriptiven und ethischen Aussagen erhoben werden. Letztlich fundiert der ontologische Unterschied zwischen den naturalen Eigenschaften und der nichtnatürlichen Eigenschaft des Guten die Differenz zwischen ethischen und naturwissenschaftlichen Aussagen. Ohne diese Hintergrundontologie eines ethischen Realismus kann die Konzeption des naturalistischen Fehlschlusses daher nicht überzeugen. Wenn es einen genuinen ethischen Wirklichkeitsbereich gibt, dann kann das Projekt des ethischen Naturalismus nicht funktionieren, weil dieser Wirklichkeitsbereich auch dem Selbstverständnis der Naturwissenschaften nach außerhalb der Reichweite naturwissenschaftlicher Forschung liegt. Die Existenz eines solchen genuinen ethischen Wirklichkeitsbereichs wird jedoch von jedem ethischen Naturalisten bestritten. Ob es für die ontologischen Prämissen des ethischen Realismus letztlich gute Gründe gibt, entscheidet damit darüber, ob das Moore'sche Konzept des naturalistischen Fehlschlusses als prinzipieller Einwand gegen naturalistische Ethiken im Sinne von (EE 5) gewertet werden kann.

Kriterium der offenen Frage

Moore selbst hat versucht, Argumente für die seiner Konzeption zugrunde liegenden Annahmen zu liefern. Das wichtigste ist dabei das Argument der offenen Frage (vgl. [VII-1], S. 47). Gegenüber jedem Vorschlag, „gut" zu definieren als gleichbedeutend mit einem anderen Prädikat „p", lässt sich nach Moore folgende Frage erheben: „Dieser Gegenstand ist p, aber ist er auch gut?" Weil man bei jedem Definitionsvorschlag diese Frage sinnvoll stellen kann, bleibt stets eine offene Frage übrig. Dies wird von Moore als Beleg dafür interpretiert, dass wir uns mit „gut" auf eine nicht weiter analysierbare Eigenschaft von Entitäten beziehen bzw. in einer ethischen Erfahrung diese Eigenschaft des Guten als distinktes Merkmal wahrnehmen.

Lässt man die spezifisch realistische Ausdeutung des Moore'schen Tests weg, dann bleiben von seinem Argument der offenen Frage zwei relevante Aspekte übrig. Zum einen lässt sich dieser Einwand gegen alle naturalistischen Ethiken richten, in denen eine naturalistische Analyse eines nicht naturalistischen Begriffs vorgeschlagen wird. Die offene Frage verweist uns darauf, dass wir mit unseren ethischen Begriffen mehr und anderes meinen, als sich in einer rein naturwissenschaftlichen Sprache wiedergeben lässt. Zum anderen ist wichtig, dass sich dieses Argument an die sprachliche Kompetenz eines Mitglieds der ethischen Praxis wendet. Damit lässt sich auch der bereits vorgebrachte Hinweis, dass wir in der Regel eine

Kausalerklärung nicht als eine ethische Begründung akzeptieren, in den Kontext des Arguments der offenen Frage stellen. Auf jede Kausalerklärung für eine Handlung h oder eine Überzeugung q lässt sich entgegnen: Du nennst mir die Ursache dafür, dass h geschehen ist und q geglaubt wird, aber ist es auch ethisch gut (richtig), dass h geschehen ist oder q geglaubt wird? Auch in diesem Fall ruft die offene Frage unser intuitives Vorverständnis von unserer ethischen Praxis ab. Sowenig wie wir glauben, dass wir mit „ethisch gut" stets und immer „evolutionär erfolgreich" gemeint haben, sowenig glauben wir, dass sich ethische Begründungsfragen durch reine Kausalerklärungen beantworten lassen.

b) Fazit

Das allgemeine Fazit aus dieser Erörterung lautet also, dass der ethische Naturalismus nicht in der Lage sein wird, unser ethisches Selbstverständnis sowohl in eine naturwissenschaftlich respektable Begrifflichkeit und Methodologie zu überführen und zugleich dieses Selbstverständnis hinreichend zu bewahren. Die Aussichten auf eine naturalistische Ethik, die den Spagat zwischen ihren selbstgewählten methodologischen und ontologischen Vorgaben einerseits sowie dem Ziel einer weit gehenden Bewahrung der wesentlichen Züge unseres ethischen Selbstverständnisses andererseits meistert, sind daher gering (vgl. [VII-15], Kap. 1 u. 2). Weil aber eine rein logische oder apriorische Widerlegung des Programms der Naturalisierung der Ethik nicht in Sicht ist, bleibt an dieser Stelle nichts anderes übrig, als jeden Vorschlag einer naturalistischen Ethik einzeln auf seine Ansprüche, seine Beweisziele und seine sachliche Angemessenheit hin zu überprüfen.

4. Zusammenfassung, Lektürehinweise, Fragen und Übungen

Zusammenfassung

Am Beispiel der evolutionären Ethik sind die zentralen Ansprüche und Beweisziele einer prominenten Form des ethischen Naturalismus herausgearbeitet worden. Die Grundidee des ethischen Naturalismus besteht darin, ethische Begriffe und Aussagen auf naturwissenschaftlich respektable Begriffe und Begründungen zu reduzieren. Als zentral für diese Form des ethischen Kognitivismus erweisen sich dabei die Begriffe „Naturwissenschaft" und „Reduktion", da von ihrer präzisen Fassung abhängt, welche Beweisziele und Begründungslasten mit dem ethischen Naturalismus einhergehen. Die Attraktivität des ethischen Naturalismus besteht darin, dass er dem wissenschaftlichen Wirklichkeitsverständnis sowie der naturwissenschaftlichen Form der Erkenntnis und des Begründens verpflichtet ist und daher keine speziellen ethischen Theorien des Erkennens und Begründens entwickeln muss. Die evolutionäre Ethik, eine der prominentesten und plausibelsten Varianten des ethischen Naturalismus, formuliert dabei verschiedene Ansprüche und Ziele, die sich bei näherem Hinsehen nur zum Teil als spezifisch naturalistische Thesen ausweisen lassen. Als zentral für das naturalistische Programm erweist sich dabei die These, ethische Begriffe in Form evolutionstheoretischer Begriffe zu rekonstruieren und die Evolutionstheorie damit als Grundlage für die Metaethik anzusetzen. Am Beispiel der zentralen Ziele der evolutionären Ethik werden mit Humes Gesetz und Moores

Konzeption des naturalistischen Fehlschlusses prinzipielle Einwände gegen das Programm des ethischen Naturalismus formuliert und auf ihre Reichweite hin befragt. Humes Gesetz besagt, dass sich aus reinen Ist-Aussagen keine Soll-Aussagen logisch ableiten lassen. Moores Konzeption des naturalistischen Fehlschlusses beruht auf weiter gehenden ontologischen Annahmen zur Nichtreduzierbarkeit des Guten als einer nichtnaturalen Eigenschaft und ist daher gegenüber dem ethischen Naturalismus ein petitiöser Einwand. Moores Argument der offenen Frage zeigt jedoch, dass wir unserem ethischen Selbstverständnis nach mit ethischen Begriffen und Aussagen eine andere Bedeutung und andere Geltungsansprüche verbinden, als sie durch naturwissenschaftliche Begriffe oder Aussagen abgerufen werden.

Lektürehinweise
Zum Verhältnis von Evolution und Ethik vgl. die Beiträge in [VII-16], die Überblicksartikel [VII-17] und [VII-18] sowie die dort genannte weiterführende Literatur. Eine allgemeinverständliche Darstellung der Soziobiologie findet man in [VII-19]; zu den Ursprüngen der evolutionären Ethik siehe [VII-20] und [VII-21]. Zum Problem des Altruismus aus philosophischer Sicht siehe [VII-22], zum naturalistischen Fehlschluss vgl. [VII-23] [VII-24] und [VII-25] und zum Abgrenzungsproblem der Naturwissenschaften siehe [VII-26]; eine frühe, aber immer noch lesenswerte Kritik des ethischen Naturalismus ist [VII-27].

Fragen und Übungen
- Erläutern Sie die Grundidee des ethischen Naturalismus.
- Worin liegt die Attraktivität des ethischen Naturalismus begründet?
- Weshalb stellen die Begriffe „Naturwissenschaft" und „Reduktion" entscheidende Grundlagen für das Programm des ethischen Naturalismus dar?
- Welche Schwierigkeiten ergeben sich für das Programm des ethischen Naturalismus, wenn sich Naturwissenschaften nicht exakt von nichtnaturwissenschaftlichen Erklärungen der Wirklichkeit abgrenzen lassen?
- Nennen Sie die beiden Adäquatheitsbedingungen, die sich der ethische Naturalismus selbst auferlegt.
- Erläutern Sie die zentralen Ansprüche und Ziele der evolutionären Ethik.
- Wie erklärt die Soziobiologie altruistisches Verhalten?
- Welche Ziele der evolutionären Ethik sind mit dem Programm des ethischen Naturalismus unvereinbar?
- Was ist Humes Gesetz?
- Stellen Sie die Grundzüge von Moores Argument der offenen Frage dar.
- Wer ist der Adressat des Arguments der offenen Frage?
- Erläutern Sie Moores Konzeption des naturalistischen Fehlschlusses.
- Worin liegt die Hauptdifferenz zwischen Humes Gesetz und Moores Konzeption des naturalistischen Fehlschlusses?
- Weshalb ist Moores Konzeption des naturalistischen Fehlschlusses gegenüber dem ethischen Naturalismus petitiös?

VIII. Haupttypen der Ethik

In diesem Kapitel wird die Unterscheidung zwischen deontologischer und teleologischer Ethik vorgestellt. Dabei werden die in der aktuellen Diskussion zu beobachtenden Mehrdeutigkeiten zwischen weiten und engen Definitionen von deontologischer und teleologischer Ethik analysiert und enge Definitionen von deontologischer und teleologischer Ethik vorgeschlagen. Auf diese Weise wird es möglich, mit der Tugendethik die zentrale Variante eines dritten Typs ethischer Theorien von deontologischen und teleologischen Ansätzen (im engen Sinne) zu unterscheiden.

1. Der Gegenstand ethischer Bewertung

Handlungen als primärer Bewertungsgegenstand

Die meisten ethischen Theorien nehmen konkrete Handlungen, d. h. intentionales oder absichtliches Tun bzw. Unterlassen, zum Ausgangspunkt der ethischen Bewertung. Eine Ausnahme bildet hier der starke ethische Realismus: Weil er die These vertritt, dass Zuständen oder Sachverhalten ethische Relevanz auch dann zukommt, wenn sie vollkommen unabhängig sind von Subjektivitätsleistungen, kann er Sachverhalte zum Gegenstand der Bewertung machen, die nicht mit menschlichem Handeln verbunden sind. Aber auch im starken Realismus sind konkrete Handlungen der primäre Gegenstand ethischer Bewertung. Beschränkt man den Ausgangspunkt auf mit konkreten Handlungen verbundene Entitäten, dann ist immer menschliche Subjektivität involviert, wenn etwas zum Gegenstand der ethischen Bewertung gemacht wird. Doch auch wenn mit der konkreten Handlung ein gemeinsamer Ausgangspunkt existiert, trennen sich die Wege der verschiedenen ethischen Theorien sofort, wenn folgende Frage beantwortet werden soll: Auf welchen Aspekt einer konkreten Handlung beziehen wir uns, wenn wir diese Handlung ethisch bewerten?

Die drei prominentesten Antworten, die von den unterschiedlichen ethischen Theorien auf diese Frage gegeben werden, lauten:

- Wenn wir eine konkrete Handlung ethisch bewerten, dann beziehen wir uns auf ethisch relevante *Handlungstypen*, die durch diese Handlung exemplifiziert werden.
- Wenn wir eine konkrete Handlung ethisch bewerten, dann beziehen wir uns auf die *Folgen* dieser Handlung und unterziehen diese einer ethischen Bewertung.
- Wenn wir eine konkrete Handlung ethisch bewerten, dann beziehen wir uns auf den *Charakter* des Handelnden, der in dieser Handlung zum Vorschein kommt und durch diese Handlung geformt wird.

Alle drei Antworten implizieren, dass nicht die konkrete Handlung als solche ethisch bewertet wird, sondern ethische Bewertungen die jeweilige Handlung im Lichte einer anderen, der eigentlich ethisch relevanten Größe bestimmen: ausgezeichnete Handlungstypen, die Handlungsfolgen, der Charakter des Handelnden. Die Grundorientierung, die von den verschiedenen Ethiktypen zur Bewertung dieser ethisch relevanten Größe jeweils vorgeschlagen wird, unterscheidet sich dabei auf signifikante Weise.

2. Grundorientierungen ethischer Bewertung

Wir haben im Laufe unserer Überlegungen immer wieder gesehen, dass die Unterscheidung zwischen dem ethischen Sollen und dem ethisch Guten einen fundamentalen Grundzug unseres ethischen Selbstverständnisses betrifft. Zugleich wurde auch ersichtlich, dass die verschiedenen ethischen Konzeptionen sich in ihrer Grundorientierung unterscheiden: Einige sind primär am ethischen Sollen, andere primär am ethisch Guten orientiert. Broad hat mit seiner Unterscheidung zwischen deontologischen, am Sollen orientierten Ethiken einerseits und teleologischen, am Guten orientierten Ethiken andererseits die Differenz zwischen ethischem Sollen und ethisch Gutem als Klassifikationskriterium eingeführt (vgl. [VIII-1], Kapitel V und VI). Seitdem ist die Opposition von deontologischen und teleologischen Ethiken zu dem prominentesten Klassifikationsschema geworden. Ein Hauptgrund dafür liegt in der Tatsache, dass mit dieser Einteilung zugleich immer auch die Frage im Raum steht, welchem Aspekt in der Ethik der Vorrang einzuräumen ist. Zumeist wird die genaue Weise, in der die Unterscheidung zwischen deontologischer und teleologischer Ethik getroffen wird, beeinflusst von weiter gehenden inhaltlichen Annahmen. Dies erklärt, warum bis heute unterschiedliche inhaltliche Füllungen dieses Oppositionspaares in Umlauf sind: Die Anhänger der teleologischen Ethik neigen dazu, eine enge Definition von deontologischer Ethik vorzuschlagen, um dann alle mit dieser Definition unvereinbaren Ethiktypen zu ihrem Lager zu rechnen; die Anhänger der deontologischen Ethik verfahren genau umgekehrt. Die Opposition von deontologischer und teleologischer Ethik ist aber nicht nur aus diesem Grunde als Klassifikationskriterium mit Vorsicht zu genießen. Wir müssen in der folgenden Darstellung zwei weiteren Bedenken Rechnung tragen: So ist zu erwarten, dass sich die historisch vorfindlichen Theorien den mit der Typenbildung einhergehenden Idealisierungen nicht vollständig unterordnen. Die Zuordnung bestimmter historischer Theorien zu den Typen stellt eine Vereinfachung dar, die allerdings für die Zwecke der Orientierung dennoch hilfreich sein kann. Zusätzlich ist mit der Möglichkeit zu rechnen, dass die Unterscheidung zwischen deontologischer und teleologischer Ethik nicht vollständig ist. Im Folgenden werden wir, um die Unterscheidung möglichst präzise zu machen, mit engen Definitionen von deontologischer und teleologischer Ethik arbeiten, wodurch sich die Möglichkeit ergibt, mit der Tugendethik einen dritten Theorietyp als eigenständige Größe einzuführen.

Frankenas Unterscheidung

Die prominenteste Bestimmung des Gegensatzes von deontologischer und teleologischer Ethik findet sich bei Frankena (vgl. [VIII-2], S. 32–37). Seiner Definition nach sind teleologische Ethiken durch drei Annahmen gekennzeichnet:

- Das grundlegende Kriterium dafür, welche Handlung ethisch richtig ist, ist der intrinsische Wert, der durch sie realisiert wird.
- Es ist die Handlung ethisch richtig, die ein mindestens ebenso großes Übergewicht an guten gegenüber schlechten Folgen hervorbringt wie jede Handlungsalternative.
- Der zum grundlegenden Kriterium gemachte Wert ist eine außerethische Größe.

Dieser Definitionsvorschlag stellt eine starke Verengung des Konzeptes einer teleologischen Ethik dar und zielt primär auf den Utilitarismus ab. Deontologische Ethiken definiert Frankena nun schlicht dadurch, dass sie die Grundannahmen der teleologischen Ethik nicht teilen (wobei Frankenas Ausführungen nicht ganz deutlich werden lassen, ob alle drei Annahmen von einer Theorie bestritten werden müssen, oder ob es ausreicht, mindestens eine der obigen Behauptungen zu negieren, damit eine Position als deontologisch gilt).

Auf der Grundlage dieser Begriffsbestimmung erhält man also einen engen Begriff von teleologischer Ethik (und entsprechend einen sehr weiten Begriff von deontologischer Ethik). Traditionell war das Verständnis von teleologischer Ethik viel weiter: Eine Konzeption gilt diesem weiten Verständnis nach dann als teleologisch, wenn ethische Forderungen auf die Verwirklichung eines als gut bestimmten Ziels ausgerichtet sind (wobei sowohl die inhaltliche Bestimmung dieses Ziels als auch die Kriterien für seine Güte offen bleiben können). „Teleologische Ethik" in diesem weiten Sinne und Frankenas weite Bestimmung von „deontologischer Ethik" überschneiden sich nun, wodurch begriffliche Verwirrung hervorgerufen wird, wenn man nicht exakt zwischen dem weiten und dem engen Verständnis von „teleologische Ethik" unterscheidet.

Teleologische Ethik im engen Sinne

An dieser Stelle ist es sinnvoll, die Definitionen von teleologischer und deontologischer Ethik jeweils eng zu fassen. Dadurch kommen die jeweils charakteristischen Merkmale, die durch die Bestimmung getroffen werden sollen, zum Ausdruck. Es eröffnet sich außerdem die Möglichkeit, neben den teleologischen und deontologischen Ethiken im engen Sinne einen weiteren Typ ethischer Theorien zu etablieren (vgl. [VIII-3]). Frankenas Charakterisierung teleologischer Ethiken enthält implizit fünf Bestimmungen:

(i) das Ziel der Ethik ist die Realisierung eines Wertes;
(ii) das ethisch Richtige ist eine Funktion des ethisch Guten;
(iii) das ethisch Richtige ergibt sich durch die Maximierung des ethisch Guten;
(iv) es gibt genau einen für die Ethik relevanten Wert (Monismus);
(v) der für die Ethik relevante Wert ist eine außerethische Größe.

Die Bestimmung (v) werden wir im Folgenden nicht übernehmen, weil wir zum einen das Problem des ethischen Naturalismus, worauf Frankena die teleologische Ethik per definitionem festlegen will, bereits behandelt haben, und weil es zum anderen sogar innerhalb des Utilitarismus Varianten gibt, die Bedingung (v) nicht erfüllen (und damit nach Frankenas Bestimmung zu den deontologischen Konzeptionen zu rechnen wären). Außerdem werden wir die Frage des Monismus (iv) ignorieren, da sie für die Differenz von deontologischer und teleologischer Ethik nicht relevant ist. Damit können wir folgende enge Definition festhalten:

Eine Ethikkonzeption ist genau dann *teleologisch im engen Sinne*, wenn sie folgende drei Behauptungen enthält:

(i) Das Ziel der Ethik ist die Realisierung eines Wertes.
(ii) Das ethisch Richtige hängt ab vom ethisch Guten.
(iii) Das ethisch Richtige ergibt sich durch die Maximierung der guten Folgen.

Deontologische Ethik im engen Sinne

Entsprechend lässt sich nun die deontologische Ethik ebenfalls in einem engen Sinne definieren, indem man die entsprechende Gegenposition beschreibt.

Eine Ethikkonzeption ist genau dann *deontologisch im engen Sinne*, wenn sie folgende drei Behauptungen enthält:

(i) Das Ziel der Ethik ist die Befolgung des ethisch Richtigen.
(ii) Das ethisch Gute hängt ab vom ethisch Richtigen.
(iii) Das ethisch Richtige ergibt sich unabhängig von den Folgen.

Von jetzt ab verwenden wir die Bestimmungen „deontologisch" und „teleologisch" jeweils in diesem definierten engen Sinne (wenn der weite Sinn von „teleologisch" verwendet wird, fügen wir die Qualifikation „im weiten Sinne" hinzu).

Durch diese Begriffsbildung kommen die zentralen Unterschiede, die in der Regel mit der Opposition von teleologischer und deontologischer Ethik getroffen werden sollen, deutlich zum Ausdruck. Die teleologische Ethik ist am Guten orientiert und hält das ethisch Richtige für eine reduzierbare Größe, während die deontologische Ethik am ethischen Sollen orientiert ist und das ethisch Gute als eine reduzierbare Größe ansieht. Außerdem zielt die teleologische Ethik auf die Folgen der Handlungen und stellt ein Maximierungsgebot auf (dadurch wird die teleologische Ethik auf den Utilitarismus zugeschnitten, den wir deshalb auch gleich exemplarisch behandeln), während die deontologische Ethik davon ausgeht, dass die Qualität des ethisch Richtigen unabhängig von den Folgen bestimmt werden kann und muss.

Ein dritter Ethiktyp

Auf der Grundlage dieser Begriffsbestimmungen ergibt sich nun die Möglichkeit, einen dritten Typ von Ethik zu definieren, der in einem weiten Sinne teleologisch ist, weil er davon ausgeht, dass die Ethik auf ein Ziel ausgerichtet ist. Allerdings wird in diesem Ethiktyp sowohl bestritten, dass sich das ethisch Richtige auf das ethisch Gute reduzieren lässt, wie auch, dass sich das ethisch Gute auf das ethisch Richtige reduzieren lässt. Die soeben entwickelte Definition von teleologischer und deontologischer Ethik macht nur Sinn, und dies ist eine gemeinsame Voraussetzung beider Seiten des Oppositionspaares, wenn man zwischen dem ethisch Guten und dem ethisch Richtigen strikt trennen kann. Historisch gesehen gibt es jedoch Ethikkonzeptionen, in denen diese Unterscheidung noch gar nicht deutlich herausgearbeitet ist; darüber hinaus kann man die These verteidigen, dass es zwischen dem ethisch Guten und dem ethisch Richtigen keine Abhängigkeitsbeziehung gibt, die nur in eine Richtung verläuft. Die im Folgenden skizzierte Tugendethik (vgl. dazu [VIII-4] und [VIII-5], Kapitel 1) als der gegenwärtig systematisch bedeutsamste Vertreter dieses dritten Ethiktyps orientiert sich dabei, obwohl sie auf die Folgen unseren Handelns zielt (Gegenposition zur deontologischen Ethik), nicht an einem Maximierungsmodell quantifizierbarer außermoralischer Werte (Gegenposition zur teleologischen Ethik). Damit lässt sich dieser dritte Ethiktyp allgemein durch folgende Behauptungen charakterisieren (durch die konkrete inhaltliche Füllung ergibt sich dann die Tugendethik):

- Das Ziel der Ethik ist die Realisierung eines Wertes.
- Das ethisch Richtige und das ethisch Gute lassen sich nicht aufeinander reduzieren.
- Das ethisch Richtige ergibt sich nicht durch die Maximierung der guten Folgen.

3. Deontologische Ethik

Die Grundidee der deontologischen Ethik in unserem definierten engen Sinne besagt, dass wir uns bei unseren ethischen Bewertungen auf das Gesollte im Sinne der ethisch richtigen Handlung beziehen sollen. Dabei wird zumeist die Form des Verbotenseins gewählt, was wir im Folgenden aber nicht weiter beachten müssen, da wir mithilfe von Unterlassungen daraus auch Gebote generieren können (das Verbotensein von f-tun ist identisch mit dem Gebotensein des Unterlassens von f-tun). Solche Ge- oder Verbote lassen sich dann als Pflichten formulieren (z. B. „Du sollst nicht töten!"). Mit Bezug auf die Geltungsstärke dieser Pflichten gibt es dabei innerhalb des Bereichs deontologischer Ethiken eine wichtige Binnendifferenzierung: Sie betrifft den Unterschied zwischen unbeschränkten und nichtbedingten, d. h. prima facie Pflichten (vgl. Kapitel II, 2a), wobei wir für den Augenblick von unbeschränkten Pflichten ausgehen. Weil sich die ethische Qualität dieser Handlungen den Prämissen der deontologischen Ethik zufolge ohne Bezug auf die Handlungsfolgen bestimmen lässt, spielt bei der Bewertung des ethisch Richtigen also nur die Frage eine Rolle, um welchen Handlungstyp es bei der konkreten Handlung geht.

Konkrete Handlungen sind Körperbewegungen, die vom Handelnden als Realisierung seiner Absichten initiiert werden. Als Körperbewegungen exemplifizieren sie (je nach Kontext) verschiedene Handlungstypen. So kann eine Armbewegung zugleich als Winken, als Die-Aufmerksamkeit-des-Kellners-Erheischen oder auch als Bewegen-vieler-Luftmoleküle beschrieben werden. In bestimmten sozialen Kontexten wird sie vielleicht gar als Beleidigung oder als unanständiges Verhalten gewertet. Damit eine Körperbewegung als Handlung bezeichnet werden kann, muss es (mindestens) eine Beschreibung geben, unter welcher der Handelnde selbst sein Tun beabsichtigt (er möchte z. B. ein Bier bestellen). Zugleich erfüllt seine Handlung immer auch die für die Exemplifikation anderer Handlungstypen erforderlichen Merkmale (und kann daher auch alternativ charakterisiert werden). So kann die Äußerung einer Unwahrheit intendiert sein als Trösten, zugleich ist diese konkrete Handlung jedoch auch ein Fall von

Lügen. Ist der Sprecher dagegen im Irrtum über den wahren Sachverhalt, dann stellt sein Tröstungsversuch keine Lüge dar, weil er nicht beabsichtigt hat, eine falsche Information als wahr auszugeben. Das Töten eines Embryos im Mutterleib kann zugleich eine medizinische Maßnahme sein, durch die das Leben der Schwangeren gerettet wird. Manche dieser mit einer Körperbewegung exemplifizierten Handlungstypen sind vom Handelnden beabsichtigt, von anderen weiß er (und nimmt sie in Kauf), von wieder anderen hat er keine Kenntnis.

Handlung und Intention

Für die ethische Bewertung ist es angesichts dieser stets gegebenen Möglichkeit divergierender Beschreibungen wichtig, welche Intention einer konkreten Handlung zugrunde gelegt wird. Es geht in aller Regel nicht um jeden Handlungstyp, den eine konkrete Handlung exemplifiziert, sondern um diejenigen Handlungstypen, die vom Handelnden als zu exemplifizierende intendiert, d. h. gewollt oder zumindest willentlich in Kauf genommen werden. Ausnahmen bilden hier nur besondere Situationen von Fahrlässigkeit: Wenn z. B. ein Autofahrer mit überhöhter Geschwindigkeit durch ein verkehrsberuhigtes Wohngebiet fährt, ohne auf sein Fahrtempo zu achten, dann gefährdet er die auf der Strasse spielenden Kinder. In solchen Situationen wird einem Handelnden vorgeworfen, nicht gesehen (oder nicht darauf geachtet) zu haben, dass seine konkrete Handlung zu einem bestimmten Handlungstyp gehört, obwohl er dies nach normalen Standards hätte wissen oder bei angemessener Aufmerksamkeit hätte feststellen können. Auf diese Weise kommen die Intentionen (das Beabsichtigte und das Gewusste) in die Bewertung der deontologischen Ethik mit hinein.

Grundidee der deontologischen Ethik

Die Grundidee der deontologischen Ethik besagt also, dass wir eine konkrete Handlung ethisch bewerten, indem wir sie auf ausgezeichnete intendierte Handlungstypen beziehen. Diese Handlungstypen sind dadurch ausgezeichnet, dass sie intrinsisch ethisch geboten oder ethisch verboten sind. „Intrinsisch" bedeutet dabei, dass diese ethische Qualität dem fraglichen Handlungstyp ungeachtet der Konsequenzen zukommt, die durch die Ausführung einer solchermaßen verbotenen Handlung (z. B. einer Lüge) entstehen. In der deontologischen Ethik gibt es damit unbeschränkte Verbote, d. h. Vorschriften, dass Handlungen einer bestimmten Art unter allen Bedingungen zu unterlassen sind, welche die Erfüllung des Verbots nicht unmöglich machen. Auf diese Weise werden Sollensforderungen in Form von Ge- oder Verboten zur Grundform der Ethik. Die Folgen, die im konkreten Fall durch die Exemplifizierung dieser Handlungstypen hervorgerufen werden, dürfen bei der ethischen Bewertung der konkreten Handlung keine Rolle spielen.

Dabei kann man entweder davon ausgehen, dass wir die ethische Falschheit oder Richtigkeit bestimmter Handlungstypen direkt erkennen können. Oder man versucht, ein Testkriterium zu entwickeln, das uns zu entscheiden erlaubt, welche Handlungstypen unbeschränkt geboten oder verboten sind. Kant hat an dieser Stelle einen Verallgemeinerungstest vorgeschlagen, der als negatives Ausschlusskriterium dient. Im Rahmen seiner letztbegründenden Vernunftethik liegt dieser Versuch, über das Prinzip der Widerspruchsfreiheit als einem grundlegenden Rationalitätsprinzip die Ethik zu begründen, nahe. Allerdings ist zweifelhaft, ob ein solches rein formales Kriterium wirklich erlaubt, materiale Bestimmungen zu erzeugen, d. h. ethisch gebotene oder verbotene Handlungstypen zu ermitteln (vgl. dazu Kapitel V, 3a).

Direkte Begründung für den deontologischen Ansatz

Für die deontologische Ethikkonzeption lassen sich eine direkte und eine indirekte Begründung ins Feld führen. Die *direkte* Begründung zielt auf die Funktion ab, die ethische Regeln für unsere ethische Praxis erfüllen. Die Sollensforderungen der deontologischen Ethik sind einfache und überschaubare Vorschriften. Sie haben gegenüber komplexen Folgenabschätzungen oder komplizierten Abwägungen den Vorteil, leicht anwendbar und handhabbar zu sein. Damit wird, so das Argument, die Lern- und Lehrbarkeit der Ethik sichergestellt. Dieser Überlegung kommt eine gewisse Plausibilität zu, aber sie trägt nicht die weit reichenden Schlussfolgerungen, die eine deontologische Ethik daraus zieht. Denn aus der zugestandenen Unverzichtbarkeit von ethischen Regeln für unsere ethische Praxis folgt weder, dass die Geltung dieser Regeln sich nicht auf etwas anderes stützt oder gar reduzieren lässt. Noch folgt aus den obigen Argumenten, dass der praktische Nutzen von ethischen Regeln nur dann bewahrt wird, wenn man diese Regeln im Sinne unbeschränkter Ge- oder Verbote auffasst.

Indirekte Begründung für den deontologischen Ansatz

Die *indirekte* Begründung versucht, die deontologische Ethik dadurch zu rechtfertigen, dass man auf Schwächen der teleologischen Ethik, d. h. auf immanente Probleme des Utilitarismus, hinweist. Es sei, so die Überlegung, ganz klar, dass bestimmte Handlungen nicht vollzogen werden dürfen, egal wie groß der daraus entstehende Nutzen wäre (denken wir nur an das Beispiel, in dem ein gesunder Arbeitsloser getötet wird und seine Organe an fünf kranke Nobelpreisträger verteilt werden). Außerdem haben utilitaristische Ethiken mit dem Schwarzfahrerproblem zu kämpfen: Wenn alle anderen einer Regel folgen, dann schadet meine unbemerkt bleibende Regelverletzung nicht. Halten sich alle anderen nicht an die Regel, dann nutzt meine Regelbefolgung nicht. Also gibt es, bezogen auf die Folgen, keinen Grund, der Regel zu folgen. Intuitiv scheint jedoch klar zu sein, dass im Fall einer ethischen Regel (z. B. den Staat nicht durch Schwarzarbeit um seine für Sozialleistungen benötigten Einnahmen zu betrügen) der Verstoß auch ungeachtet der Folgen ethisch falsch bleibt. Daher kann, so der Schluss, die Reduktion des ethischen Sollens auf das ethisch Gute im Sinne der Maximierung guter Folgen nicht richtig sein. Die indirekte Begründung für eine deontologische Ethik ist jedoch ebenfalls nur von begrenzter Reichweite. Zum einen richten sich die Einwände gegen den Utilitarismus (und damit nur gegen die teleologische Ethik im engen Sinne). Die speziellen Probleme dieses ethischen Ansatzes kann man jedoch nicht zu generellen Schwierigkeiten für jede Ethik verallgemeinern, die nicht im engen Sinne deontologisch ist. Zum anderen folgt aus diesen Begründungen nicht, dass Handlungstypen ungeachtet der Folgen ethisch zu bewerten sind, da es ja auch die Möglichkeit gibt, die Folgen und den ethischen Wert des Handlungstyps gegeneinander abzuwägen. Denn diese Begründungen liefern kein Argument für die These, dass ethische Ansprüche prinzipiell nicht gegeneinander abgewogen werden können.

Probleme der deontologischen Ethik

Die ausschließliche Orientierung an Handlungstypen, die ungeachtet der Folgen ihrer konkreten Exemplifizierung als ethisch richtig oder falsch angesehen werden, zwingt die deontologische Ethik entweder dazu, die Forderung der Unbeschränktheit der entsprechenden Pflichten aufzugeben (diesen Weg hat z. B. Ross mit seiner Konzeption der *prima facie* Pflichten beschritten). Oder sie zwingt zu einem kontraintuitiven Rigorismus, wie man an dem berühmten Beispiel Kants sieht, in dem man nur durch eine Lüge das Leben eines Menschen, der von Feinden gesucht wird, retten kann. Hält man, wie Kant es vorschlägt, an der Unbeschränktheit des Gebotes fest, dann darf man auch in diesem Fall nicht lügen. Gibt man statt dessen die Unbeschränktheit der Pflicht, nicht zu lügen, auf, dann kann man in diesem Fall der konkurrierenden Pflicht, unschuldige Menschen nicht ihren Mördern auszuliefern, den Vorzug geben. Alternativ zu dieser Abschwächung des Geltungsanspruchs ist im Rahmen der deontologischen Ethik, die an der Unbeschränktheit der Pflichten festhält, eine andere Strategie vorgeschlagen worden, die kontraintuitive Konsequenz des Rigorismus zu vermeiden, auf die wir abschließend noch kurz eingehen müssen: die Lehre von der Doppelwirkung.

Lehre von der Doppelwirkung

Die *Lehre von der Doppelwirkung* stellt einen Versuch dar, die kontraintuitiven Konsequenzen strikter Ge- oder Verbote zu vermeiden (vgl. zu den diversen Strategien [VIII-6]). Dabei wird von der Tatsache Gebrauch gemacht, dass konkrete Handlungen in der Regel immer Exemplifikationen unterschiedlicher Handlungstypen sind; zusätzlich nimmt man eine Unterscheidung innerhalb des mit einer Handlung Intendierten in Anspruch: Es gibt Aspekte einer konkreten Handlung, die der Handelnde beabsichtigt (d. h. realisieren will), und es gibt Aspekte einer Handlung, von denen der Handelnde weiß (d. h. die er in Kauf nimmt). Wenn z. B. ein Arzt einem Patienten eine Dosis Schmerzmittel verabreicht, die den Sterbeprozess des Patienten beschleunigt und ihn schmerzfrei macht, dann liegt gemäß der Lehre von der Doppelwirkung dann kein Verstoß gegen das Tötungsverbot vor, wenn der Arzt die Schmerzlinderung beabsichtigt und die Beschleunigung des Sterbeprozesses nur wissentlich in Kauf nimmt. Würde er dagegen die tödliche Dosis mit der Absicht verabreichen, dem Patienten seinen Wunsch nach aktiver Sterbehilfe zu erfüllen, dann hätte dieser Arzt gegen ein grundlegendes ethisches Verbot verstoßen.

Diese Argumentationsstrategie ist zwar auf den ersten Blick geeignet zu zeigen, dass aus der deontologischen Ethik nicht die befürchteten kontraintuitiven Konsequenzen folgen, bringt jedoch eine Reihe von Schwierigkeiten mit sich (vgl. [VIII-7], Kapitel 6). So ist es, vor allem in juristischen Kontexten, ein fest etabliertes Prinzip, nicht nur das Gewollte, sondern auch das Gewusste, d. h. das in Kauf Genommene, bei der Bewertung von Handlungen heranzuziehen. Auch in ethischen Bewertungskontexten ziehen wir in der Regel das mit einer Handlung in Kauf Genommene bei der ethischen Bewertung mit heran. Damit steht die Lehre von der Doppelwirkung im Widerspruch zu unserer ethischen Praxis. Außerdem würde, wenn man dieser Lehre folgte, ein gravierender Unterschied der ethischen Bewertung auf einer Differenzierung aufgebaut, die intersubjektiv nur schwer überprüfbar ist (historisch entstand diese Lehre zu einer Zeit, in der die Existenz Gottes als allwissenden ethischen Richters zum festen Überzeugungsbestand gehörte). Schließlich lässt sich die Unterscheidung zwischen dem an einer Handlung Beabsichtigten und dem in Kauf Genommenen häufig nur über den Bezug auf die Folgen der Handlung treffen. Damit aber kommt an dieser Stelle ein impliziter Rekurs auf Handlungsfolgen ins Spiel, der die behauptete strikte Opposition zur teleologischen Ethik zumindest aufweicht.

4. Utilitarismus

Grundidee der teleologischen Ethik

Unseren eingangs getroffenen Festlegungen zufolge zeichnet sich der Utilitarismus als teleologische Ethik (im engen Sinne) durch die Grundorientierung am Guten als dem Ziel der ethischen Bewertung aus. Dieses Gute ist durch die Folgen unseres Handelns zu maximieren – so lautet das vom Utilitarismus bereitgestellte Kriterium zur Bewertung menschlichen Handelns und zur Formulierung dessen, was als das ethisch Richtige angesehen werden muss bzw. ethisch geboten ist. Dabei unterstellen die meisten utilitaristischen Ethiken einen weiten Begriff von Folgen, zu denen nicht nur die zeitlich nach der Handlung auftretenden Wirkungen, sondern auch die gleichzeitig damit einhergehenden Ereignisse und Umstände gerechnet werden. Einig sind sich die unterschiedlichen utilitaristischen Ansätze auch darin, dass die Universalität und die Unparteilichkeit der ethischen Forderungen dadurch garantiert werden müssen, dass alle von den Folgen einer Handlung Betroffenen im gleichen Maße zu berücksichtigen sind. Weder dürfen besondere soziale Beziehungen (z. B. zwischen dem Handelnden und seinen Angehörigen) einen Unterschied machen, noch dürfen zeitlich später eintretende Wirkungen gegenüber Naheffekten als weniger relevant angesehen werden. Bezüglich der Frage, wie sich die Wahrscheinlichkeiten von positiven und negativen Folgen auf die zu wählende Handlungsoption auswirken, wie also Risikoannahmen in den Utilitarismus zu integrieren sind, herrscht im utilitaristischen Lager dagegen kein Konsens. Das Prinzip der Maximierung des zu erwartenden Nutzens, auf welches wir im Kontext unserer Darstellung der Spieltheorie bereits gestoßen sind, wird allgemein nur für bestimmte Handlungsabläufe akzeptiert, die häufig vorkommen und bei denen das Risiko gering ist. Geht es hingegen um die Frage, wie solche Handlungen zu bewerten sind, bei denen mit einer geringen Wahrscheinlichkeit ein sehr großer Schaden entsteht (z. B. die Risiken der Nutzung von Atomenergie oder die Freisetzung gentechnisch veränderter Pflanzen), dann liefern die verschiedenen Vertreter des Utilitarismus divergierende Antworten (dies lässt, nebenbei bemerkt, darauf schließen, dass im ethischen Urteil dieser Theoretiker noch weitere, von der utilitaristischen Theorie nicht ausgewiesene Faktoren wirksam sind).

Regelutilitarismus ist keine teleologische Ethik

Gewöhnlich werden utilitaristische Theorien in handlungs- und regelutilitaristische Ansätze unterteilt. Ein *handlungsutilitaristischer* Ansatz leitet die Bewertung der ethischen Qualität einer Handlung allein aus den Folgen dieser Handlung ab. In einem *regelutilitaristischen* Ansatz wird dagegen die Einhaltung oder Verletzung von Normen (oder Regeln) mit in die Betrachtung einbezogen. Bei diesem Versuch des Utilitarismus, ein zentrales Element der deontologischen Ethikauffassung zu integrieren, droht jedoch ein Dilemma. Entweder zieht sich der Utilitarist bei seiner Bewertung letztlich doch auf den Standpunkt zurück, dass ein Regelverstoß durch eine konkrete Handlung genau dann gerechtfertigt ist, wenn die dadurch zu erzielenden Folgen ethisch besser sind als die anderer Handlungsalternativen. In dieser Version reduziert sich der Regelutilitarismus auf den Hinweis, dass auch die Folgen, die in einer Gesellschaft durch die Verletzung bestehender Regeln hervorgerufen werden, mit ins Gesamtkalkül einzubeziehen sind. Auf diese Weise wird der Utilitarismus aber der Intuition, die dem deontologischen Ansatz zugrunde liegt, nicht gerecht. Alternativ dazu kann der Regelutilitarist auch die Position einnehmen, dass den Regeln eine unabhängig von den Folgen der konkreten Handlungen zu bestimmende ethische Geltung zukommt. Dann erfasst er zwar die Intuition des Deontologen, bezieht aber letztlich keine utilitaristische Position mehr, weil die Thesen der Abhängigkeit des ethisch Richtigen vom Guten und der ausschließlichen Einbeziehung der Folgen nicht mehr beachtet werden. Letztlich stellt die Unterscheidung zwischen Akt- und Regelutilitarismus damit eine Scheinalternative dar (vgl. [VIII-8]).

Zwei Arten des Utilitarismus

Anders ist es mit zwei anderen Unterscheidungen, die sich im Laufe der historischen Entwicklung des Utilitarismus herausgebildet haben. So ist erstens zwischen dem Nutzensummenutilitarismus und dem Durchschnittsnutzenutilitarismus zu unterscheiden. Der klassische *Nutzensummenutilitarismus* setzt als Kriterium die Maximierung des Nutzens ungeachtet der Verteilung des Nutzens auf die Individuen an. Dies führt zu zwei kontraintuitiven Konsequenzen. Auf der einen Seite lässt dieses Kriterium große Ungleichheiten zu. Auf der anderen Seite lässt sich der Gesamtnutzen auch dadurch vermehren, dass man möglichst viele Individuen zur Existenz bringt, die eine positive Nutzenbilanz aufweisen. Dies ist aber nicht nur angesichts z. B. der drohenden Überbevölkerung unplausibel, sondern auch mit Bezug auf jedes einzelne Individuum. Denn auf der Grundlage dieses Kriteriums wäre es z. B. geboten, die Existenz von einer Milliarde Individuen mit jeweils einer Einheit Nutzen (als Lebenbilanz) gegenüber einer Million Individuen mit 999 Einheiten Nutzen (als Lebensbilanz) vorzuziehen. Dagegen vertreten *Durchschnittsnutzenutilitaristen* die Ansicht, dass es auf die Maximierung des individuellen Nutzens ankommt, also darauf, der Ersetzung von Nutzenqualität durch Nutzenquantität Grenzen zu ziehen. Im Sinne der Grenznutzentheorie kann man davon ausgehen, dass ein Güterzuwachs von z. B. 10 Einheiten auf einem bereits hohen Nutzenniveau für das betreffende Individuum weniger Qualitätszuwachs bedeutet als der gleiche Güterzuwachs für ein Individuum mit niedrigem Nutzenniveau. So ist z. B. das zweite Rosinenbrot für Caterina ein größerer Nutzenzuwachs als das zehnte Rosinenbrot für Sophia. Daher erlaubt diese Konzeption auch, die Aspekte von Gleichheit und Gerechtigkeit zu integrieren.

Bestimmungen von „Nutzen"

Die zweite wichtige Differenzierung betrifft die inhaltliche Vorstellung von dem zu maximierenden Wert, der im Utilitarismus zumeist „Nutzen" genannt wird. Während zu Beginn häufig eine auf Lust ausgerichtete Konzeption vorherrschend war oder der schwer zu präzisierende Begriff des Glücks verwendet wurde, gehen mittlerweile viele Utilitaristen von der Konzeption der Präferenzen aus, die sie aus der Ökonomie entlehnen. Damit lassen sich die im Verhalten erschließbaren individuellen und inhaltlich spezifischen Werturteile von Individuen erfassen. Auf diese Weise wird die Bezugsgröße des Nutzens individuenspezifischer und inhaltlich differenzierter gefasst (vgl. dazu auch Kapitel IV, 2).

Probleme des Utilitarismus

Trotz dieser Weiterentwicklung sind die utilitaristischen Ansätze in der Ethik mit schwer wiegenden Problemen belastet, von denen einige im Laufe unserer Überlegungen zur Entscheidungs- und Spieltheorie sowie bei der Darstellung der deontologischen Ethik bereits angesprochen worden sind. Diese Probleme entstammen entweder der einseitigen Ausrichtung der ethischen Bewertung an den Folgen der Handlungen oder ergeben sich aus der spezielleren Vorstellung des Maximierungskriteriums. Beides führt zu kontraintuitiven Konsequenzen. Darüber hinaus sieht sich der Utilitarismus mit zwei weiteren Schwierigkeiten konfrontiert, die das Verhältnis von faktischen und wahrscheinlichen Folgen sowie das Verhältnis der von der Theorie geforderten ethischen Perspektive zum Selbstverständnis des Handelnden betreffen.

Kontraintuitive Konsequenzen

Kontraintuivite Konsequenzen. Die strikte Anwendung des utilitaristischen Modells führt zu kontraintuitiven Bewertungen, die sich auf zwei Quellen zurückführen lassen. Im Kontext unserer Erörterung des subjektiven ethischen Rationalismus (Kapitel IV) hat die Diskussion der unterschiedlichen spieltheoretischen Strategien für rationale Kooperation zweierlei gezeigt: Die einseitige Ausrichtung am Maximierungsgebot führt erstens, wenn keine unseren Gerechtigkeitsintuitionen Rechnung tragenden Grenzen für soziale Ungleichheit eingefügt werden, zu ethischen Bewertungen, die mit unserem Vorverständnis nicht übereinstimmen. Die Berücksichtigung der Gerechtigkeitsintuition durch einen strikten Egalitarismus, bei dem soziale Ungleichheiten generell als ethisch falsch angesehen werden, ist zweitens keine plausible Antwort auf dieses Problem, weil ein gewisses Maß an Ungleichheit akzeptabel ist, solange dadurch die am schlechtesten Gestellten besser gestellt werden als in alternativen Verteilungen, in denen mehr Gleichheit herrscht. Insgesamt zeigt sich hier, dass die einseitige Ausrichtung des Utilitarismus am Maximierungskriterium nicht überzeugen kann.

Ein noch fundamentaleres Problem stellt die ausschließliche Orientierung des Utilitarismus am ethisch Guten im Sinne der Folgen von Handlungen dar. Wie die bereits erwähnte Kritik der deontologischen Ethik an dieser Stelle zu Recht einwendet, gibt es Handlungsweisen, die wir für ethisch falsch halten, egal wie gut die aus der Exemplifikation dieses Handlungstyps resultierenden Folgen auch sein mögen (man denke hier an das Beispiel des Folterns unschuldiger Menschen zur Abwendung von Terroranschlägen). Die Strategie des Utilitarismus, an dieser Stelle von der Bewertung konkreter Handlungen auf die Bewertung der in einer Gesellschaft zugrunde gelegten Regeln der Bewertung von Handlungen überzugehen, kann, wie wir schon gesehen haben, nicht überzeugen. Entweder werden diese Regeln, wenn der Verstoß durch eine konkrete Handlung im Einzelfall die guten Folgen maximiert, außer Kraft gesetzt, oder die Regeln werden mit einer ethischen Geltung ausgestattet, die sich im Rahmen der teleologischen Ethik nicht mehr erfassen lässt. Diese Befunde legen den Schluss nahe, dass eine utilitaristische Ethik keine angemessene Rekonstruktion unseres ethischen Selbstverständnisses in seiner Gesamtheit darstellt, auch wenn sie möglicherweise in bestimmten Bereichen wesentliche Züge unserer ethischen Praxis trifft.

Welche Folgen?

Faktische oder wahrscheinliche Folgen? Konkrete Handlungen sind raum-zeitliche Individuen, die sowohl Ursachen als auch Wirkungen haben. Solche Wirkungen können physischer Art sein, wenn ich z. B. eine Tür schließe oder ein Glas zerbreche. Sie können aber auch psychischer Art sein, indem ich z. B. die Aufmerksamkeit einer Person durch einen Flirtversuch auf mich lenke, ihr Erröten verursache oder eine andere Person eifersüchtig mache. Die Folgen einer konkreten Handlung dehnen sich in Raum und Zeit aus, weil jede Folge weitere Wirkungen nach sich zieht. Manche dieser Folgen grenzen zeitlich unmittelbar an die konkrete Handlung, andere dagegen sind zeitlich weit entfernte Spätwirkungen. Diejenigen kausalen Folgen, die nicht allein durch die konkrete Handlung verursacht werden, treten nur ein, wenn weitere, von der jeweiligen Handlung in der Regel unabhängige Bedingungen erfüllt sind. Das gesamte Netz der Folgen ist daher ein komplexes und kompliziertes Gefüge, welches sich in Raum und Zeit ausdehnt. Selbst wenn man einen durchgehenden Determinismus unterstellt, demzufolge alle Folgen mit kausaler Notwendigkeit aufgrund gesetzmäßiger Zusammenhänge eintreten, ist die Situation doch so komplex, dass endliche Wesen den Folgen ihrer konkreten Handlungen nur Wahrscheinlichkeiten zuordnen können.

Die Grundidee der teleologischen Ethik besagt, dass wir konkrete Handlungen im Lichte ihrer Wirkungen ethisch bewerten. Würde man dies auf die faktischen Folgen beziehen, entstünde sofort die Schwierigkeit, dass der ethische Wert einer konkreten Handlung erst dann festläge, wenn die Kausalketten zum Stillstand gekommen sind, also keine weiteren Wirkungen (dieser Handlung) mehr eintreten. Der ethische Wert einer Handlung stünde damit erst am Ende aller Zeiten fest. Weil dies ein inakzeptables Resultat ist, bezieht sich die teleologische Ethik zumeist auf die wahrscheinlichen Folgen. An dieser Stelle kommt auch in der teleologischen Ethik die Absichtlichkeit des Handelns ins Spiel, weil es für die umfassende Bewertung einer konkreten Handlung wichtig ist, welche Folgen der Handelnde selbst beabsichtigt oder in Kauf genommen und für wie wahrscheinlich gehalten hat. Zwar kann man den ethischen Wert einer konkreten Handlung nicht allein auf die intendierten (gewollten oder in Kauf genommenen wahrscheinlichen) Folgen beschränken, weil man auf diese Weise den Vorteil der teleologischen Ethik, sich nicht allein auf die Gesinnung der Handelnden beziehen zu müssen, sondern mit den Folgen intersubjektiv zugängliche Bewertungsgrößen zur Verfügung zu haben, preisgeben würde. Die Gegenreaktion, bei der Bewertung einer konkreten Handlung gar nicht auf die Intentionen und Überzeugungen des Handelnden zu rekurrieren, kann allerdings nicht überzeugen, weil die Absichtlichkeit von Handlungen dasjenige Merkmal ist, aufgrund dessen sie für die ethische Bewertung von besonderer Relevanz sind.

Selbst wenn man daher für die Bewertung der Handlung nur die wahrscheinlichen Folgen heranzieht, liegt in der Absicht und dem Wissen des Handelnden doch zumindest ein Entschuldigungsgrund, der ebenfalls eine ethische Größe ist. Daher ergibt sich hier, ähnlich zum Ergebnis unserer Erörterung der Lehre von der Doppelwirkung im Rahmen der deontologischen Ethik, eine Aufweichung der Opposition von teleologischer und deontologischer Ethik.

Die Perspektive des Handelnden

Die Perspektive des Handelnden. Eine dritte Schwierigkeit teilt die teleologische Ethik mit ihrer Gegenspielerin, der deontologischen Ethik. Beide bewerten konkrete Handlungen so, dass nicht der konkrete Handelnde in den Blick kommt, sondern entweder Handlungstypen oder aber Handlungsfolgen. Damit fordern beide, dass ein Handlungssubjekt, wenn es sich auf den ethischen Standpunkt stellt, eine Perspektive einnimmt, in der es selbst als konkrete Person nicht mehr vorkommt. Auf diese Weise erzwingt die ethische Perspektive eine Selbstdistanzierung des Handelnden, die zu einer Entfremdung zwischen der handelnden Person und den Anforderungen der Ethik führen muss. Der Standpunkt, welcher der deontologischen und der teleologischen Ethik zufolge einer ethischen Bewertung zugrunde liegen soll, hat nichts mehr mit dem motivationalen Hintergrund der handelnden Personen zu tun. Dies führt letztlich dazu, dass die ethische Praxis ihren Halt in der Handlungs- und Lebenswirklichkeit der Menschen verliert. Diese Schwierigkeit sowohl der deontologischen wie der teleologischen Ethikansätze hat zu einer Renaissance eines dritten Typs von Ethik geführt.

5. Tugendethik

In den letzten zwanzig Jahren lässt sich die Wiederkehr eines Ethiktyps beobachten, der zu Beginn der abendländischen Philosophie dominierend gewesen ist: die Tugendethik. Die Gründe für diese Renaissance eines antiken Ethikverständnisses sind vielfältig (vgl. dazu [VIII-9] und [VIII-10]). Neben dem soeben angesprochenen Eindruck, dass deontologische und teleologische Ethiken mit ihrer starken Betonung eines unpersönlichen Standpunktes zu einer Entfremdung zwischen unserem alltäglichen Selbstverständnis und der ethischen Perspektive führen, haben religiös oder naturrechtlich begründete Deontologien ihre metaphysische Basis und ihre Rechtfertigungsgrundlage verloren. Teleologische Ethiken utilitaristischer Prägung führen, auch wenn sie scheinbar frei sind von unhaltbaren metaphysischen Prämissen, inhaltlich zu kontraintuitiven Konsequenzen und sind angesichts der komplexen Problemlagen nicht kontrolliert zu handhaben. Es scheint, so zumindest der Eindruck der Tugendethiker, dass sowohl die deontologische wie auch die teleologische Ethik aus dem Blick verloren haben, worum es bei der Ethik eigentlich geht: um die Orientierung des Handelnden bei der Aufgabe, ein gutes Leben zu führen.

Grundidee der Tugendethik

Dies ist zumindest die Grundidee der Tugendethik, wie sie sich z. B. in klassischer Form bei Aristoteles (vgl. [VIII-11]) findet: Das Ziel ethischen Fragens und Nachdenkens besteht darin, einen ethisch guten, d. h. tugendhaften Charakter zu erwerben. Dieser Charakter ist zugleich Resultat wie auch die Bedingung dafür, ein gutes Leben zu führen. Denn das gute Leben, welches bei Aristoteles kein rein individuelles Projekt ist, sondern eine genuin soziale Dimension aufweist, stellt sich ein, wenn ein Lebewesen ein Leben gemäß seinen spezifischen Anlagen und Fähigkeiten führt. Im Falle des Menschen besteht dieses spezifische Ziel unter anderem darin, ein guter Bürger eines guten Gemeinwesens zu sein. Tugenden sind dann solche Verhaltensmuster oder Haltungen, die einem Individuum ermöglichen, dieses Ziel zu erreichen. Die Frage danach, welche Handlung ich ausführen soll, bedeutet dann so viel, wie zu fragen, welche Handlung Ausdruck eines guten Charakters ist oder einen guten Charakter hervorbringt. Bei der nachträglichen Betrachtung einer konkreten Handlung zielt die ethische Bewertung ebenfalls auf den Charakter des Handelnden, der in dieser Handlung zum Ausdruck kommt. Einen Charakter ethisch zu bewerten setzt als ethisches Ziel eine Vorstellung des guten Lebens voraus. Die Tugenden (z. B. Tapferkeit, heute vielleicht Zivilcourage), die man dabei als Kriterien heranzieht, sind relevant, weil sie als diejenigen Charaktermerkmale angesehen werden, die zur Erlangung und Führung eines guten Lebens notwendig sind. Da die faktische Erreichung dieses Ziels von weiteren Umständen abhängt, die nicht in der Macht des Handelnden selbst liegen, können der Erwerb und die Ausübung der Tugenden selbst nicht hinreichend dafür sein, auch wirklich ein gutes Leben zu führen.

Das gute Leben

Die Grundorientierung der Tugendethik besteht also in einer Ausrichtung auf das Gute, welches in Form eines gelingenden individuellen Lebens gedacht wird und nicht etwa nur in der vereinfachenden Form einer Lust- oder Nutzenmaximierung. Tapferkeit, Einsatz für das soziale Gemeinwesen sowie die Mühen einer Ausbildung in praktischen oder theoretischen Disziplinen müssen nicht unmittelbar die individuelle Lust oder den individuellen Nutzen maximieren, um als konstitutiver Bestandteil eines guten menschlichen Lebens zu gelten. Außerdem ist aufgrund des inhaltlichen Reichtums der verschiedenen Aspekte, die zur Vorstellung eines individuellen guten Lebens gehören, die Existenz interner Spannungen zugelassen. Diese Konflikte und Spannungen, die auch die ethische Orientierung des Handelnden betreffen können, lassen sich im Rahmen der Tugendethik erfassen, weil nicht das die internen Differenzen einebnende Modell der Quantifikation zugrunde gelegt wird. Die Vorstellung eines tugendhaften Charakters, der zu einem guten Leben befähigt, darf dabei nicht in einem neuzeitlichen Sinne individualistisch gedeutet werden. Erstens gehört die soziale Dimension der menschlichen Existenz für die antike Tugendethik zu den wesentlichen Merkmalen des ethisch Guten und damit des guten Lebens. Dieser Aspekt wird auch von gegenwärtigen Tugendethikern in der Regel als Stärke ihres eigenen Ansatzes betont, weil ein zentrales Motiv für die Renaissance der Tugendethik in der Kritik am neuzeitlichen Individualismus mit seinen entpolitisierenden und das Soziale abwertenden Tendenzen zu finden ist. Gegen eine im Kontext der Moderne nahe liegende Deutung von Charakter und gutem Leben ist zweitens zu betonen, dass die klassische Tugendethik weder von dem guten Leben im Sinne einer individuell einzigartigen Biografie noch von dem Charakter als dem originellen Selbstentwurf autonomer Subjekte ausgeht. Die Vorstellung des guten Lebens beruht auf einer allgemeinen, sozial geteilten Vorstellung des Guten, und der Charakter ist eine allgemeine und komplexe Disposition zu tugendhaftem Verhalten. Die Vorstellung einer individuellen Selbstverwirklichung oder gar der unverwechselbaren Originalität einzigartiger Individuen ist hiermit, vor allem in den antiken Tugendethiken, nicht gemeint.

Vorteile der Tugendethik

Die Vorteile der Tugendethik liegen auf der Hand. Auf der einen Seite bleibt die ethische Orientierung nahe an der Perspektive der individuellen Lebensführung, weil es immer auch um die Frage geht, welche Handlung zu mir passt und welche Konsequenzen eine Handlung für mein Leben hat. Das Entfremdungsphänomen wird damit genauso vermieden wie das Problem, menschliche Individuen zu ethischem Handeln zu motivieren. Auf der anderen Seite kann die Tugendethik vermeiden, unser alltägliches Selbstverständnis der ethischen Praxis zu verengen. Da viele Handlungen unter der Perspektive betrachtet werden können, welchen Beitrag sie zu einem guten Leben leisten, wird der inhaltliche Bereich des ethisch Bewertbaren gegenüber der deontologischen Ethik ausgeweitet. Weil die Vorstellung des guten Lebens eine umfassende und facettenreiche Konzeption des Guten enthält, wird die künstliche Homogenisierung des Guten vermieden. Schließlich kann die Tugendethik der Tatsache Rechnung tragen, dass wir im Alltag zumeist Personen bewerten und nicht nur Handlungstypen oder -folgen.

Probleme der Tugendethik

Doch die Tugendethik sieht sich auch mit einigen gravierenden Problemen konfrontiert. Die Bewertungsgrundlage eines guten Lebens ist offensichtlich nicht formal, sondern inhaltlich reichhaltig bestimmt. Da dieser Inhalt zugleich nicht auf die individuellen Interessen, Wertvorstellungen und Wünsche der Individuen reduziert wird, sondern einen Allgemeingültigkeitsanspruch erhebt, weil er das Wesen des Menschen zum Ausdruck bringt, lassen sich vier kritische Einwände formulieren:

- Erstens liegt der Tugendethik die metaphysisch schwer begründbare Vorstellung eines allgemeinen Wesens des Menschen zugrunde. Ein solcher Essentialismus lässt aber zu wenig Platz für die zentrale Errungenschaft der Moderne: das individuelle Gewissen und die persönliche Autonomie einer eigenständigen Lebensführung.
- Zweitens gehen in die inhaltliche Bestimmung des guten Lebens historisch und sozial kontingente Vorstellungen mit ein, die sich nicht verallgemeinern lassen. Auf diese Weise liegt der Tugendethik ein Relativismus zugrunde, der allgemeine ethische Begründungen unmöglich macht.
- Drittens ist die Vorstellung des guten Lebens in sich zu komplex und ungeordnet, um eine klare Systematik der Ethik zu erlauben, wie sie für intersubjektive Begründungen erforderlich ist.
- Viertens ist eine Tugendethik aufgrund des Konkretheitsgrades ihrer Kriterien nur für überschaubare und relativ stabile Gesellschaftssysteme geeignet. Die Komplexität und Flexibilität unserer modernen Lebensführung mit den großen individuellen Deutungs- und Gestaltungsräumen lässt sich damit nicht erfassen.

Der zweite und dritte Einwand beruhen auf Vorstellungen darüber, welche Systematik und Begründbarkeit für unsere ethische Praxis angemessen ist, und werden generell zu erörtern sein (vgl. dazu das nächste Kapitel). Dem vierten Kritikpunkt kann man die Schärfe nehmen, indem man zugesteht, dass eine umfassende Ethik sich nicht nur auf tugendethische Überlegungen beschränken kann, sondern für bestimmte inhaltliche Kontexte (z. B. Verteilungsfragen im Gesundheitswesen oder das Recht auf Religionsfreiheit) auch die in den anderen Ethiktypen entwickelten Erklärungs- und Begründungsstrategien integrieren muss. Da die Tugendethik nicht von der eindeutigen Dominanz eines der Grundaspekte der Ethik (dem ethisch Richtigen oder dem ethisch Guten) ausgeht, bietet sie die Möglichkeit einer umfassenden Grundlage, in die sich wesentliche Aspekte der anderen Modelle einfügen lassen. Ob dies letztlich gelingen kann, hängt entscheidend davon ab, wie weit sich die Tugendethik von dem Essentialismus ihrer antiken Ursprünge befreien und die neuzeitliche Vorstellung individueller Autonomie integrieren kann. Damit formuliert der erste Einwand die zentrale Aufgabe, der sich eine für die Gegenwart taugliche Tugendethik stellen muss. Ob sich eine solche Variante entwickeln lässt, wird die weitere Entwicklung der Theorien zeigen müssen (vgl. [VIII-7], Kapitel 5).

6. Zusammenfassung, Lektürehinweise, Fragen und Übungen

Zusammenfassung

In diesem Kapitel ist mit der Unterscheidung zwischen deontologischen und teleologischen Theorien ein in der Metaethik fest etabliertes Klassifikationsschema vorgestellt worden. Diese in der Literatur vorherrschende Einteilung ethischer Theorien in deontologische und teleologische erwies sich aufgrund unterschiedlicher inhaltlicher Füllungen dieses Oppositionspaares als problematisch. Der Darstellung in diesem Kapitel wurde deshalb eine enge Definition von deontologischer und teleologischer Ethik zugrunde gelegt, sodass es möglich war, mit der Tugendethik die Hauptvariante eines alternativen dritten Ethiktyps zu charakterisieren. Die Darstellung der deontologischen Ethik, des Utilitarismus (als teleologischer Ethik im engen Sinne) und der Tugendethik zeigt, dass nur eine integrative Theorie, welche die Aspekte der anderen Ansätze in sich vereint, in der Lage sein wird, unsere ethische Praxis insgesamt angemessen zu beschreiben.

Lektürehinweise

Für weiterführende Literatur zur deontologischen Ethik vgl. die Lektürehinweise zu Kapitel V; Klassiker des Utilitarismus sind [VIII-12], [VIII-13][VIII-14] und [VIII-15], eine aktuelle Version findet sich [VIII-16]; zur Wirkungsgeschichte des klassischen Utilitarismus siehe die Beiträge in [VIII-17] und für eine Diskussion zu Stärken und Schwächen des Utilitarismus vgl. [VIII-18]; aktuelle Ansätze der Tugendethik finden sich in [VIII-19], für umfassende Literaturhinweise siehe die Bibliografie in [VIII-20]; zur aristotelischen Ethik vgl. [VIII-21] und die dort genannte Literatur.

Fragen und Übungen

- Erläutern Sie die Definitionen von deontologischer und teleologischer Ethik im engen Sinne.
- Bestimmen Sie das Verhältnis von deontologischer Ethik im weiten Sinne und teleologischer Ethik im weiten Sinne.
- Erläutern Sie die Definition der Tugendethik.
- Erläutern Sie den Unterschied zwischen Nutzensummen- und Durchschnittsnutzenutilitarismus.
- Worin liegt die Schwierigkeit der Unterscheidung von Handlungs- und Regelutilitarismus?

- Wann ist eine Körperbewegung eine Handlung?
- Erläutern Sie das Prinzip der Doppelwirkung.
- Welche Vorteile bietet die Tugendethik?
- Welchen Problemen ist die Tugendethik als einer Ethik für unsere heutige westliche Kultur ausgesetzt?

IX. Begründung in der Ethik

In diesem Kapitel werden die zentralen Modelle ethischer Begründung sowie die ihnen zugrunde liegenden Vorstellungen über die erforderliche Stärke der Begründungsansprüche dargestellt. Dazu werden im ersten Schritt allgemeine Überlegungen zu den Vor- und Nachteilen des Begründens in der Ethik angestellt. Im zweiten Abschnitt wird dann mit der Grundform des Relativismus diejenige Denkfigur präsentiert, die maßgeblichen Einfluss darauf hat, dass die Frage der Begründung ins Zentrum der modernen Ethik gerückt ist. Im dritten Schritt werden dann die verschiedenen Begründungsmodelle vorgestellt, mit denen versucht wird, der Ethik eine vor dem Relativismus und dem Skeptizismus gesicherte Basis zu verschaffen.

1. Warum begründen?

Die Frage danach, ob sich ethische Aussagen überhaupt begründen lassen und wie dies gegebenenfalls geschehen könnte, stellt sich für jede kognitivistische Form der Ethik. Seinen Ursprung hat das Bedürfnis nach Begründung innerhalb unserer alltäglichen ethischen Praxis. Die zweite unserer drei Grundfragen der Ethik zielt darauf ab, weshalb eine bestimmte Handlungsoption die ethisch richtige ist (vgl. Kapitel I, 2b). Wer den Rat erhält, dass von mehreren Handlungsalternativen eine bestimmte Option die ethisch richtige ist, der kann zu Recht nachfragen, weshalb diese und nicht eine andere Handlung realisiert werden sollte. Die Frage nach der Begründung kann, wie wir gesehen haben, zur prinzipiellen Frage danach verschärft werden, weshalb man sich in seinem Handeln überhaupt nach ethischen Gesichtspunkten richten sollte. Wenn ethische Forderungen entweder per definitionem oder aber faktisch wider die Eigeninteressen laufen, dann steht die Frage im Raum, wie man anderen Subjekten gegenüber begründen kann, dass sie sich nach ethischen und nicht nach egoistischen Gesichtspunkten verhalten sollten. Akzeptiert man also, dass ein zentraler Bereich der Ethik durch die Opposition von rationalem Eigeninteresse und ethischem Sollen charakterisierbar und die Grundannahme des subjektiven ethischen Rationalismus falsch ist, dann stellt sich das Begründungsproblem der Ethik in verschärfter Form. Denn die explizite Anerkennung der ethischen und politischen Forderung, dass ethische Ansprüche gegenüber dem rationalen Subjekt legitimiert werden müssen, gehört zu den zentralen Errungenschaften, die sich im Gefolge der Aufklärung durchgesetzt haben. Jeder, der an dem Projekt einer kognitivistischen Ethik festhalten will, hat also gute Gründe, die Frage nach der Möglichkeit und der Art ethischer Begründung zu stellen.

Kritik am Begründungsprojekt

Aber nicht jeder, der das Projekt ethischer Begründung ablehnt, ist deshalb auch schon ein ethischer Nonkognitivist. Manche Philosophen, wie z.B. Bernard Williams (*1929), haben den Verdacht geäußert, dass die Fixierung der modernen Ethik auf den Aspekt der Begründung oder die Formulierung überzogener Begründungsansprüche für unsere ethische Praxis insgesamt schädlich ist (vgl. dazu [IX-1], Kapitel 2). In der ethischen Debatte der Gegenwart gibt es deshalb nicht nur eine Auseinandersetzung darüber, welches Begründungsmodell für die Ethik angemessen ist. Es gibt auch eine auf der Metaebene stattfindende Diskussion darüber, ob sich dieses Begründungsprojekt selbst begründen lässt. Bevor wir uns auf die inhaltliche Darstellung der verschiedenen Theorieangebote einlassen, müssen wir uns daher im ersten Schritt über die möglichen Vor- und Nachteile des Begründungsprojekts selbst Klarheit verschaffen. In einem zweiten Schritt wird es dann darum gehen, vorab genauer zu bestimmen, was überhaupt als eine Begründung zu verstehen ist. Dabei wird unsere Zurückweisung des ethischen Naturalismus noch einmal eine wichtige Rolle spielen. Außerdem müssen wir an dieser Stelle zwei fundamental verschiedene Begründungsprojekte der Ethik voneinander trennen. Hierbei wird uns die Unterscheidung zwischen der internen und der externen Perspektive hilfreich sein (vgl. dazu auch Kapitel I, 3b).

a) Nutzen und Nachteile des Projekts ethischer Begründung

Generell gibt es ein epistemisches Gefälle zwischen bloßen Meinungen, Vorurteilen oder grundlosen Annahmen auf der einen Seite und Wissen auf der anderen Seite. Damit ist gemeint, dass sich in dem System der Überzeugungen, die wir als empirische Subjekte für wahr halten, verschiedene Grade der Begründetheit dieser Überzeugungen feststellen lassen. Manche Annahmen mit empirischem Gehalt, wie die, dass der gerade vor mir stehende Hund aus Nachbars Garten nicht aggressiv ist, sind besser bestätigt als andere Annahmen empirischer Art (z.B. dass der abweisend wirkende Fluggast eine potenzielle Gefahr für die Sicherheit der anderen Passagiere ist). Allaussagen, die auf empirische Fakten Bezug nehmen (z. B. alle Schwäne sind weiß), sind weniger gut begründet als Allaussagen, deren Wahrheit sich aus der Bedeutung von Begriffen ergibt (z. B. alle Junggesellen sind unverheiratete Männer). Wir können bezüglich unserer Überzeugungen unterscheiden, wie gut sie z. B. durch die Erfahrung oder durch andere Annahmen, die wir für gut begründet halten, gestützt werden.

Manche Erkenntnistheoretiker gehen davon aus, dass es einzelne oder Arten von Überzeugungen sind, die prinzipiell irrtumsresistent und damit Fälle von infalliblem Wissen sind; einer der berühmtesten, zugleich aber auch schwierigsten Kandidaten hierfür ist das auf René Descartes (1596–1650) zurückgehende Argument des *cogito (ergo) sum* (vgl. dazu [IX-2], zweite Meditation). Doch auch ohne die Annahme eines irrtumsresistenten Wissens kann man die Position vertreten, dass Überzeugungen, für die wir eine gute Begründung vorbringen können, in der Regel eine höhere Plausibilität und eher die Chance haben, wahr zu sein, als unbegründete oder schlecht begründete Annahmen.

Vorteile des Projekts ethischer Begründung

Im Kontext der Ethik geht es um Orientierung im praktischen Kontext sowie um die Legitimation ethischer Ansprüche und Aussagen. Dabei lassen sich für das Projekt ethischer Begründung vier Vorteile anführen:

- eine abgesicherte Basis für unsere ethische Orientierung;
- die Möglichkeit der Begründung ethischer Forderungen gegenüber anderen;

- die Möglichkeit der Zurückweisung des skeptischen Zweifels an der Begründbarkeit ethischer Aussagen;
- die Möglichkeit der Kritik an faktischen ethischen Überzeugungen und Überzeugungssystemen.

Der *erste* Vorteil ethischer Begründungen ergibt sich direkt aus der Beobachtung, dass begründete Annahmen eine sicherere Basis für unsere Orientierung sind (dies gilt bezüglich der Annahmen über das ethisch Richtige genauso wie für Annahmen z.B. über die Qualität eines zu kaufenden Kühlschranks oder über die richtige Abzweigung, die zum Ort der Party führt). Für die Legitimation ethischer Ansprüche gegenüber anderen rationalen Wesen sind gute Begründungen *zweitens* ganz offensichtlich unverzichtbar. Ein *dritter* Vorteil, den man durch ethische Begründungen erhält, besteht darin, skeptische Zweifel an einzelnen ethischen Ansprüchen oder gar an der ethischen Praxis insgesamt ausräumen zu können. Wenn eine Letztbegründung unserer ethischen Praxis, wie sie z.B. vom ethischen Objektivismus angestrebt wird, gelänge, dann wäre eine Grundlage gewonnen, die vor jedem skeptischen Zweifel gefeit ist. Doch selbst wenn die Möglichkeiten der Begründung in der Ethik nicht so stark sind, jede Form des Skeptizismus prinzipiell in die Schranken zu weisen, lassen sich auf der Grundlage guter Begründungen immer noch bessere von schlechteren ethischen Positionen unterscheiden. Wer im Alltag nach ethischem Rat fragt, der wird im Laufe der Zeit Erfahrungen sammeln und zumindest nach einiger Zeit ein Gespür dafür bekommen, welche Personen gute Ratgeber sind und welche Ratschläge auf angemessenen ethischen Urteilen basieren. Auf jeden Fall lässt sich die radikale skeptische These, alle ethischen Annahmen, Aussagen oder Positionen seien gleich gut oder schlecht begründet und die ethische Einstellung damit letztlich eine Sache der Willkür, auch dann zurückweisen, wenn man nicht über eine philosophische Letztbegründung der Ethik verfügt. Für den Moment können wir es offen lassen, ob die Herausforderung des Skeptizismus nur durch Letztbegründung zu parieren ist oder auch auf epistemisch schwächeren Grundlagen gelingen kann. Historisch gesehen war, wie die platonischen Dialoge zeigen, die Abwehr von Skepsis und Relativismus neben dem erkenntnistheoretischen Ideal, von Meinung zu Wissen zu gelangen, eines der zentralen Motive für das Projekt ethischer Begründung (vgl. dazu [IX-3]). Ein *vierter* positiver Aspekt des Begründungsprojekts liegt in seiner kritischen Funktion. Man kann zwar am historischen Beispiel von Sokrates (470–399 v. Chr.) sehen, dass die Ausübung philosophischer Kritik durch Einforderung von Begründungen für geltende ethische Überzeugungen für das nach Begründung verlangende Individuum nicht immer positiv sein muss: Sokrates wurde von den Athenern zum Tode verurteilt, weil seine Suche nach ethischen Begründungen und sein kritisches Hinterfragen bestehender ethischer Ansichten von den Herrschenden als jugend- und staatsgefährdende Subversion eingeschätzt wurde (vgl. die Darstellung von Platon (ca. 428–347 v. Chr.) in [IX-4]). Die kritische Funktion des Projekts ethischer Begründung wird zum einen sichtbar, wenn man sich seine zentrale Voraussetzung verdeutlicht. Eine Begründung wird ja nur dort erforderlich, wo eine kritische, d.h. eine auf Begründung abzielende Frage gestellt worden ist. Es gehört deshalb zum Begründungsprojekt, vorgegebene ethische Forderungen oder Ansprüche in einem ersten Schritt in Frage zu stellen (wer nach Begründung fragt, hebt die Fraglosigkeit und Selbstverständlichkeit von dem, nach dessen Begründung er fragt, durch sein Tun auf). Zum anderen wohnt der Frage nach Begründungen auch deshalb eine kritische Komponente inne, weil man bei dem Versuch, eine bestimmte ethische Aussage zu begründen, immer auch prüfen muss, wie gut konkurrierende ethische Aussagen begründet sind. Es gehört also notwendig zum Wesen des Begründungsprojekts hinzu, erstens überhaupt nach Gründen sowie zweitens nach der Qualität der vorgelegten Begründungen zu fragen.

Aufklärung und Kritik

Damit ist das Projekt ethischer Begründung aufklärend: Es trägt dem Anspruch rationaler Wesen Rechnung, autonom, d.h. mit eigener Einsicht und eigenem Urteil, ethische Forderungen oder Ansprüche als legitim zu übernehmen oder zurückzuweisen. Zugleich hat dieses aufklärerische Projekt eine antiautoritäre Stoßrichtung. Ethische Geltung lässt sich weder allein durch Hinweis auf konventionelle Sitten noch unter Rückgriff auf göttliche, päpstliche, königliche oder staatliche Autorität begründen. An die Stelle der unhinterfragten Befolgung tradierter ethischer Normen muss, zumindest im Rahmen des normativen Selbstverständnisses autonomer rationaler Subjekte, die mit rationaler Einsicht erfolgte autonome Entscheidung treten, das zu befolgen und zu akzeptieren, was sich bei rationaler Prüfung als das ethisch am besten Begründete erwiesen hat.

Probleme des Begründungsprojekts

Bedenkt man, dass die Kritik bloßer Autorität und die Beachtung bzw. Aufwertung der individuellen Autonomie zu zentralen Bestandteilen unserer modernen Kultur geworden sind, dann scheinen Einwände gegen dieses Projekt ethischer Begründung lediglich Ausdruck einer autoritären Geisteshaltung sein zu können und keine Plausibilität zu besitzen. Doch die Sachlage ist nicht ganz so einfach. Die Motivation hinter diesen Bedenken wird verständlich, wenn wir uns noch einmal daran erinnern, dass es zum Projekt der ethischen Begründung unvermeidlich hinzugehört, bestehende Begründungen zu prüfen und dort nach Begründungen zu verlangen, wo bisher gar keine gefordert oder gegeben worden sind. Will man bestehende Begründungen prüfen, dann benötigt man Kriterien dafür, wann eine Argumentation als gute Begründung gelten kann. Fragt man an Stellen kritisch nach, wo bisher weder Begründungen verlangt noch gegeben worden sind, dann wird man in der Regel erst einmal eine Irritation hervorrufen. Letztere wird von Philosophen häufig zwar nur zu dem Zweck geweckt, um anschließend eine umso bessere oder womöglich sogar „wasserdichte" Begründung vorzulegen. Was passiert aber, wenn eine solche Begründung entweder – in skeptischer Absicht – gar nicht intendiert ist, oder wenn der vorgeschlagene Begründungsversuch scheitert? Der geweckte Zweifel lässt sich nicht mehr still stellen, die vormalige Sicherheit des ethisch Selbstverständlichen löst sich auf und die bisher fraglos hingenommene ethische Ordnung zersetzt sich. Dies zumindest ist die Sorge derjenigen Philosophen, die davor warnen, in dem Projekt der ethischen Begründung die einzige oder die primäre Funktion der philosophischen Ethik zu sehen.

Die Gefahr, auf die uns diese Bedenken hinweisen, ist ernst zu nehmen.

Es spricht einiges dafür, dass die weit verbreitete Skepsis gegenüber der Möglichkeit, ethische Ansprüche rational zu begründen und als eigenständige Geltungsansprüche anzuerkennen, auch als ein Produkt des kritischen Potenzials der ethischen Aufklärung wie des Scheiterns einer umfassenden Begründung der Ethik angesehen werden muss. Wenn sich nur noch der kritische Teil des Begründungsprojekts durchführen lässt, eine konstruktive Begründung unserer ethischen Praxis jedoch nicht gelingt, dann kann man wirklich fragen, ob die Zerstörung der ethischen Selbstverständlichkeit und das damit verbundene Erbe allgemeiner ethischer Orientierungslosigkeit nicht ein ethisches Verlustgeschäft war (oder: ist). Da der Prozess der Aufklärung im Sinne des Versuchs einer Begründung unserer ethischen Praxis in den letzten Jahrhunderten ein weit reichendes kritisches Potenzial entfaltet hat, kann man fragen, ob die Bilanz dieses Projekts für unsere ethische Praxis und unser Selbstverständnis im ethischen Sinne vorteilhaft gewesen ist. Und weil dieser Prozess auch in der Gegenwart weiter anhält, kann man fragen, ob das Festhalten an dem Projekt der Begründung in der Ethik zu einer Zerstörung des gegenwärtig bestehenden ethischen Bewusstseins führen wird (als Beispiel für diese Dimension gegenwärtiger ethischer Entwicklungen kann die in Deutschland derzeit geführte Auseinandersetzung um den angemessenen ethischen Umgang mit den Frühformen menschlichen Lebens gelten; vgl. dazu die Beiträge in [IX-5]).

Unverzichtbarkeit der Begründung

Der generelle Verzicht auf ethische Begründung ist schon aufgrund der Verankerung der Suche nach Begründungen in der basalen Struktur unserer ethischen Praxis kaum möglich. Angesichts der historischen Erfahrungen mit dem Wert der individuellen Autonomie bzw. der Mündigkeit und unseren Erfahrungen mit Gesellschaftssystemen, in denen individuelle Autonomie systematisch missachtet wurde, wäre ein solcher Verzicht auch keineswegs wünschenswert. Daher müssen wir fragen, ob sich die befürchteten negativen Konsequenzen zwangsläufig aus dem Projekt ethischer Begründung ergeben. Bei näherer Betrachtung scheint dies jedoch nicht der Fall zu sein. Die kritische Funktion des Begründungsverlangens wird zwar auf jeden Fall erhalten bleiben, und dies ist ethisch begrüßenswert. Die generelle skeptische Konsequenz folgt jedoch nur, wenn die dem Begründungsprojekt eingeschriebene Messlatte für überzeugende Begründungen zu hoch gehängt wird. Die Vorteile des Begründungsprojekts können bewahrt werden, wenn es gelingt, angemessene und erfüllbare Standards für ethische Begründungen zu entwickeln. Wie wir im Kontext des ethischen Objektivismus gesehen haben, sind die Aussichten auf eine allgemeine Skeptikerwiderlegung in Form einer Letztbegründung vermutlich schlecht (vgl. Kapitel V). Aber nichts zwingt uns zu akzeptieren, dass ethische Ansprüche nur dann gut begründet sind, wenn skeptische Zweifel prinzipiell ausgeschlossen werden können. Wir können uns vielmehr auf den Standpunkt stellen, dass wir an ethischen Prinzipien oder Wertvorstellungen, die sich in unserer Praxis bewährt haben, so lange auch ohne explizite Begründung festhalten können, bis gute Gründe vorgebracht werden, die geeignet sind, die Angemessenheit dieser Prinzipien in Zweifel zu ziehen (vgl. [IX-6], S. 3 ff.). Der Maßstab dafür, dass sich ethische Prinzipien in einer gegebenen Praxis bewähren, kann dabei nicht von außerhalb dieser Praxis genommen werden. Mit Bewährung ist daher gemeint, dass es den an der

Praxis Beteiligten auf der Grundlage der fraglichen Prinzipien gelingt, ein gutes Leben zu führen. Damit wird die Praxis zum Bewährungstest und die Abwesenheit von Kritik an den fraglichen Prinzipien zu einem Merkmal ihrer Angemessenheit (vgl. dazu [IX-7]). Gelingt es dem Kritiker bzw. dem Skeptiker allerdings, den an der Diskussion Beteiligten einen Zweifel an einzelnen ethischen Prinzipien plausibel zu machen, dann muss eine Begründung der fraglichen Ansprüche entwickelt werden, die diese Einwände entkräften kann (ein solches Begründungsverfahren nennt man *default-and-challenge*; vgl. [IX-8], S. 176ff.).

default-and-challenge

Die Begründungsstrategie des *default-and-challenge* weist zwei zentrale Aspekte auf: Sie geht erstens – dies ist ihr konservativer Aspekt – davon aus, dass – in unserem Fall – die ethische Praxis sich bewährt und damit die Bestandteile, die nicht Gegenstand kontroverser Auseinandersetzungen sind oder in der Praxis nicht mehr befolgt werden, prima facie als gut begründet gelten können. Deshalb verlangt sie nicht, jeden möglichen oder denkbaren skeptischen Einwand offensiv zu widerlegen. Vielmehr wird dem Kritiker die Beweislast aufgebürdet, zuerst einmal seinen Einwand plausibel zu machen. Gelingt dies, dann muss allerdings der problematische Teil der ethischen Praxis begründet werden. Diese Begründung der strittigen ethischen Prinzipien oder Werturteile erfolgt dann so, dass nur die als begründet anerkannten Einwände zurückgewiesen werden müssen. Außerdem, und dies ist der zweite zentrale Aspekt der Strategie des *default-and-challenge*, wird für eine solche Zurückweisung nicht verlangt, dass sie sich auf unbezweifelbare Gründe stützt, es reichen vielmehr gute Gründe aus.

Fallible Fundamente für die Ethik

Eine ethische Begründung ruht damit letztlich nicht auf einem unbezweifelbaren Fundament. Dies hat auf der einen Seite den Vorteil, dass kein Begründungsmaßstab angelegt wird, der womöglich nicht zu erfüllen ist und dessen Anwendung zu den Erosionseffekten führt, die von den Kritikern des Projekts ethischer Begründung befürchtet werden. Auf der anderen Seite bleibt unsere ethische Praxis damit eine riskante Angelegenheit, weil es im Prinzip immer möglich ist, dass wir von ethischen Prinzipien und Werturteilen ausgehen, die sich später als unangemessen herausstellen. Neben der Vorstellung, unsere ethische Praxis könnte eine relativistische Angelegenheit sein, stellt die Beunruhigung durch eine stets gegebene Möglichkeit des ethischen Irrtums sicher eines der Hauptmotive für das ethische Projekt der Begründung bzw. für starke Begründungsprogramme dar. Allerdings erscheint es angesichts der Chancen auf eine philosophische Letztbegründung und der Gefahren, die unserer Ethik aus diesem Begründungsprojekt erwachsen, insgesamt als sinnvoll, der Ethik diese bewährte, jedoch fragile Basis zu lassen.

b) Zwei Unterscheidungen

Bevor wir uns in den nächsten Abschnitten mit dem Gespenst des Relativismus und den verschiedenen Konzeptionen philosophischer Begründung in der Ethik beschäftigen können, müssen wir eine Unterscheidung neu einführen und an eine bereits eingeführte Differenzierung erinnern: die Unterscheidung zwischen Ursachen und Gründen auf der einen sowie die

Unterscheidung zwischen einer internen und einer externen Perspektive auf die Ethik auf der anderen Seite (vgl. zur letzteren auch Kapitel I, 3b).

Ursachen versus Gründe

Ursachen versus Gründe: Die Kategorie des Grundes weist philosophiegeschichtlich eine Doppeldeutigkeit auf, die für das ethische Begründungsprojekt von großer Relevanz ist. Mit einem Grund kann einmal eine Kausalursache gemeint sein: Der Grund für das Zerbrechen der Fensterscheibe war der Aufprall des Fußballs. Mit einem Grund kann aber auch ein Argument, eine Begründung für eine Annahme oder Überzeugung gemeint sein: Mein Grund für die Annahme, dass Claus heute nicht zur Arbeit kommen wird, ist die Überzeugung, dass er heute Claudia heiratet. Im ersten Fall verweist der Grund auf eine kausale, im zweiten auf eine rationale Beziehung. Die gleiche Doppeldeutigkeit findet sich auch in unserer Verwendung von „weil". Die Fensterscheibe zerbricht, weil der Fußball auf sie aufprallt. Dies ist ein kausales Weil. Ich glaube, dass Claus heute nicht zur Arbeit kommt, weil ich weiß, dass er heute einen anderen Termin hat. Dieses „weil" nennt nicht die Ursache für das Fehlen von Claus, sondern den rationalen Grund für meine Überzeugung, dass er heute nicht kommen wird. Es handelt sich daher um ein logisches Weil.

Angesichts dieser Doppeldeutigkeit ist es unverzichtbar, terminologisch zwischen kausalen Erklärungen und rationalen Begründungen zu unterscheiden. Das Projekt ethischer Begründung zielt, wie auch die zweite Grundfrage der Ethik, auf letztere. Wer nach Gründen für ethische Aussagen fragt, verlangt nicht kausale, sondern logische und auf Sinn bezogene Gründe. Wenn Peter Paula fragt, weshalb sie Abtreibungen für ethisch unzulässig hält, dann wäre er vermutlich von ihrer kausalen Erklärung, dies sei Folge einer bestimmten Sozialisation, ziemlich enttäuscht. Ihre Antwort liegt einfach jenseits dessen, worauf die Frage von Peter abzielt.

Die Unterscheidung zwischen kausaler Erklärung und rationaler Begründung hat schon im Kontext unserer Diskussion des ethischen Naturalismus eine entscheidende Rolle gespielt (vgl. Kapitel VII, 3). Der Befund, dass Kausalerklärungen rationale Begründungen nicht ersetzen können, war ein zentrales Argument für die Nichtnaturalisierbarkeit der Ethik. Dieses Ergebnis schließt nicht aus, dass man z. B. für evolutionstheoretische Zwecke nach den kausalen Ursachen für bestimmte ethische Verhaltensweisen fragen kann. Lässt man die Frage nach der Vereinbarkeit von Freiheit und Determinismus, die wir im nächsten Kapitel noch eigens diskutieren werden, beiseite, dann müssen wir an dieser Stelle nur darauf bestehen, dass eine kausale Erklärung die spezifische Geltungsdimension rationaler Begründungen (und damit auch ethischer Begründungen) nicht erschöpfen kann. Unsere Überlegungen zur Möglichkeit des ethischen Naturalismus und zur Möglichkeit ethischer Begründung verweisen daher wechselseitig aufeinander; sie stützen und bedingen sich gegenseitig.

Interne versus externe Perspektive

Interne versus externe Perspektive. Neben der Unterscheidung zwischen kausaler Erklärung und rationaler Begründung ist die Unterscheidung zwischen einer internen und einer externen Perspektive für unsere jetzigen Überlegungen relevant. Auf der Grundlage dieser Unterscheidung können wir zwei verschiedene Projekte ethischer Begründung auseinander halten; sie führt damit zu einer Binnendifferenzierung im Bereich der rationalen Begründung.

Wenn man nach einer ethischen Begründung unter Einnahme der internen Perspektive fragt, dann lässt man ethische Argumente als Gründe zu. Einzelne ethische Ratschläge für oder Bewertungen von Handlungen werden hierbei von einem innerethischen Standpunkt aus vorgenommen. Wenn Cassandra Diana einen Rat gibt, wie sie sich in einem Konflikt aus ethischer Sicht verhalten sollte, dann darf Cassandra bei der Formulierung und Begründung ihres Vorschlags von ethischen Prämissen Gebrauch machen. Und wenn Bob bei Neil nachfragt, welche Gründe eigentlich dafür sprechen, den ethischen Standpunkt einzunehmen, dann nimmt Bob so lange die interne Perspektive ein, wie er auf seine Frage bereit ist, ethische Begründungen als Antwort anzuerkennen. Das Projekt ethischer Begründung verlangt, wenn es sich der internen Perspektive verpflichtet fühlt, keine rationale Begründung, die selbst nicht von ethischen Prämissen Gebrauch macht.

Unter Voraussetzung der externen Perspektive verlangt Diana dagegen eine rationale Begründung für einen Handlungsvorschlag Cassandras, die nicht auf ethischen Voraussetzungen beruht. In radikalisierter Form nimmt Bobs Frage dann die Form an, welchen außerethischen rationalen Grund es geben könnte, überhaupt den ethischen Standpunkt einzunehmen und sein Handeln nach ethischen Gesichtspunkten auszurichten (vgl. [IX-9]). Diese Unterscheidung zwischen einem internen und einem externen Standpunkt ist, wie bereits angedeutet (vgl. Kapitel I, 3b), metaethisch nicht neutral. Sie macht nur Sinn, wenn es nicht möglich ist, ethische Begriffe und Aussagen in außerethische Begriffe und Aussagen zu übersetzen. Damit setzen wir, wenn wir diese Unterscheidung in Anspruch nehmen, voraus, dass weder die Rückführung ethischer Ansprüche auf das aufgeklärte Eigeninteresse rationaler Subjekte gelingt, noch eine Übersetzung unserer ethischen Grundbegriffe und Aussagen in eine naturwissenschaftliche Theorie möglich ist. In unserer Diskussion der entsprechenden Ansätze (Kapitel IV und VII) haben wir gesehen, dass diese reduktiven Ansätze nur wenig Aussichten auf Erfolg haben, da sich wesentliche Aspekte unseres ethischen Selbstverständnisses nicht auf Rationalitätsbedingungen reduzieren lassen und naturwissenschaftliche Erklärungen den Sinn ethischen Fragens und Begründens nicht erfassen können. Daher enthält unsere ethische Praxis gegenüber der Erklärungsstrategie der Naturwissenschaften und den Forderungen der Rationalität einen ethischen Geltungsüberschuss, der sich nur erschließt, wenn man von der internen Perspektive aus fragt.

Interne Perspektive hinreichend

Die Annahme, unsere ethische Praxis könne nur dann als rational begründet und begründbar angesehen werden, wenn es möglich ist, auf die Begründungsfrage aus der externen Perspektive eine befriedigende Antwort zu geben, gehört trotzdem zu den wichtigsten Triebfedern des Projekts einer Begründung der Ethik. Aufgrund der in den vorherigen Kapiteln herausgearbeiteten systematischen Schwierigkeiten sind die Aussichten eines solchen Begründungsprojekts jedoch denkbar schlecht. Dies hat zu der generellen Skepsis gegenüber der Möglichkeit ethischer Begründung beigetragen und auf diese Weise nicht nur die Kritiker des Projekts ethischer Begründung auf den Plan gerufen, sondern zugleich auch das Bedürfnis nach einer rationalen Begründung unserer ethischen Praxis enorm verstärkt.

Für die von beiden Seiten geteilte Annahme, dass unsere ethische Praxis nur dann als rational begründet oder gerechtfertigt angesehen werden kann, wenn sie sich in externer Perspektive rational begründen lässt, spricht bei näherer Betrachtung jedoch wenig. Die richtige Antwort auf diese Variante des Projekts ethischer Begründung ist daher, zuerst darauf zu bestehen, die Gründe genannt zu bekommen, die für seine basalen Annahmen sprechen. Solange diese komplexen Voraussetzungen nicht überzeugend begründet werden, reicht es aus, das Projekt der ethischen Begründung in der internen Perspektive zu betreiben. Verstanden im Sinne der Strategie des *default-and-challenge*, kann man das Bedürfnis nach ethischer Begründung, welches in unserer ethischen Praxis tief verwurzelt ist, stillen, ohne skeptische und die ethische Praxis möglicherweise zersetzende Konsequenzen hervorzurufen, die von den Kritikern des Projekts einer Begründung der Ethik befürchtet werden.

2. Das Gespenst des Relativismus

Der ethische Relativismus hat die philosophische Ethik von ihrem Beginn an begleitet und beschäftigt. Schon die Auseinandersetzung Platons mit dem Sophisten Protagoras (ca. 490–420 v. Chr.) lässt sich als Streit um die relativistische Deutung der Ethik verstehen (vgl. [IX-10], 172ab). Auch wenn historisch nicht klar ist, ob Protagoras selbst wirklich relativistische Thesen vertreten hat, findet die ihm von Platon zugeschriebene Position bis heute ihre Anhänger und Verteidiger (vgl. dazu [IX-11]). Ein zentrales Motiv für den Relativismus ist dabei, wie wir gleich noch sehen werden, überraschenderweise selbst ethischer Natur. Häufig wird der ethische Relativismus im Namen von Toleranz und Nichteinmischung in fremde oder innere Angelegenheiten verteidigt. Genauso vehement ist von Platon an bis heute auch die Ablehnung des Relativismus geblieben. So bezeichnet etwa Bernard Williams den Relativismus als „die typische Häresie der Ethnologen, wohl die absurdeste Anschauung, die innerhalb des an Absurditäten nicht gerade armen Gebiets der Moralphilosophie je vertreten worden ist" ([IX-12], S. 28).

a) Die Grundidee

Metaethischer Relativismus

Die einfachste, in unserer alltäglichen Praxis zugleich weit verbreitete Form des ethischen Relativismus setzt sich aus einer metaethischen und zwei normativen Thesen zusammen, die insgesamt durch weitere Zusatzannahmen gestützt werden sollen. Die *metaethische* These besagt, dass unser alltägliches Selbstverständnis der ethischen Grundbegriffe „ethisch richtig" oder „ethisch gut" elliptisch ist, weil wir nicht erwähnen, für wen oder relativ zu welchem Standard etwas ethisch richtig oder gut ist. Gemäß dieser metaethischen These müssen wir z. B. „ethisch richtig" analysieren als „ethisch richtig für X" oder „ethisch richtig gemäß Standard S". Je nach Radikalität des vertretenen ethischen Relativismus kann X für ein Individuum, für eine soziale Gruppe, eine Gesellschaft oder auch eine kulturelle Epoche stehen (gleiches gilt für die Festlegung des Standards S). Metaethische Relativisten sind sich dessen bewusst, dass sie mit dieser philosophischen Analyse nicht wiedergeben, was wir mit unseren ethische Aussagen im Alltag faktisch meinen. Sie halten ihre Deutung für einen revisionären philosophischen Vorschlag dafür, was wir mit unseren ethischen Ansprüchen eigentlich meinen sollten (vgl. [IX-13], S. 144–164). Sie beanspruchen also nicht, die Bedeutung unserer ethischen Grundbegriffe richtig wiederzugeben, sondern schlagen vor, den Sinn unserer ethischen Grundbegriffe nach den faktisch zu erkennenden Wahrheitsbedingungen für ethische Aussagen auszurichten. Weil die Geltung dieser Aussagen auf bestimmte Bereiche (= X) begrenzt oder von bestimmten Standards (= S) abhängig ist, sollten wir diese Abhängigkeit in den Sinn unserer ethischen Grundbegriffe explizit aufnehmen und unsere Begründungsansprüche dementsprechend einschränken.

Normativer Relativismus

An die Seite des metaethischen Relativismus tritt in der Regel ein *normativer* Relativismus. Es wird für die Akzeptanz der These des metaethischen Relativismus geworben, indem auf die ethisch vorteilhaften Konsequenzen hingewiesen wird, die sich aus ihrer Anerkennung ergeben. Diese Konsequenzen lassen sich als die erste These des normativen Relativismus so formulieren: Der metaethische Relativismus impliziert, dass X kein Recht hat, sich in die Praxis von Y unter Berufung auf eigene ethische Standards einzumischen, weil diese Standards immer nur relativ zu X gelten. Aus dem metaethischen Relativismus folgt – so kann man diesen Gedankengang wiedergeben – ein Nichteinmischungsgebot und eine Aufforderung zur Toleranz (vgl. dazu [IX-14]). Eine zweite normative These, die sich unmittelbar aus der metaethischen These ergibt, lautet dann, dass jede Person gemäß der moralischen Tradition handeln und urteilen sollte, der sie selbst angehört (wobei sich unterschiedliche Varianten ergeben, je nachdem, was in „ethisch richtig für X“ und „ethisch richtig gemäß Standard S“ für X und S eingesetzt wird).

Gestützt wird der Relativismus häufig durch zwei ergänzende Zusatzannahmen, die auf empirische Fakten Bezug nehmen. Der Relativismus wird erstens durch den Hinweis auf folgende Tatsache begründet: Es lässt sich ein großes Maß an Abweichungen zwischen ethischen Überzeugungen sowohl zwischen Individuen als vor allem auch zwischen verschiedenen Kulturen und Epochen beobachten, weshalb Williams den Relativismus auch die Häresie der Ethnologen nennt (man kann diese Begründung für den Relativismus als *Divergenzthese* bezeichnen). Darüber hinaus, so die zweite Begründung, lässt sich beobachten, dass die ethischen Überzeugungen der Individuen abhängen von den faktischen Normensystemen, in denen sie leben (diese Begründung kann man *Dependenzthese* nennen). Damit erhalten wir insgesamt fünf zentrale relativistische Thesen:

- Unsere ethischen Grundbegriffe sind relativ zu einer Bezugsgröße zu bestimmen (metaethischer Relativismus).
- Es ist Toleranz geboten gegenüber divergierenden ethischen Überzeugungen (*Toleranzthese* des normativen Relativismus).
- Jedes Individuum soll sich an die für es gültigen Normen halten (*Konventionalitätsthese* des normativen Relativismus).

- Die empirisch beobachtbare Vielfalt miteinander unvereinbarer ethischer Überzeugungen spricht für den Relativismus (*Divergenzthese*).
- Die empirisch beobachtbare Abhängigkeit individueller ethischer Überzeugungen von den faktischen Normensystemen spricht für den Relativismus (*Dependenzthese*).

Über diese Argumente zugunsten des Relativismus hinaus ist außerdem in ethischen Auseinandersetzungen die Reichweite rationaler Argumentation häufig faktisch beschränkt. Der metaethische Relativismus versucht, diese Befunde zu erklären, ohne den Kognitivismus gänzlich aufzugeben, indem er den Geltungsbereich ethischer Aussagen und Ansprüche eingrenzt. Denn obwohl der Relativismus gelegentlich dem Nonkognitivismus zugerechnet wird, hält er seiner Grundidee nach daran fest, dass ethische Überzeugungen wahr sein und Geltung beanspruchen können. Seine Strategie ist es jedoch, den Geltungsbereich dieser Überzeugungen einzuschränken, d. h. also, die Universalität der ethischen Ansprüche zu begrenzen.

b) Einwände

Neben der Tatsache, dass der Relativismus eine gute theoretische Erklärung dafür liefert, weshalb ethische Begründung in der Regel mühsam ist und häufig scheitert (und dann auch eine Begründung dafür liefert, sich dieser Mühe nicht mehr zu unterziehen), ist es vor allem die Toleranzthese des normativen Relativismus, die dem Relativismus in der Ethik seine Attraktivität verleiht (die *Konventionalitätsthese* erfreut sich, vor allem wenn sie dem Individuum die Akzeptanz der gesellschaftlich etablierten Werte und Normen abverlangt, dagegen weniger Beliebtheit, da sie scheinbar zum Konservativismus und zum Konformismus aufruft).

Metaethischer und normativer Relativismus unvereinbar

Doch so elegant das Toleranzargument auf den ersten Blick auch zu sein scheint, einer näheren Prüfung hält es, genau wie die Konventionalitätsthese, nicht stand. Dies liegt daran, dass die Thesen des normativen Relativismus mit der Grundannahme des metaethischen Relativismus unvereinbar sind. Denn die damit aufgestellten Normen beanspruchen genau die universelle Geltung auf ethische Richtigkeit, die es der metaethischen These zufolge gar nicht geben kann. Wendet der normative Relativismus seine metaethische Analyse auf die eigenen ethischen Forderungen an, dann kann er sie nicht als universelle Anweisungen verstehen, mit dem Faktum der Pluralität ethischer Überzeugungen angemessen umzugehen. Wer den Relativismus in der Ethik vertritt, der kann sich nicht mit Argumenten (!) dagegen wehren, dass Mitglieder anderer ethischer Überzeugungssysteme das Toleranzgebot nicht befolgen, sondern statt dessen versuchen, ihre eigenen ethischen Standards z. B. gewaltsam durchzusetzen. Dabei können sie sogar gegen die Toleranzthese geltend machen, dass das Toleranzgebot unvereinbar ist mit ihren eigenen ethischen Überzeugungen und deshalb von ihnen nicht befolgt werden kann, weil sie sonst ihre eigenen ethischen Überzeugungen nicht mehr ernst nehmen können (vgl. dazu [IX-15]).

Empirische Daten implizieren den metaethischen Relativismus nicht

Aber auch mit der Plausibilität der metaethischen These selbst steht es nicht unbedingt zum Besten. Da sie eine Interpretation darstellt, die gegenüber unserem Selbstverständnis revisionär ist, muss sie durch die genannten Zusatzannahmen gestützt werden. Der sie stützende Hinweis auf die empirisch beobachtbare Heterogenität faktisch existierender ethischer Praktiken und Überzeugungen trägt die Schlussfolgerung, die in der These des metaethischen Relativismus formuliert wird, jedoch genauso wenig wie der Hinweis auf die Abhängigkeit unserer ethischen Überzeugungen von faktisch existierenden Normensystemen. Dies kann man sich an folgendem Beispiel verdeutlichen: Nehmen wir den Fall, dass in einer Gesellschaft X die Handlung a (= menschliche Leichname zu verbrennen) ethisch als richtig gilt, während in einer anderen Gesellschaft Y die Handlung b (= menschliche Leichname dauerhaft zu konservieren) als ethisch richtig gilt. Schlägt man einem Mitglied von Gesellschaft X Handlung b vor, reagiert dieses mit ethischer Empörung, weil es b für ethisch inakzeptabel hält. Die gleiche Reaktion tritt ein, wenn man ein Mitglied der Gesellschaft Y dazu auffordert, Handlung a auszuführen. Auf den ersten Blick haben wir hier einen klaren Beleg für die Relativität ethischer Vorstellungen. In X und Y herrschen offensichtlich Auffassungen über das ethisch Richtige, die mit den Vorstellungen in der jeweils anderen Gesellschaft nicht vereinbar sind. Doch gegen die Deutung dieses Falles im Sinne der Divergenzthese lassen sich drei Einwände formulieren:

Der *erste* Einwand gegen die relativistische Deutung unseres Beispiels zielt darauf ab, dass in dieser Situation gar keine unvereinbaren ethischen Annahmen vorliegen. Die Mitglieder von X halten es für ethisch geboten, das Seelenheil der Verstorbenen zu befördern, und glauben aufgrund metaphysischer Annahmen, dass dies nur geht, wenn die Seele des Verstorbenen endgültig von ihrem irdischen Gefängnis befreit wird, was nur dadurch gewährleistet werden kann, dass der Leichnam zerstört wird. Die Mitglieder von Y halten es ebenfalls für ethisch geboten, das Seelenheil der Verstorbenen zu befördern, und glauben aufgrund metaphysischer Annahmen, dass dies nur geht, wenn der Körper des Verstorbenen für den Zeitpunkt der leiblichen Wiederauferstehung konserviert wird. Was auf den ersten Blick wie ein gravierender ethischer Dissens aussieht, erweist sich bei näherem Hinsehen als Abweichung hinsichtlich anderer Überzeugungen.

Der *zweite* Einwand gegen die relativistische Deutung von ethischem Dissens hebt darauf ab, dass es zwar möglicherweise Teile der ethischen Praxis von X und Y gibt, die sich gegenseitig ausschließen. Dies ist aber mit der Annahme vereinbar, dass es gleichfalls Teile der ethischen Praxis gibt, hinsichtlich derer Konsens besteht. Die relativistische Deutung stellt dann eine unzulässige Verallgemeinerung dar. Möglicherweise muss man hier nur von inhaltlich spezifischen zu allgemeineren ethischen Prinzipien aufsteigen, um den scheinbaren Dissens als zwei unterschiedliche Interpretationen ein und desselben ethischen Prinzips verstehen zu können. (Wenn man die metaethische These vertritt, dass die ethische Geltung der spezifischeren Prinzipien sich ausschließlich der ethischen Geltung der allgemeineren ethischen Prinzipien verdankt, dann wird der zweite Einwand zu einer Variante des ersten Einwandes. Unterstellt man dagegen eine Pluralität von Werten mit jeweils intrinsischer Geltung, dann ist der zweite Einwand ein eigenständiges Argument gegen die relativistische Deutung der Divergenz).

Der *dritte* Einwand stellt sich auf den Standpunkt, dass ein vorliegender Dissens nicht in Richtung des Relativismus gedeutet werden muss. Statt dessen kann man auch an einer kognitivistischen und nicht relativistischen Deutung der Ethik festhalten und die These vertreten, dass in einem solchen Fall nicht beide Annahmen richtig sein können. Mindestens eine der beiden Parteien muss sich, wenn wir wirklich einen Fall von unaufhebbarem ethischem Dissens vor uns haben, in einem ethischen Irrtum befinden. Damit ist implizit auch eine Antwort auf die relativistische Deutung der Dependenz ethischer Überzeugungen gegeben: Wenn die Normen, von denen die ethischen Überzeugungen einzelner Individuen abhängen, wahr sind, dann folgen aus der Dependenz keine relativistischen Konsequenzen.

Diese Antwort auf den relativistischen Deutungsvorschlag lässt offen, ob man den unterstellten ethischen Irrtum der anderen Seite toleriert, oder ob man interveniert, um die Verletzung ethischer Ansprüche zu unterbinden. Es hängt von weit reichenden Abschätzungen der Folgen einer solchen Intervention ab, ob der Eingriff insgesamt ethisch geboten ist oder nicht. Insgesamt gibt es damit keine zwingenden Gründe, aus dem Faktum der Divergenz ethischer Überzeugungen und der Tatsache der Dependenz dieser Überzeugungen von existierenden Normensystemen auf den Relativismus zu schließen.

3. Begründungsmodelle und Begründungsansprüche

Das Problem der rationalen Begründung unserer Überzeugungen und die Frage, welche Wissens- bzw. Begründungsansprüche wir sinnvoller Weise mit unseren Überzeugungen erheben können, gehören zu den grundlegenden Themenstellungen, mit denen sich die Philosophie von ihren Anfängen an beschäftigt hat. Die Modelle, die im Laufe der Zeit für rationale Begründung entwickelt worden sind, finden sich auch im Bereich der Ethik wieder. Im ersten Schritt werden wir uns einen Überblick über die wichtigsten Begründungsmodelle verschaffen. Anschließend werden die verschiedenen Ansätze vorgestellt, der Ethik mit diesen Begründungsmodellen eine Basis zu geben, die gegen skeptische Einwände und den Relativismus gefeit ist.

a) Deduktivismus, Induktivismus und Kohärentismus

Deduktivismus

Generell lassen sich drei Begründungsmodelle unterscheiden: der Deduktivismus, der Induktivismus und der Kohärentismus. Im *Deduktivismus* stellt man sich Begründung so vor, dass man von allgemeinen ethischen Prinzipien über empirische Aussagen zu Sollens- oder Wertaussagen bzw. Handlungsanweisungen kommt. Wir werden uns dabei auf die deontologische Version beschränken (die teleologische Variante lässt sich analog formulieren, indem man die deontischen Sollaussagen durch Wertaussagen ersetzt). Außerdem werden wir den Zeitpunkt der Beschreibung so wählen, dass die Handlung bereits ausgeführt ist und wir uns auf konkrete Ereignisse beziehen können. Als allgemeines Schema kann man das Begründungsmodell des Deduktivismus so darstellen:

(P 1) Handlungen vom Typ X sind ethisch verboten.
(P 2) Diese Handlung h ist vom Typ X.
(S) Es war ethisch verboten, dass Handlung h ausgeführt wurde.

Die erste Prämisse besteht aus einem allgemeinen Prinzip, mit dem ausgesagt wird, dass alle Handlungen eines bestimmten Typs ethisch verboten sind. Bei der zweiten Prämisse handelt es sich um eine empirische Aussage, durch die ein konkretes Ereignis unter eine allgemeine Beschreibung subsumiert wird. Die Schlussfolgerung formuliert dann eine deontische Aussage, aus der auch ein Sollenssatz abgeleitet werden kann (Handlung h hätte nicht ausgeführt werden sollen).

Charakteristisch für das Begründungsmodell des Deduktivismus ist die Vorstellung, dass die ethische Geltung der Konklusion aus der ethischen Geltung des allgemeinen Prinzips abgeleitet wird. Die Geltung dieses ethischen Prinzips selbst hängt dagegen nicht von der Geltung der Konklusion ab. In einer monistischen Ethik wird es nur ein allgemeines Prinzip (oder eine allgemeine Wertaussage) geben, in einer pluralistischen Ethik dagegen mehrere. In einem deduktivistischen Begründungsmodell wird auch in einer pluralistischen Theorie die Geltung der einzelnen Prinzipien nicht von der Geltung der anderen Prinzipien abgeleitet (sie kann im Konfliktfall höchstens durch die Geltung konkurrierender Prinzipien in ihrer Wirkung auf den Einzelfall der Konklusion eingeschränkt werden). Begründung wird im deduktivistischen Modell als Einbahnstraße gedacht und verläuft vom Allgemeinen zum Speziellen bzw. zum Einzelfall.

Induktivismus

Die Annahme des deduktivistischen Modells, dass Begründung eine nur in eine Richtung verlaufende Beziehung ist, teilt der *Induktivismus* mit dem Deduktivismus. Allerdings ist für den Induktivismus dann die Annahme charakteristisch, dass diese Begründungseinbahnstraße vom Einzelfall zum Allgemeinen aufsteigt. In einer auf dem Induktivismus beruhenden Ethik sind die basalen Größen ethischer Geltung konkrete Handlungen oder Situationen, denen wir in Urteilen ethische Geltung zuordnen können. Allgemeine Prinzipien sind dann zu verstehen als durch ethische Erfahrung gewonnene Verallgemeinerungen. Ihnen kommt jedoch keine Geltung gegenüber den Einzelfällen zu. Im Induktivismus ist also ausgeschlossen, dass die ethische Bewertung eines Einzelfalls sich berufen kann auf ein allgemeines Prinzip. Vielmehr müssen solche allgemeinen Aussagen oder Prinzipien in der Ethik mit Vorsicht genossen werden: Für den Induktivisten handelt es sich eher um Orientierungshilfen bzw. Daumenregeln, die in jedem Fall durch die Einzelfallbewertung korrigiert (oder bestätigt) werden müssen (vgl. dazu [IX-16]).

Sowohl der Deduktivismus wie auch der Induktivismus verstehen Begründung als eine Beziehung, die nur in eine Richtung verläuft. Damit sind beide Begründungsmodelle auf die Annahme festgelegt, dass es einen oder mehrere oberste (bzw. unterste) Fixpunkte für Begründungen gibt. Auf der Grundlage dieser Begründungsmodelle besteht eine zentrale Aufgabe der Ethik deshalb darin, eine besondere Klasse von ethischen Überzeugungen ausfindig zu machen, denen ethische Geltung erstens unabhängig von unseren sonstigen ethischen Annahmen zukommt und deren ethische Geltung zweitens als Begründungsressource für alle ethischen Überzeugungen dienen kann, die nicht zu dieser ausgezeichneten Klasse gehören. Wir können diese Vorstellung „Fundamentismus" nennen, um die in unserem Kontext unerwünschten Konnotationen der alternativen Kennzeichung „Fundamentalismus" zu vermeiden (dieser terminologische Vorschlag geht zurück auf [IX-17], S. 84 Anm. 9). Die Differenz zwischen Deduktivismus und Induktivismus sowie verschiedenen konkreten Ethiken dieser Art liegt dann darin, welcher Art von ethischen Überzeugungen dieser ausgezeichnete fundierende Status jeweils zugesprochen wird.

Kohärentismus

Der *Kohärentismus* lehnt die Vorstellung des Fundamentismus und damit die beiden darauf beruhenden Modelle des Deduktivismus und des Induktivismus gleichermaßen ab. In einem kohärentistischen Ansatz wird Begründung nicht als Einbahnstraße gedacht, sondern kann in alle Richtungen verlaufen. Einzelne Handlungen bzw. Situationen werden unter Bezug auf allgemeine Prinzipien bewertet, indem wir z. B. eine konkrete Handlung für falsch halten, weil sie das Zufügen einer Körperverletzung bedeutet. Gleichzeitig können die allgemeinen Prinzipien aber auch durch die Einzelfallbewertung, die einen wesentlichen Teil unserer ethischen Praxis bildet, inhaltlich modifiziert werden. So sieht man z. B., dass die allgemeine Regel, dass ein absichtliches Töten von Menschen in jedem Fall ethisch verboten ist, in unserer Gesellschaft gegenwärtig auf dem Prüfstand steht. Fälle von aktiver Sterbehilfe, die von den jeweiligen Patienten aufgrund einer autonomen Entscheidung gewünscht werden, gelten vielen mittlerweile als ethisch zulässig (und sind seit einigen Jahren auch in einigen Ländern wie z. B. den Niederlanden straffrei). Wenn die Befolgung allgemeiner Normen unter den veränderten Bedingungen unserer Handlungspraxis (z. B. auf der Grundlage der Intensivmedizin und der mit ihrer Hilfe möglichen Lebenserhaltung) in bestimmen Kontexten häufig oder regelmäßig zu Resultaten führt, die von den Beteiligten als ethisch unangemessen eingeschätzt werden, dann ist es im Rahmen des Kohärentismus möglich, die allgemeine Regel durch die auf den Einzelfall ausgerichteten ethischen Intuitionen zu korrigieren. Anders als im Induktivismus, in dem die Regel immer nur als Resultat der Einzelfallbewertung gedacht wird, und anders als im Deduktivismus, wo dem Einzelfall gar keine unabhängige ethische Bedeutung zukommt, kann man in einem kohärentistischen Modell solche Spannungen (oder Veränderungen) als Konflikte zwischen den verschiedenen Ebenen begreifen. Die Begründung verläuft daher sowohl vom Allgemeinen zum Speziellen und zum Einzelfall als auch in die umgekehrte Richtung. Darüber hinaus begründen sich die allgemeinen Prinzipien, die spezielleren Regeln und die Einzelfallbewertungen auch gegenseitig. Dies bedeutet, dass die verschiedenen Regelungen und Bewertungen sich gegenseitig ergänzen und stützen müssen, indem sie insgesamt eine Praxis ermöglichen, die von den beteiligten Subjekten in den Grundzügen als sinnvoll erlebt und zum Großteil mitgetragen wird. Dabei ist nicht gefordert, dass jede einzelne Überzeugung auf einer der Ebenen mit allen anderen Überzeugungen, die Bestandteil unserer ethischen Theorie sind, in direkten Beziehungen steht. Der Kohärentismus fordert nur, dass es keine Bestandteile in der ethischen Theorie bzw. in unserem System ethischer Überzeugungen gibt, denen ethische Geltung unabhängig von ihrer Einbindung in das gesamte ethische Überzeugungssystem zukommt. Dem Kohärentismus zufolge kommt ethische Geltung dadurch zustande, dass sich ein Prinzip, eine Regel oder auch eine Einzelfallbewertung im Kontext des gesamten Systems unserer ethischen Überzeugungen und Erfahrungen bewährt. Diese Bewährung ist dabei in erster Linie als eine Art Praxistest zu begreifen und beruht im Wesentlichen auf den Erfahrungen, welche wir mit den fraglichen ethischen Annahmen im Alltag machen, wenn wir unser Handeln und unsere ethischen Urteile nach ihnen ausrichten (vgl. dazu [IX-7]). Einerseits wird diese Erfahrung immer im Lichte der ethischen Überzeugungen gemacht und fügt sich damit in dieses System ein. Andererseits können einzelne Erfahrungen, in denen eine Diskrepanz zwischen ethischen Regeln und intuitiven Einzelfallbewertungen zum Vorschein kommt, oder ethische Revisionsvorschläge, wenn sie gut begründet sind, zu einer Veränderung des gesamten Systems führen. Gut begründet sind solche Revisionsvorschläge im Rahmen des Kohärentismus dann, wenn die Kritik an bestehenden ethischen Normen den ersten Schritt im Prinzip des *default-and-challenge* übersteht und wenn die Verbesserungsvorschläge begründeten Anlass zu der Annahme geben, dass durch die geforderten Veränderungen die Kohärenz unserer ethischen Praxis insgesamt wächst.

Für den Kohärentismus hängt die Geltungskraft einzelner ethischer Urteile also von der Leistungsfähigkeit des gesamten Netzes unserer ethischen Überzeugungen ab. Ihre Begründung ergibt sich durch den Beitrag, den die einzelnen ethischen Überzeugungen zur Leistungsfähigkeit des gesamten ethischen Überzeugungssystems beitragen. Diese Leistungsfähigkeit besteht dabei in der Möglichkeit, eine stabile und von den Beteiligten als sinnvoll und gerechtfertigt erlebte ethische Praxis aufrecht zu erhalten. Im Rahmen des Kohärentismus kann es damit weder für die Bewertung der Leistungsfähigkeit noch für die inhaltlichen Bestimmungen der ethischen Praxis (z.B. ethische Regeln, Werturteile oder Erfahrungen) einen externen Maßstab geben.

b) Infallible Fundamente für die Ethik?

Neben der soeben durchgeführten Unterscheidung dreier Modelle für ethische Begründung ist die Differenzierung zweier Ansprüche an ethische Begründung für das Verständnis ethischer Theorien wichtig. Diese Ansprüche entspringen, wie auch die drei Begründungsmodelle, nicht dem Bereich der Ethik, sondern manifestieren sich in allen Kontexten der Philosophie. Auf der einen Seite kann man von der Prämisse ausgehen, dass eine fallible Grundlage im Prinzip zur Rechtfertigung von Überzeugungen, Theorien oder auch bestehenden Praktiken ausreicht. Fallibel ist eine solche Grundlage dann, wenn zugelassen wird, dass sie sich im Laufe neuer Erkenntnisse oder veränderter Rahmenbedingungen als falsch erweist. Dem steht auf der anderen Seite die Annahme entgegen, dass nur eine infallible Grundlage aus philosophischer Sicht hinreichend für Rechtfertigung ist. Infallibel bedeutet dabei, dass man zeigen kann, dass die fragliche Grundlage sich nicht als falsch erweisen kann.

Fallibilismus

Nicht nur Philosophen lassen sich von der Vorstellung beunruhigen, dass unsere gesamte ethische Praxis auf Grundlagen beruht, die sich als falsch herausstellen könnten. Es gibt von den drei soeben unterschiedenen Begründungsstrategien jeweils sowohl fallibilistische wie auch infallibilistische Konzeptionen. Deduktivistische und induktivistische Formen des *Fallibilismus* gehen davon aus, dass die fundamentalen Annahmen, auf die jede Begründung der Ethik zurückgehen muss, sich ihrerseits als falsch erweisen können. Auch die in diesem Kapitel bereits vorgestellte pragmatistische Strategie des *default-and-challenge* stellt der Ethik eine fallible Basis zur Verfügung und kann daher als Fall eines fallibilistischen Kohärentismus angesehen werden. „Pragmatistisch" wird diese Strategie zum einen deshalb genannt, weil sie letztlich auf die Bewährung von Annnahmen in der Praxis ausgerichtet ist. Sie wird zum anderen mit dem philosophischen Kunstbegriff „pragmatistisch" gekennzeichnet, um nicht die negativen Konnotationen von „pragmatisch" im Sinne eines auf bloßen Nutzen oder das Machbare ausgerichteten Denkens hervorzurufen. Diese pragmatistische Strategie ist die m. E. erfolgversprechendste Option des Fallibilismus in der Ethik; sie beruht auf dem Gedanken, dass unsere Wissensansprüche im Allgemeinen (und damit auch unsere ethischen Überzeugungen) nicht deshalb als unbegründet gelten müssen, weil sie sich im Prinzip als falsch erweisen können. Vielmehr sind wir so lange berechtigt, an ihnen als begründeten Annahmen festzuhalten, wie sich Zweifel an ihnen nicht plausibel begründen lassen. Fallibilistisch ist diese Strategie also nicht deshalb, weil die Grundlagen unserer ethischen Praxis falsch sind, sondern deshalb, weil nicht gezeigt werden kann (oder muss), dass sie nicht falsch sein können. Für Wissensansprüche und Begründungen gilt damit auch aus philosophischer Sicht das, was im alltäglichen Kontext ohnehin anerkannt ist: Wissensansprüche und Begründungen brechen nicht deshalb zusammen, weil sie sich auf etwas stützen, was sich im Prinzip als falsch erweisen kann.

Diese fallibilistische Reaktion auf die Möglichkeit der Falschheit unserer Wissensansprüche hat jedoch viele Philosophen und Nichtphilosophen nicht überzeugt. Einige, die sich von der prinzipiellen Möglichkeit des ethischen Irrtums beunruhigen lassen, haben skeptische oder nonkognitivistische Schlüsse gezogen. Andere sind zu der Überzeugung gekommen, dass man die Ethik naturalisieren müsse, um sie auf diese Weise in einen erkenntnistheoretisch sichereren Hafen zu steuern. In der Philosophie gibt es jedoch auch eine Denktradition, die von einer ganz gegenteiligen Reaktion geprägt wird. Ausgehend von der Unmöglichkeit des ethischen Naturalismus haben diese Philosophen, ebenfalls zutiefst beunruhigt von der Möglichkeit des ethischen Irrtums, nach unfehlbaren Grundlagen oder Begründungsverfahren gesucht, durch die jede Möglichkeit des Irrtums prinzipiell ausgeschlossen werden kann. Sie haben, mit anderen Worten, nach einer infalliblen Grundlage der Ethik gesucht.

Infallibilismus

Es liegt auf der Hand, dass der *Infallibilismus* am besten mit dem Fundamentismus zusammenpasst. Bevor wir uns die Hauptformen dieses fundamentistischen Infallibilismus anschauen, können wir kurz einen Blick auf die Möglichkeit eines kohärentistischen Infallibilismus werfen: Wenn es gelänge, für ein bestimmtes Netz von Überzeugungen zu zeigen, dass es alternativlos und vollständig sowie änderungsresistent ist, dann wäre dieses Überzeugungssystem infallibel. Anders als im Deduktivismus oder Induktivismus kommt die Infallibilität dabei aber nicht den basalen Elementen unseres Überzeugungssystems direkt zu, sondern muss als Merkmal des gesamten Netzwerks angesehen werden. Aufgrund des Anspruchs der Vollständigkeit, Abgeschlossenheit und Alternativlosigkeit, die für ein solchermaßen ausgezeichnetes Überzeugungssystem behauptet wird, muss ein kohärentistischer Infallibilismus auf jeden Fall die Form einer Letztbegründung annehmen. In der Ethik der Gegenwart wird meines Wissens jedoch eine solche Ethik nicht vertreten; die mit ihr einzugehenden Beweislasten erscheinen dem gegenwärtigen Selbstverständnis der meisten Philosophen einfach als zu hoch.

Der Fundamentismus stellt damit unbestreitbar die wichtigste Form des Infallibilismus in der Ethik dar. Hinsichtlich der erkenntnis- bzw. begründungstheoretischen Grundlagen lässt er sich noch weiter differenzieren. Die erste Variante des fundamentistischen Infallibilismus versucht, eine rational nicht bestreitbare Begründung für die Grundlagen der Ethik zu liefern (vgl. dazu Kapitel V, 3). Letztbegründungen gehen, anders als die Strategie des *default-and-challenge*, offensiv gegen skeptische Zweifel vor, die sie von vornherein und endgültig durch ein Begründungsverfahren ausschließen wollen. Damit ist diese Form des Infallibilismus am Paradigma der Begründung orientiert.

Die zweite Variante des fundamentistischen Infallibilismus nimmt dagegen in Anspruch, dass wir gewisse ethische Urteile mit Evidenz fällen können. Diese besondere Qualität verdankt sich einem speziellen Erkenntnisvermögen des Menschen, der für die postulierte ethische Evidenz offen ist. An dieser Stelle muss man noch einmal zwischen induktivistischen und deduktivistischen Varianten unterscheiden. Vertreter des *induktivistischen* Infallibilismus gehen davon aus, dass unsere basalen ethischen Urteile sich auf konkrete Handlungen oder Situationen beziehen. Die Evidenz dieser basalen ethischen Urteile entspringt einer intuitiven Wahrnehmung der ethischen Qualität von solchen konkreten Entitäten. Die epistemische Quelle der Ethik wird in dieser Konzeption analog zur sinnlichen Anschauung bzw. Wahrnehmung gedacht (vgl. dazu [IX-18], Kapitel 3 und [IX-19]). Vertreter des *deduktivistischen* Infallibilismus gehen davon aus, dass unsere basalen ethischen Urteile durch die Erfassung ethischer Prinzipien begründet sind, deren ethische Geltung uns intuitiv gewiss ist. Die epistemische Quelle ethischen Wissens wird in dieser Konzeption analog zur intuitiven Prinzipienschau, wie sie in der Philosophie z. B. mit Bezug auf mathematische oder logische Prinzipien häufig postuliert wird, gedacht. Züge einer solchen Konzeption finden sich z. B. bei Ross (siehe [IX-20], Kapitel VIII).

Diese beiden Formen des *evidenzbasierten* fundamtentistischen Infallibilismus unterscheiden sich darin, wie in ihnen die Struktur der evidenzver-

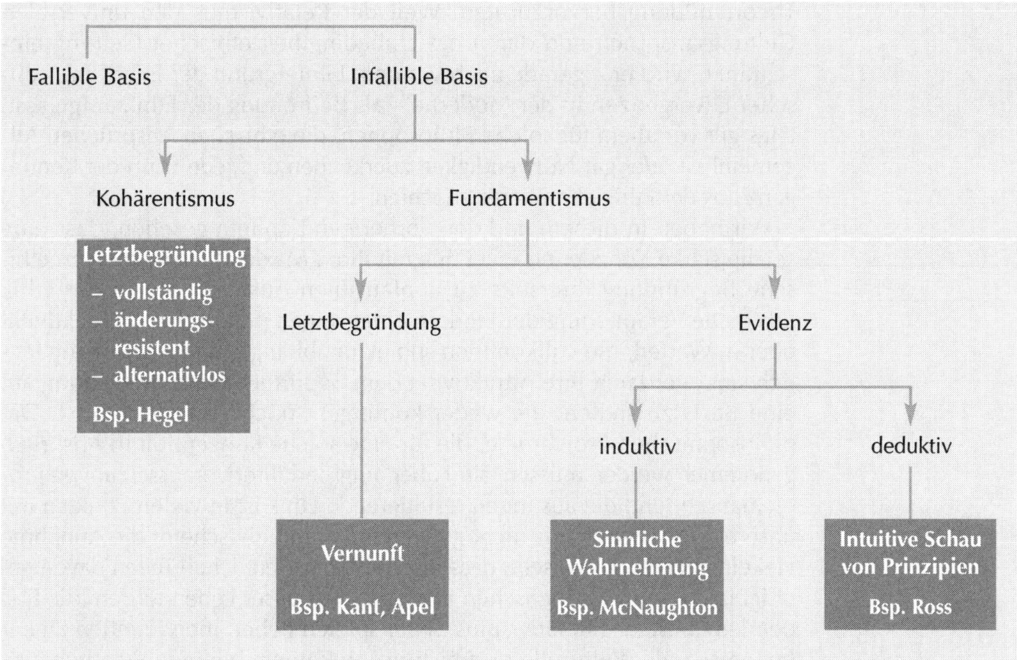

bürgenden Intuition philosophisch bestimmt wird (dieser Unterschied leitet sich dabei letztlich her von den jeweils vorausgesetzten Entitäten, auf die unsere ethischen Intuitionen ausgerichtet sind). Ihre Gemeinsamkeit gegenüber dem *letztbegründenden* Infallibilismus liegt darin, dass sie die basale epistemische Relation zwischen dem erkennenden Subjekt und den ethisch ausgezeichneten Entitäten als Evidenz charakterisieren. Damit sind sie dem Wahrnehmungsmodell verpflichtet, während die Idee der Letztbegründung auf diskursive Rationalität abzielt. Die Spannung zwischen ethischer Wahrnehmung und praktischer Vernunft, die sich schon im Kontext unserer Erörterung des ethischen Objektivismus und des ethischen Realismus bemerkbar gemacht hat, schlägt sich damit auch im Kontext der ethischen Begründung nieder.

c) Fazit: Wer hat Angst vor'm Relativismus?

Der Hinweis auf faktische Meinungsunterschiede und miteinander unverträgliche ethische Annahmen reicht, wie wir gesehen haben, für sich genommen nicht hin, einen ethischen Relativismus zu begründen. Hat Williams daher Recht, wenn er den Relativismus als die absurdeste Anschauung bezeichnet, die auf dem Gebiet der Moralphilosophie zu finden sei?

Bedenkt man, dass das Gespenst des Relativismus das vermutlich zentralste Motiv für die Entwicklung infallibilistischer Ethiken, für die Programme der Letztbegründung oder die Postulate apriorischer Werte im Sinne des starken Realismus gewesen ist, dann hat diese absurde Anschauung zumindest so viel Kraft, vehemente Gegenreaktionen in der ethischen

Theoriebildung hervorzurufen. Weil der Relativismus den universalen Geltungsanspruch und damit die Unbedingtheit ethischer Geltung einschränkt, wird er – gerade auch vor dem Hintergrund der Erfahrung ethischer Divergenzen in der Moderne – als Bedrohung der Ethik aufgefasst. Dies gilt vor allem für solche Philosophen, die ethischen Ansprüchen Allgemeinheit oder gar Notwendigkeit zuerkennen und jede Form der Kontingenz aus der Ethik eliminieren möchten.

Wir haben in diesem und den vorherigen Kapiteln gesehen, dass eine solche starke Konzeption von Ethik mit ihren Maximalansprüchen an ethische Begründung ihrerseits zu unplausiblen Auffassungen in der Ethik führt. Die Verankerung der Ethik in einer reinen praktischen Subjektivität oder in Werten, die vollkommen subjektunabhängig und a priori zugänglich sind, verdankt ihre Attraktivität dem Bedürfnis, ethische Geltung auf eine Basis zu stellen, die weder kontingent noch veränderlich ist. Die philosophischen Programme, die für eine solche Konzeption in Anspruch genommen werden müssen, sind aber aufgrund ihrer Voraussetzungen problematisch, und die aus ihnen resultierende Ethik ist in vielen Punkten mit unserer ethischen Praxis nicht gut vereinbar. Intuitiv scheint die Annahme viel einleuchtender zu sein, dass die Ethik in wesentlichen Teilen davon geprägt ist, wie wir als Menschen in dieser Welt unser Leben führen (die Dependenzthese des Relativismus). Hier spielen neben individuellen Eigenheiten soziale, kulturelle und historische Rahmenbedingungen genauso eine prägende Rolle wie z. B. unsere biologische Konstitution. Vieles aus diesem Bereich ist – zumindest mit Bezug auf den Menschen – faktisch universal (deshalb impliziert weder die Divergenz noch die Dependenz ethischer Überzeugungen den Relativismus). Die Grundlage bleibt jedoch kontingent und ist im Prinzip sogar durch unser Handeln veränderbar (man denke nur an die Möglichkeiten des Umbaus unserer biologischen Natur, die sich z. B. durch Fortpflanzungstechnologien oder die langfristigen Optionen der Humangenetik ergeben). Wenn man die Ethik an die empirische Basis des menschlichen Lebens anbindet, dann stellt man sie auf ein Fundament, das relativ ist zu fragilen anthropologischen Vorgaben. Darüber hinaus lassen sich, wenn man die Ontologie des schwachen ethischen Realismus zugrunde legt, Werte von unterschiedlicher Universalität und Geltungsreichweite postulieren (je nach der Universalität der subjektiven Elemente, die in die Konstitution der evaluativen Relation eingehen). Auf jeden Fall behält die Ethik ein kontingentes Fundament, und in diesem Sinne bleibt in ihr der Relativismus auch erhalten. Der metaphysische Relativismus beinhaltet die zutreffende Einsicht, dass unsere Ethik sich nicht im luftleeren Raum entwickelt und nicht vollkommen frei ist von empirischen Voraussetzungen oder Rahmenbedingungen. Diese Relativität der Ethik hat aber, richtig verstanden, keine zerstörende Wirkung für unser ethisches Selbstverständnis und unsere ethische Praxis. Dies gilt zumindest dann, wenn wir nicht aus der Fehlinterpretation dieser Relativität oder aufgrund epistemischer oder sonstiger Theorieideale überzogene Begründungsstandards an ethische Aussagen herantragen und auf diese Weise letztlich dem Skeptizismus Vorschub leisten.

4. Zusammenfassung, Lektürehinweise, Fragen und Übungen

Zusammenfassung

Ausgehend von der Frage nach dem Nutzen und Nachteil des Projektes einer ethischen Begründung sind in diesem Kapitel die zentralen Thesen des ethischen Relativismus vorgestellt worden, wobei zwischen einem metaethischen und einem normativen Relativismus unterschieden wurde. Der metaethische Relativismus behauptet, dass die Geltungsansprüche ethischer Aussagen stets relativ zu einer bestimmten Bezugsgruppe sind. Der normative Relativismus zieht aus diesem Befund die Konzequenz, dass niemand das Recht hat, sich in eine ethische Praxis einzumischen, die auf ethischen Fundamenten beruht, die von den jeweils eigenen verschieden sind. Während der normative Relativismus mit dem metaethischen Relativismus unverträglich ist, weil er selbst eine universelle Norm formuliert, hat die Diskussion gezeigt, dass die vom Relativismus als Beleg ins Feld geführten Fakten der Pluralität ethischer Überzeugungen und der Divergenz zwischen verschiedenen ethischen Überzeugungssystemen nicht ausreicht, die These des metaethischen Relativismus zu begründen. Die Möglichkeit skeptischer Einwände und relativistischer Konzeptionen in der Ethik stellt eines der Hauptmotive dar, die zur Formulierung starker Begründungsansprüche für ethische Überzeugungen geführt haben. Auf der Grundlage der wichtigsten Begründungsmodelle (Deduktivismus, Induktivismus und Kohärentismus) wurden die Versuche, unsere ethische Praxis auf eine unfehlbare Grundlage zu stellen, vorgestellt. Angesichts der Gefahren, die der Ethik durch das Festhalten an zu starken Begründungsansprüchen erwachsen, wurde die Option einer pragmatistischen und kohärentistischen Konzeption entwickelt, die auf infallible Grundlagen verzichtet und bestimmte relativistische Grundzüge der Ethik für akzeptabel hält. Entscheidend für die Frage nach der Begründung der Ethik ist daher, ob eine infallible (auf Evidenz oder Letztbegründung) basierende Basis gesucht wird, von der man philosophisch zeigen kann, dass sie gegen skeptische Einwände gefeit ist. Alternativ dazu wurde in diesem Kapitel die Position entwickelt, dass unsere Praxis so lange als begründet angesehen werden kann, bis Einwände gegen bestimmte Prinzipien oder Wertannahmen unseres ethischen Selbstverständnisses plausibel gemacht werden können. Eine generelle Zurückweisung der Möglichkeit skeptischer Zweifel ist für die Ethik genauso wenig erforderlich wie eine Basis, die nicht relativ ist zu anthropologischen Bedingungen der menschlichen Existenz.

Lektürehinweise

Wichtige Beiträge zu den Begründungsformen in der Philosophie finden sich in [IX-21], für weitere Literatur vgl. die Hinweise in [IX-22]. Zum Problem des Relativismus in der Philosophie generell vgl. die Beiträge in [IX-23]; speziell zur Ethik siehe die Aufsätze in [IX-24] und [IX-25] sowie die Hinweise in [IX-26].

Fragen und Übungen

- Stellen Sie die Vorteile dar, die sich durch die Begründung ethischer Überzeugungen ergeben.
- Weshalb enthält der Anspruch auf Begründung ethischer Überzeugungen eine kritische Komponente?
- Worin liegen die Gefahren des Projekts einer Begründung der Ethik?
- Erläutern sie die Begründungsstrategie des *default-and-challenge*.
- Stellen Sie die Differenz zwischen Ursachen und Gründen dar.
- Was ist der Unterschied zwischen der externen und der internen Perspektive auf ethische Begründungen?
- Weshalb ist diese Unterscheidung zwischen interner und externer Perspektive metaethisch nicht neutral?
- Erläutern Sie die Grundannahmen des ethischen Relativismus.

- Weshalb sind die Thesen des normativen und des metaethischen Relativismus nicht miteinander verträglich?
- Erläutern Sie, weshalb die faktische Divergenz zwischen ethischen Überzeugungen nicht den Schluss auf den metaethischen Relativismus erlaubt.
- Welche gemeinsame Annahme von Deduktivismus und Induktivismus wird vom Kohärentismus nicht akzeptiert?
- Wodurch unterscheiden sich Deduktivismus und Induktivismus voneinander?
- Erläutern Sie den Unterschied zwischen fallibilistischen und infallibilistischen Begründungsansätzen in der Ethik.
- Erläutern Sie den Unterschied zwischen letztbegründendem und evidenzbasiertem fundamentistischem Infallibilismus.
- Welche Theorietypen lassen sich innerhalb des evidenzbasierten fundamentistischen Infallibilismus unterscheiden? Und worin liegen die Unterscheidungsmerkmale?
- Bestimmen Sie das Verhältnis von Relativität, Kontingenz und Universalität ethischer Überzeugungen im Rahmen eines fallibilistischen und pragmatistischen Kohärentismus.
- Worin besteht einer pragmatistischen Ethikkonzeption zufolge die Bewährung ethischer Überzeugungen (Regeln oder Normen)?

X. Freiheit, Verantwortung und Determinismus

In diesem Kapitel wird die Frage nach dem Verhältnis von Freiheit, Determinismus und Verantwortung behandelt. Dabei wird die lang andauernde Kontroverse zwischen Kompatibilisten und Inkompatibilisten, die zu einer komplexen Diskussion geführt hat, in zwei Problemstellungen untergliedert. Zum einen werden die unterschiedlichen Antworten auf die Frage vorgestellt, ob ein metaphysischer Freiheitsbegriff mit dem Determinismus vereinbar ist. Zum anderen werden die kompatibilistische und die inkompatibilistische Antwort auf die Frage, von welchem Freiheitsbegriff wir in unserer ethischen Praxis der Verantwortungszuschreibung Gebrauch machen, diskutiert.

1. Einleitung

In der Auseinandersetzung mit dem ethischen Naturalismus und der Erörterung verschiedener Begründungsmodelle in der Ethik ist die Relevanz der Unterscheidung zwischen der internen und der externen Perspektive deutlich geworden. Dabei haben wir der internen Perspektive den Vorzug gegeben und die These vertreten, dass es in einer philosophischen Ethik nicht notwendig ist, sich auf Begründungsfragen aus der externen Perspektive einzulassen. Unsere ethische Praxis erschließt sich den externen Zugriffen z. B. des ethischen Naturalismus nicht und benötigt auch keine externe Begründung zu ihrer Rechtfertigung.

Freiheit als externe Voraussetzung der Ethik?

Doch wenn man dieser Auffassung folgt und allen extern an die ethische Praxis herangetragenen Fragen und Begründungsansprüchen für die Zwecke einer philosophischen Ethik eine Absage erteilt, so ist damit noch nicht ausgeschlossen, dass es eine andere Sorte von externen Faktoren gibt, deren Analyse und Absicherung für unsere ethische Praxis wie auch eine philosophische Ethik relevant ist. Denkbar ist ja, dass unsere ethische Praxis und unsere ethische Begrifflichkeit selbst externe Voraussetzungen enthält. Vielleicht setzen wir Dinge voraus, die selbst nicht Teil der Ethik, gleichwohl aber notwendige Bedingungen für sie sind. Gäbe es solche Voraussetzungen, dann müssten sie als externe Bedingungen angesehen werden. Es wäre dann möglich, sie zum Gegenstand einer externen Frage und gegebenenfalls Begründung oder Kritik zu machen. Der prominenteste Kandidat für eine solche externe Voraussetzung ist die Freiheit.

2. Metaphysische Freiheit und Determinismus

a) Die Problemstellung

Menschen können mittels ihres Körpers Veränderungen in der physischen Welt bewirken. Gleichzeitig sind sie aufgrund ihrer körperlichen Existenz den unterschiedlichsten kausalen Einflüssen der physischen Realität ausgesetzt. Ein für die Ethik besonders wichtiger Fall sind solche Veränderungen, die Menschen aufgrund von Handlungen hervorbringen. Wer aufsteht, zum Fenster geht und dieses schließt, um sich danach wieder in seinen Sessel zu setzen, der hat unzählige Wirkungen in der physischen Welt verursacht. Man denke nur allein an die unzähligen Luftmoleküle, die durch diesen Vorgang ihre Position verändern, oder an den Staub, den eine solche Aktion aufwirbelt. Diese Person hat auch eine Veränderung in der Wirklichkeit hervorgebracht, die sie zuvor beabsichtigt hatte: Sie hat ein offenes Fenster geschlossen. Ein solcher Eingriff in die physische Welt ist zweierlei zugleich: Er ist ein physisches Ereignis und die Realisierung einer Absicht. Ereignisse dieser Art sind Mittel, mit denen wir unsere Absichten, Wünsche oder Zwecke in der Welt handelnd zu realisieren versuchen.

Das Problem des Determinismus

An dieser Stelle ergibt sich nun ein Problem, welches die philosophischen Gemüter seit langem bewegt. Wenn es stimmt, dass die physische Welt durch strikte deterministische Gesetze bestimmt ist, und wenn es stimmt, dass Handlungen physische Ereignisse sind, die in die physische Welt kausal eingreifen, dann müssen Handlungen auch unter diese strikten deterministischen Gesetze fallen. Daraus folgt jedoch unmittelbar Folgendes: Es hat schon zu einem beliebigen Zeitpunkt vor Ausführung der konkreten Handlung h festgestanden, dass X diese Handlung zu dem späteren Zeitpunkt ausführen wird. In einem strikt determinierten physikalischen Universum muss dies sogar schon vor der Geburt von X feststehen. Mit anderen Worten: Wenn der physikalische Determinismus gilt, dann lag schon lange vor der Entstehung menschlichen Lebens fest, dass dieses Kapitel von bestimmten Personen zu bestimmten Zeiten gelesen werden wird. Weil Gleiches für alle unsere Handlungen gilt, kann von einer Kontrolle seitens des Handelnden keine Rede sein: Wenn die physische Wirklichkeit strikten deterministischen Gesetzen unterliegt, so die Schlussfolgerung, dann gibt es keine Freiheit, keine Kontrolle und damit auch keine Verantwortung.

Der Streit zwischen Kompatibilisten und Inkompatibilisten

Dieser Gedankengang hat intuitiv eine große Plausibilität, und das ihm zugrunde liegende Problem ist unter der Überschrift „Freiheit und Determinismus" in die Philosophiegeschichte eingegangen. Trotz ihrer intuitiven Plausibilität ist die These, dass Freiheit und Determinismus nicht miteinander verträglich sind, von vielen Philosophen jedoch auch bestritten worden. Die Anhänger der Unverträglichkeitsthese gehen davon aus, dass der Determinismus mit unserer ethischen Praxis *nicht vereinbar* ist, weil er mit Freiheit als einer externen Bedingung dieser Praxis nicht verträglich ist (man nennt diese Position *Inkompatibilismus*). Die Kritiker dieser Argumentation halten dagegen, dass die von unserer ethischen Praxis als externe Bedingung vorausgesetzte Freiheit mit dem Determinismus *verträglich* ist (diese Position nennt man *Kompatibilismus*). Beide Positionen werden seit zwei Jahrtausenden in der Philosophie sowohl heftig bestritten als auch entschieden verteidigt (vgl. die Darstellung in [X-1], Kap. 1). Deshalb liegt der Verdacht nahe, dass hier möglicherweise zentrale Begriffe in verschiedenen Bedeutungen gebraucht und dadurch konfligierende Intuitionen aktiviert werden. Es ist daher unerlässlich, im Folgenden Begriffsklärungen vorzunehmen und zwei Ebenen der Argumentation zu unterscheiden. Anschließend können wir dann die wichtigsten Positionen charakterisieren, die in der Diskussion vertreten werden.

Metaphysische Freiheit als externe Voraussetzung unserer ethischen Praxis

Außerdem dürfen wir bei unserer Erörterung nicht vergessen, dass sowohl die Kompatibilisten wie auch die Inkompatibilisten zwei Voraussetzungen teilen: Sie gehen erstens beide davon aus, dass unsere ethische Praxis eine Art von Freiheit voraussetzt, die selbst unabhängig von unserer ethischen Praxis ist (wir werden dieses Freiheitsverständnis als *metaphysische* Freiheit bezeichnen; vgl. dazu [X-2]). Diese metaphysische Freiheit ist beiden Positionen zufolge eine *externe* Voraussetzung unserer ethischen Praxis. Zweitens stellen beide, sowohl Kompatibilisten wie auch Inkompatibilisten, die Frage nach der Vereinbarkeit von metaphysischer Freiheit und Determinismus in praktischer Absicht. Letztlich geht es in ihrem Streit um die richtige Analyse einer externen Bedingung für unsere ethische Praxis. Wir müssen daher diese beiden Voraussetzungen des Streits zwischen Kompatibilisten und Inkompatibilisten festhalten:

(V 1) Unsere ethische Praxis setzt eine von dieser Praxis unabhängige *metaphysische* Freiheit voraus.
(V 2) Die gemeinsame Frage ist, ob diese metaphysische Freiheit mit dem Determinismus verträglich ist (und damit: ob unsere ethische Praxis mit dem Determinismus verträglich ist).

b) Begriffsklärungen: Determinismus und Freiheit

In der langen Tradition dieser Streitfrage sind viele Begriffe, die im Kontext der Zuschreibung von Verantwortung verwendet werden, einer ausführlichen und differenzierten Analyse unterzogen worden – z. B. „Kontrolle", „Zwang" oder „Drohung" (siehe dazu [X-3] und [X-4], Kapitel 6). Wir werden uns jedoch auf die beiden Begriffe beschränken, um die es in dieser Diskussion unmittelbar geht: „Determinismus" und „Freiheit".

Determinismus

Determinismus: Trotz seiner prominenten Rolle in der Auseinandersetzung um die Freiheit bleibt der Begriff des Determinismus in der Diskussion zumeist unterbestimmt. Dies ist ein misslicher Umstand, da auch unter „Freiheit" Unterschiedliches verstanden werden kann (vgl. [X-5], S. 38–41). Im Streit zwischen Kompatibilisten und Inkompatibilisten werden Freiheit und Determinismus ja ins Verhältnis zueinander gesetzt, und dabei hängt die Frage nach der Vereinbarkeit und Unvereinbarkeit beider entscheidend von der konkreten inhaltlichen Füllung der Begriffe ab.

In erster Linie denkt man bei Determinismus an den physikalischen Determinismus, d. h. an die These, dass die physische Welt unter Gesetze fällt, die in folgendem Sinne deterministisch sind: Wenn zu einem bestimmten Zeitpunkt der physische Gesamtzustand der Welt gegeben ist, dann folgt aus der Wahrheit dieser Gesetze, dass sich die Welt zu einem späteren Zeitpunkt in genau einem bestimmten Zustand befinden wird. Neben diesem physikalischen Determinismus sind für die Freiheitsdebatte aber auch noch andere Formen des Determinismus relevant gewesen. Neben der Annahme eines allwaltenden Schicksals oder eines allmächtigen und allwissenden Gottes sind weitere prominente Kandidaten z. B. der in Teilen des Marxismus entwickelte ökonomische Determinismus und die gerade in der Freiheitsdebatte zentrale Vorstellung eines psychischen Determinismus, bei dem mentale Zustände und Ereignisse unser Handeln kausal determinieren. Es gibt sogar, um noch eine letzte Variante anzuführen, einen logischen Determinismus. Dieser versucht aus der Prämisse, dass Aussagen über zukünftige Ereignisse schon vor dem Eintreten dieses Ereignisses einen definiten Wahrheitswert haben, abzuleiten, dass menschliches Handeln nicht frei sein kann. Wenn die Aussage, dass Sebastian am 9. 8. 7654 um 3.21 Uhr eine Mathematikaufgabe richtig löst, heute schon wahr oder falsch ist, dann hat Sebastian, der jetzt noch nicht einmal geboren worden ist, keine Chance, daran etwas zu ändern. Die all diesen Determinismusvarianten gemeinsame Grundidee ist dabei folgende:

> Es gibt Bedingungen (seien es Schicksalssprüche, göttliche Entscheidungen oder Ursachen physischer, psychischer oder ökonomischer Art plus jeweils entsprechende deterministische Gesetze), deren gemeinsames Auftreten notwendig und hinreichend dafür ist, dass genau ein bestimmtes Ereignis eintritt.

Alle diese Varianten des Determinismus sind von einigen Autoren als unverträglich mit der metaphysischen Freiheit, die für unsere ethische Praxis unverzichtbar ist, angesehen worden, während andere diese inkompatibilistische Annahme heftig bestritten haben. Wenn die determinierenden Bedingungen gegeben sind, dann ist das Folgeereignis unvermeidlich. Gilt dieses Determinationsverhältnis universell für alle physischen Ereignisse, also auch für menschliches Handeln, und gehören freie Entscheidungen nicht zu den determinierenden Bedingungen hinzu, dann kann es, so die inkompatibilistische These, weder metaphysische Freiheit noch Verantwortung für Handlungen geben. Kritiker dieser Unverträglichkeitsthese bestreiten, dass die Grundidee des Determinismus per se metaphysische Freiheit ausschließt. Mit dieser allgemeinen Verträglichkeitsbehauptung wird offen gelassen, ob spezielle Varianten des Determinismus mit der metaphysischen Freiheit unvereinbar sind. Man kann der Verträglichkeitsbehauptung zustimmen und den Standpunkt vertreten, dass der physikalische Determinismus keine Gefahr für menschliche Freiheit darstellt, die Existenz eines allwissenden und allmächtigen Gottes aber wohl. Bevor wir uns jedoch über solche Feinheiten Gedanken machen können, müssen wir erst einmal einige Präzisierungen des metaphysischen Freiheitsbegriffs vornehmen. Denn vielleicht lässt sich der Streit zwischen Kompatibilisten und Inkompatibilisten ja auf unterschiedliche Auffassungen über das Wesen der von unserer ethischen Praxis vorausgesetzten Freiheit zurückführen.

Handlungs- versus Willensfreiheit

Freiheit: Es ist heute üblich geworden, zwischen Handlungs- und Willensfreiheit zu unterscheiden (vgl. [X-6], S. 3–9). In ersterem Sinne ist der Mensch frei, wenn er seine Absichten, Wünsche und Zwecke durch Handeln ungehindert umsetzen kann. Für diesen Freiheitsbegriff reicht es aus, dass die Ursachen des Handelns im Handelnden selbst liegen, d.h. kein physischer oder psychischer Zwang auf ihn ausgeübt und dass er nicht aufgrund körperlicher Behinderungen am Handeln gehindert wird. Für Handlungsfreiheit ist es unerheblich, wie die Absichten, Wünsche oder Zwecke des Handelnden zustande gekommen sind. Handlungsfreiheit besteht also darin, dass jemand das tun kann, was er tun will.

Im Kontext der Diskussion um die Vereinbarkeit von Freiheit und Determinismus wird allgemein zugestanden, dass das Problem nicht in der

Handlungsfreiheit liegt (wir übernehmen diese Voraussetzung). Wenn Absichten, Wünsche oder Zwecke kausale Ursachen für physische Ereignisse (= konkrete Handlungen) sind, fügen sie sich in eine deterministische Konzeption ein. Dann lässt sich ein theologischer oder ein ökonomischer Determinismus so deuten, dass unsere Absichten, Wünsche oder Zwecke von Gott oder den ökonomischen Verhältnissen festgelegt werden. Der Handelnde ist dann in dem Sinne frei, dass er seine Ziele im Handeln umsetzen kann. Nur für diese Ziele selbst hat er sich nicht frei entschieden. Ihm fehlt, mit anderen Worten, nicht die Freiheit zu handeln, wohl aber die Willensfreiheit.

Handlungsfreiheit ist von einer anderen Art von Freiheit, der Willensfreiheit, zu unterscheiden. Willensfreiheit schließt ein, dass ein Handelnder sich für seine Absichten, Wünsche und Zwecke frei entscheiden, dass er seinen Willen selbst bestimmen und die Inhalte seines Willens selbst wählen kann. Für Willensfreiheit reicht es also nicht aus, dass wir tun können, was wir wollen. Wir müssen, so hat es Arthur Schopenhauer einmal sinngemäß formuliert, auch wollen können, was wir wollen. Es ist diese Freiheit des Willens, um die es im Streit um das Verhältnis von Freiheit und Determinismus letztlich geht.

Zwang und Hätte-anders-Können

Nehmen wir als Beispiel einen Abgeordneten, der sich aufgrund einer Erpressung nicht an die Koalitionsvereinbarung hält. Wir unterstellen hier, dass er durch die Erpressung nicht in einen solchen psychischen Extremzustand versetzt worden ist, der es ihm unmöglich macht, überhaupt noch Entschlüsse zu fassen oder absichtlich zu handeln. Er kann in unserem Beispiel also sein Abstimmungsverhalten wählen. Bei der Abstimmung beabsichtigt er, gegen die Vorlage A zu stimmen (er hebt an der richtigen Stelle absichtlich seine Hand). Doch diese Handlung ist nicht das, was er eigentlich tun möchte, weil sie von ihm nur unter Zwang gewählt worden ist. Dieser Zwang verändert unsere ethische Einschätzung. Aber, so können wir fragen, zeigt dieses Beispiel auch, dass der Abgeordnete nicht frei war im Sinne der Willensfreiheit? Eigentlich nicht. Unser Beispiel macht deutlich, dass wir seine Handlung rechtfertigen, aber es enthält nicht die Annahme, dass er sich in der Abstimmung nicht auch anders hätte entscheiden können. Wir alle können uns dramatische Konflikte vorstellen, in denen sich ein Mensch dazu entscheidet, einem Erpressungsversuch zu widerstehen. Wenn der Schaden, der durch die Befolgung der Erpressung entsteht, wesentlich größer ist als der Schaden, der durch die Nichtbefolgung hervorgerufen wird, würden wir sogar verlangen, dass man sich nicht erpressen lässt (z. B. in dem Fall, dass ein Staatsoberhaupt, dessen Kind entführt worden ist, dazu gezwungen werden soll, inhaftierte Terroristen freizulassen und ihnen Biowaffen auszuhändigen). Um Willensfreiheit auszuschließen, muss anders als in unserem Beispiel des Abgeordneten unterstellt werden, dass der Handelnde keine Möglichkeit hat, sich gegen die Absichten, Wünsche oder Zwecke zu entscheiden, die er faktisch hat. Dies geht über die Bedingung, dass er überwältigende Gründe dafür hat, sich auf eine bestimmte Weise zu entscheiden, hinaus. Es scheint diese Möglichkeit des *Hätte-anders-Können* zu sein, die wir mit dem Begriff der Willensfreiheit erfassen wollen. Sie scheint es auch zu sein, die sich nicht mit dem Determinismus vereinbaren lässt, da dieser die Existenz alternativer

Möglichkeiten gerade ausschließt. Philosophen, die Freiheit und Determinismus für miteinander verträglich halten, versuchen daher entweder, diesem Aspekt des Hätte-anders-Können eine Deutung zu geben, die mit dem Determinismus vereinbar ist. Oder sie gehen in die Offensive und behaupten, dass sich der Begriff der Willensfreiheit nicht widerspruchsfrei denken lässt. Bevor wir uns diesen Fragen zuwenden, müssen wir jedoch erst noch zwei Ebenen der gesamten Diskussion unterscheiden. Dies wird uns in die Lage versetzen, die unterschiedlichen Positionen besser zu verstehen.

c) Zwei Ebenen

In der Geschichte der Philosophie sind unterschiedliche und differenzierte Antworten auf die Frage gegeben worden, wie das Verhältnis von Determinismus und Freiheit mit Blick auf unsere ethische Praxis zu bestimmen ist. Wenn man versucht, die verschiedenen Positionen zu unterscheiden, dann ist es hilfreich, zwei Ebenen der Diskussion auseinander zu halten.

Erste Ebene: Wir haben bereits festgestellt, dass es beim Streit zwischen Kompatibilisten und Inkompatibilisten um die Bestimmung des Verhältnisses von metaphysischer Freiheit und Determinismus geht. Die Auseinandersetzung dreht sich damit um die Frage:

(F 1) Ist die metaphysische Freiheit, die wir in unserer ethischen Praxis voraussetzen, möglich, *wenn* der Determinismus wahr ist?

Diese Frage kann man beantworten, ohne sich auf eine Antwort auf die Frage festlegen zu müssen, ob der Determinismus in unserer Welt faktisch wahr ist oder nicht. Die erste Frage zielt ausschließlich auf das Verhältnis zweier Begriffe zueinander ab.

Zweite Ebene: Die zweite Frage lässt sich dann so formulieren:

(F 2) Ist unsere Welt determiniert?

Ob sich diese Frage durch empirische Daten entscheiden lässt, ist schwer zu entscheiden. Auf jeden Fall verweist sie auf metaphysische und wissenschaftstheoretische Voraussetzungen, da der Kausalitäts- und der Gesetzesbegriff hier eine entscheidende Rolle spielen. Vermutlich werden die zur Verfügung stehenden empirischen Daten keine eindeutige Antwort erzwingen. Für unsere Überlegungen können wir diese Fragen offen lassen; wichtig ist nur, die Differenz zwischen beiden Fragen zu sehen. Während die erste Frage allein auf begriffliche Überlegungen abzielt, geht man mit Antworten auf die zweite Frage metaphysische und wissenschaftstheoretische sowie vermutlich auch empirische Beweislasten ein.

Beide Fragen sind voneinander unabhängig; allerdings wird (F 1) häufig dadurch motiviert, dass man von der Wahrheit des Determinismus ausgeht. Trotzdem bleibt festzuhalten, dass man für oder gegen die These der Unvereinbarkeit von Freiheit und Determinismus argumentieren kann, ohne sich auf eine Antwort hinsichtlich der zweiten Frage festzulegen. Gerade weil wir durch die erste Frage gezwungen sind, die Begriffe der Freiheit und des Determinismus zu klären und zu präzisieren, verdient (F 1) auch unabhängig von (F 2) unsere Aufmerksamkeit.

d) Positionen

Auf der Grundlage dieser Ebenenunterscheidung können wir nun eine differenziertere Landkarte der philosophischen Positionen zeichnen, durch die sich die Thesen und Beweislasten der einzelnen Theorien besser kenntlich machen lassen. Der nun folgende Überblick stellt allerdings eine Vereinfachung dar: Es werden nur die historisch wirkmächtigsten, nicht aber alle philosophisch interessanten oder gar alle logisch möglichen Positionen skizziert (vgl. für eine ausführlichere Übersicht [X-7]). Dies sind die wichtigsten Antworten, die in der Geschichte der Philosophie entwickelt wurden:

(P 1) Metaphysische Freiheit und Determinismus sind unvereinbar ([F 1] nein) und unsere Welt ist auf geeignete Weise nicht determiniert ([F 2] nein), sodass die für unsere ethische Praxis notwendige metaphysische Freiheit in unserer Welt realisiert ist. Dies ist die Position des *Libertarianismus.*

(P 2) Metaphysische Freiheit und Determinismus sind unvereinbar ([F 1] nein) und unsere Welt ist determiniert ([F 2] ja). Dies ist die Position des *harten Determinismus.*

(P 3) Metaphysische Freiheit und Determinismus sind vereinbar ([F 1] ja) und unsere Welt ist determiniert ([F 2] ja). Dies ist die Position des *weichen Determinismus.*

Man sieht an diesen drei Positionen deutlich, weshalb es unerlässlich ist, die beiden Ebenen des Problems zu unterscheiden. Sowohl der Libertarianer wie auch der harte Determinist sind Inkompatibilisten, weil sie die erste Frage negativ beantworten. Nur der weiche Determinist vertritt eine kompatibilistische Position. Ihm zufolge stellt der Determinismus kein generelles Problem für unsere ethische Praxis dar, weil menschliche Freiheit im Prinzip mit ihm verträglich ist (allerdings kann der Kompatibilist behaupten, dass spezielle Varianten des Determinismus mit dieser metaphysischen Freiheit unvereinbar sind). Der harte Determinist ist dagegen, wie auch der Libertarianer, davon überzeugt, dass die metaphysische Freiheit nur in einer indeterministischen Welt möglich ist. Seiner Auffassung nach ist unsere Welt jedoch – hier liegt die Differenz zum Libertarianer – nicht von dieser Art. Der harte Determinist muss daher den Schluss ziehen, dass unsere ethische Praxis auf einer Illusion beruht, weil sie metaphysische Freiheit voraussetzt, und deshalb nicht zu rechtfertigen ist. Dem harten Determinismus zufolge setzt unsere ethische Praxis eine Form von Freiheit voraus, die zumindest in unserer Welt nicht realisiert ist.

Der Dissens zwischen Libertarianern und harten Deterministen dreht sich um die richtige Antwort auf (F 2), während sich der weiche Determinist von beiden durch seine Antwort auf (F 1) unterscheidet. Der weiche Determinist wird, so eine nahe liegende Vermutung, dabei ein anderes Verständnis von metaphysischer Freiheit zugrunde legen als der harte Determinist oder der Libertarianer. Im Streit zwischen ihm und den anderen beiden geht es daher nicht primär um das richtige Verständnis der in der ersten Frage verwendeten Begriffe von Freiheit und Determinismus. Aufgrund dieser Tatsache ist auch der Streit des weichen Determinismus mit den anderen beiden Positionen der für die Ethik relevantere, weil hier die für unsere ethische Praxis zentralen Begriffe der Freiheit und Verantwortung Gegenstand der Diskussion sind. Auf diese Weise ergeben sich vier Fragen, die wir im nächsten Abschnitt dieses Kapitels abarbeiten müssen:

(F 3) Lässt sich eine kompatibilistische Deutung des „Hätte-anders-Können" entwickeln?
(F 4) Lässt sich eine inkompatibilistische Deutung des „Hätte-anders-Können" entwickeln?
(F 5) Ist die inkompatibilistische Deutung der metaphysischen Freiheit plausibel oder zumindest widerspruchsfrei?
(F 6) Impliziert unsere ethische Praxis die kompatibilistische oder die inkompatibilistische Deutung der Freiheit?

3. Ethische Freiheit und Verantwortung

a) Der kompatibilistische Analysevorschlag

Es geht um die Frage, ob die in unserer ethischen Praxis vorausgesetzte metaphysische Freiheitskonzeption mit dem Determinismus prinzipiell vereinbar ist oder nicht. Wenn wir einer Person für ihre Handlungen die Verantwortung zusprechen und sie loben oder tadeln, dann setzen wir voraus, dass sie auch anders hätte handeln können, als sie dies faktisch getan hat. Unter der Prämisse, dass die Wahrheit des Determinismus eine offene Zukunft im Sinne alternativ verlaufender Zukünfte ausschließt, ergibt sich hier ein Problem. Die Frage (F 3) an den Kompatibilisten lautet, ob sich eine kompatibilistische Deutung des „Hätte-anders-Können" entwickeln lässt.

Eine kompatibilistische Deutung des Hätte-anders-Können

Der prominenteste Lösungsvorschlag, der bis heute zahlreiche Verteidiger findet, schlägt eine *konditionale* Lesart vor (vgl. [X-8], Kap. 6). Wenn wir von einem Handelnden sagen, er hätte auch etwas anderes tun können, dann meinen wir damit in der konditionalen Lesart, dass der Handelnde etwas anderes getan hätte, *wenn* er etwas anderes gewollt hätte. Der Vorteil dieser Analyse besteht darin, dass die Bedingung des Hätte-anders-Können auf diese Weise in einen Wenn-Dann-Satz eingebaut wird: Wenn X etwas anderes gewollt hätte, dann hätte er etwas anderes getan. Die Annahme, dass er etwas anderes gewollt hätte, wenn die bisherige Geschichte der Welt in der geeigneten Weise anders verlaufen wäre, ist mit dem Determinismus vereinbar. Dieser behauptet ja nur die Alternativlosigkeit der Konsequenz unter gegebenen Bedingungen.

Da im Wenn-Satz eine kontrafaktische Bedingung formuliert wird, ist die im Dann-Satz enthaltene Formulierung „hätte anderes getan" mit der Wahrheit des Determinismus vereinbar. Weil der Determinismus nur etwas über den deterministischen Verlauf innerhalb unserer aktualen Welt aussagt, sagt er nichts aus über Möglichkeiten, die sich in einer möglichen Welt ergeben, die von der aktualen Welt verschieden ist. Solange man den Bezug auf den alternativen Verlauf der Welt nicht aus dem Gefüge des kontrafaktischen Wenn-Dann-Satzes herauslöst, sind die konditionale Aussage und der Determinismus miteinander kompatibel.

Auf den ersten Blick sieht es so aus, als würde der Kompatibilist damit behaupten, dass Handlungsfreiheit hinreichend sei als Grundlage unserer ethischen Praxis. Dies wird zumindest von Inkompatibilisten immer wieder als Vorwurf erhoben. Doch dieser Eindruck täuscht. Natürlich kennt auch der Kompatibilist Fälle, in denen Handlungsfreiheit vorliegt, wir den Handelnden aber für seine Handlungen nicht zur Verantwortung ziehen. Das Beispiel des Erpressungsopfers zeigt dies, und der Kompatibilist kann und muss darauf mit der Angabe weiterer Bedingungen für Verantwortung reagieren. Außerdem kann der Kompatibilist den Vorwurf, er reduziere Freiheit auf Handlungsfreiheit, entkräften, indem er auch auf der Ebene des Willens eine konditionale Analyse durchführt. Die Antwort auf die Frage, ob ein Handelnder auch etwas anderes hätte wollen können, als er faktisch gewollt hat, fällt dann wiederum kontrafaktisch aus: Der Handelnde hätte etwas anderes gewollt, wenn er sich anders entschieden hätte.

Hakt nun der Inkompatibilist mit dem Vorwurf ein, der Kompatibilist habe mit der „Entscheidung" eine mit dem Determinismus unvereinbare Größe eingeführt, dann kann der Kompatibilist sich mit zwei Argumenten verteidigen. Erstens kann er für das Entscheiden wiederum eine konditionale Analyse vorschlagen (der Handelnde hätte sich anders entschieden, wenn er sich dazu entschieden hätte, anders zu entscheiden). Solange wir auf diese Weise bei einer kontrafaktischen Lesart des Hätte-anders-Können bleiben, entsteht kein Konflikt mit dem Determinismus. Auf den nahe liegenden Einwand, wir würden im Alltag normalerweise aber nicht von solchen Entscheidungen zu Entscheidungen sprechen, kann der Kompatibilist mit dem Hinweis reagieren, dass wir uns auf solche aufgestuften Entscheidungen in unserer alltäglichen Praxis im Regelfall nicht beziehen müssen und es daher bei den unteren Stufen belassen (vgl. zur konditionalen Analyse [X-9]). Zweitens kann der Kompatibilist offensiv gegen den Inkompatibilisten vorgehen und den Vorwurf äußern, dass letzterer ein Konzept von Entscheidungen vor Augen hat, das sich nicht konsistent formulieren lässt.

b) Die inkompatibilistische Alternative

Fragt man sich nämlich, was intuitiv an der konditionalen Analyse stört, dann sind es zwei Dinge: Mittels dieser Analyse kommen wir niemals dahin, dass eine Entscheidung als Ursache postuliert wird, die ihrerseits nicht durch vorhergehende Faktoren bedingt ist. Für Willensfreiheit scheint jedoch gefordert zu sein, dass ein Handelnder sich unter genau gleichen Voraussetzungen auf verschiedene Weise entscheiden kann. Nur so, und dies ist der zweite Punkt, scheint der Handelnde durch seine Entscheidung einen echten Unterschied zu machen, nur so scheint er der Urheber seiner Handlungen zu sein, nur so scheint er einen kausalen Beitrag, der nicht durch die vorherigen Umstände determiniert ist, zum Verlauf der Welt beizutragen.

Eine inkompatibilistische Deutung des Hätte-anders-Können

Der Inkompatibilist, der diese Intuition aufnimmt, schlägt nun vor, die Bedingung des Hätte-anders-Können in einem *unbedingten* (nicht konditionalen) Sinne zu verstehen: Der Handelnde hätte, unter ansonsten identischen Bedingungen, sich anders entscheiden und damit anders handeln können (vgl. [X-10]). Damit ist die zweite unserer vier Fragen (F 4) beantwortet: Die vom Inkompatibilisten vorgeschlagene Konzeption von Willensfreiheit ist offenkundig mit dem Determinismus nicht vereinbar. Dies folgt trivialerweise, da die Abwesenheit der Determination mit in die Bedingungen für Willensfreiheit aufgenommen worden ist. Die Frage (F 5), die nun an den Inkompatibilisten zu stellen ist, lässt sich als Aufforderung formulieren, eine plausible Konzeption dieser Form der Willensfreiheit zu entwickeln.

Urheberkausalität

Nennen wir diese inkompatibilistische Form der Willensfreiheit *Urheberkausalität*. Damit ist gemeint, dass ein Handelnder in folgendem Sinne der Urheber seiner freien Handlungen ist: Zu den kausal notwendigen Bedingungen dafür, dass eine freie Handlung zustande kommt, gehört eine freie Entscheidung des Handelnden. Diese Entscheidung ist frei, weil sie allein durch den Handelnden zustande kommt und nicht durch andere Faktoren determiniert ist (der Handelnde kann sich unter genau gleichen Umständen auch für eine andere Handlung entscheiden). Frei Handelnde haben also die Fähigkeit, Kausalketten anzufangen, und leisten dadurch einen selbständigen Beitrag zum Verlauf der Welt (damit ist gemeint, dass wir auf die Entscheidung dieses Handelnden zurückgreifen müssen, um den Lauf der Dinge zu erklären). Es ist diese Fähigkeit zu freien Entscheidungen, aufgrund derer wir Handelnde für ihr Handeln verantwortlich machen.

Unbestreitbar ist diese Vorstellung einer Urheberkausalität verführerisch (eine elaborierte Definition findet sich in [X-1], Kapitel 5). Die Frage ist aber, ob sie plausibel oder zumindest widerspruchsfrei denkbar ist. Ob eine Vorstellung oder ein Begriff in sich widersprüchlich ist, lässt sich notorisch schwer entscheiden. Wenn sich die Widersprüchlichkeit nicht direkt aus der eindeutigen Bedeutung von Begriffen ergibt (z. B. „verheirateter Junggeselle" oder „rundes Quadrat"), dann leitet sie sich entweder indirekt aus weiteren Voraussetzungen ab, die stillschweigend im Hintergrund stehen, oder sie ergibt sich (bei nicht eindeutig bestimmten Begriffen) nur durch bestimmte inhaltliche Füllungen dieser Begriffe. Im Falle der Willensfreiheit als Urheberkausalität kann man einerseits festhalten, dass wir zumindest keinen klaren Begriff von einer Ursache haben, die selbst nicht wiederum Wirkung von etwas anderem ist. Andererseits zeigt die gesamte philosophische Tradition, dass die Begriffe der Freiheit, der Kausalität und des Willens keine eindeutige Bedeutung haben, die unabhängig ist von philosophischen Theorien. Daher wird es schwierig sein, über die Konsistenz des Begriffs der Urheberkausalität ein Urteil zu fällen, das sachlich unabhängig ist vom Streit zwischen Kompatibilisten und Inkompatibilisten. Zu groß ist die Gefahr, dass die Begriffe des Willens und der Kausalität bereits im Lichte dieser Fragestellung interpretiert werden. Es liegt nahe, dass die inhaltliche Füllung des Freiheitsbegriffs, die von den streitenden Philosophen jeweils zugrunde gelegt wird, abhängt von den Annahmen, die sie bezüglich der strittigen Fragen für richtig halten.

c) Fazit: eine internalistische Deutung

Man kann an der Widerspruchsfreiheit des Begriffs der Urheberkausalität Zweifel haben, wird aber vermutlich nicht in der Lage sein, die Inkonsistenz einer solchen Konzeption zwingend zu beweisen. Daher bleibt nun die schwächere Frage zu erörtern, ob eine solche Konzeption der Urheberkausalität eine plausible Grundlage für unsere ethische Praxis darstellt. Damit nähern wir uns in einem ersten Schritt der letzten Frage (F 6), ob unsere ethische Praxis einen kompatibilistischen oder einen inkompatibilistischen Freiheitsbegriff voraussetzt.

Keine problemneutrale Definition der Grundbegriffe gegeben

Um die Stoßrichtung dieser Frage richtig zu verstehen, müssen wir uns noch einmal an den Ausgangspunkt der Diskussion erinnern (siehe Abschnitt 2a dieses Kapitels). Sowohl die Kompatibilisten wie auch die Inkompatibilisten teilen die Voraussetzung (V 1), dass es einen von unserer ethischen Praxis unabhängigen metaphysischen Freiheitsbegriff gibt, der von dieser Praxis vorausgesetzt wird. Eine der zentralen Schwierigkeiten, auf die wir in unserer Erörterung gestoßen sind, besteht darin, dass es nicht möglich ist, den Gehalt des Begriffs der metaphysischen Freiheit in einer für das Problem neutralen Weise zu definieren. Vielmehr hängt die konkrete inhaltliche Füllung des metaphysischen Freiheitsbegriffs immer schon ab von weiter gehenden inhaltlichen Annahmen und diesbezüglich gefärbten Interpretationen unserer ethischen Praxis. Dieses Dilemma führt dazu, dass sich beide Parteien wechselseitig vorwerfen, einen Freiheitsbegriff zu verwenden, der bereits ihre eigene Position im Streit um die Vereinbarkeit von Freiheit und Determinismus voraussetzt.

Ethische Freiheit als internes Moment unserer ethischen Praxis

Wenn wir diese argumentative Pattsituation vermeiden wollen, ist es hilfreich, die von beiden Oppositionsparteien geteilte Voraussetzung (V 1) aufzugeben und statt dessen in umgekehrter Richtung vorzugehen. Dies bedeutet, den Begriff der Freiheit als ein internes Moment unserer ethischen Praxis der Verantwortungszuschreibung zu begreifen (damit nehmen wir auch mit Bezug auf diese Fragestellung eine interne Perspektive ein). Die Strategie ist nun, nicht Freiheit als grundlegenden Begriff anzusehen, sondern den Begriff der Verantwortung. Man kann deshalb, im Gegensatz zum metaphysischen Begriff der Freiheit, der in der bisherigen Diskussion vorausgesetzt wurde, von *ethischer* Freiheit sprechen. Dies ist nicht so aufzufassen, dass der Freiheitsbegriff ethisch aufgeladen wird, sondern in dem fundamentalen Sinne zu verstehen, dass erst unsere ethische Praxis den Begriff der Freiheit mit einem philosophisch ausweisbaren Inhalt füllt (vgl. dazu [X-2]).

Auf diese Weise besteht erstens die Möglichkeit, das argumentative Patt in der Freiheitsdiskussion aufzulösen, und zweitens fügt sich dieses Vorgehen insgesamt gut in unsere gesamte Argumentationsstrategie ein. Deshalb soll unsere letzte Frage (F 6) von nun als eine interne Frage verstanden werden:

(F 6*) Wie wird Freiheit durch unsere ethische Praxis der Verantwortungszuschreibung inhaltlich bestimmt?

Indeterministische Entscheidung ungeeignet für Verantwortung

Der hauptsächliche Grund, der aus diesem Blickwinkel gegen die Plausibilität der Urheberkausalität als Grundlage unserer Praxis der Verantwortungszuschreibung spricht, ist folgender: Die Idee der Urheberkausalität enthält die Vorstellung einer indeterministischen Entscheidung. Nun ist aber offensichtlich weder der Zufall im Sinne einer physikalisch indeterministischen Ereignissequenz noch der Zufall im Sinne einer willkürlichen Dezision eine geeignete Grundlage für die Zuschreibung von Verantwortung. Wäre ein Handelnder nur wie ein Zufallsgenerator in dem Sinne Urheber seiner Handlungen, dass seine Entscheidungen als nicht weiter integrierbare zufällige Größen in Rechnung gestellt werden müssten, dann wäre dies zwar ein Grund, ihn als eine notwendige Bedingung für die Abfolge der Ereignisse anzusehen. Es wäre aber keine gute Grundlage, ihn in einem ethisch relevanten Sinne für seine Handlungen verantwortlich zu machen. Was in unserer ethischen Praxis statt dessen für die Zuschreibung von Verantwortung gefordert wird, ist ein Entscheiden und Handeln aus Gründen. Für die ethische Bewertung von Handlungen und Entscheidungen ziehen wir die Qualität der Absichten, Wünsche und Zwecke in Betracht sowie die Qualität des Überlegens und der Entscheidung, die mit einer Handlung einhergehen (wir sprechen z. B. von wohlüberlegten, ausgewogenen und angemessenen Entscheidungen). Für die Bewertung einer Handlung scheint also die Fähigkeit zum kritischen Reflektieren und praktischen Überlegen wichtig zu sein, nicht die Abwesenheit von kausalen Bedingungen für diese Ausübung praktischer Vernunft. Es ist eine Tatsache, dass wir uns beim Handeln als frei erleben und beim Entscheiden in der Regel davon ausgehen, dass uns mehrere Optionen offen stehen. Fälle wie unser Erpressungsbeispiel, in denen ein Handelnder Grund hat, sich nicht in diesem Sinne als frei zu fühlen, sind zugleich Fälle eingeschränkter Verantwortung. Fälle, in denen wir einem Handelnden die Fähigkeit zur Ausübung praktischer Vernunft momentan (aufgrund psychischer Ausnahmezustände) oder generell (aufgrund fehlender Fähigkeiten zu rationalen Entscheidungen) absprechen, sind zugleich Fälle vollkommen fehlender Verantwortlichkeit.

Problematische Schlussfolgerungen des Inkompatibilismus

Diesen Befund, dass nicht jede Art von Freiheitseinschränkung mit Verantwortung kompatibel ist, haben wir bereits mehrfach konstatiert. Es stellt jedoch auch für den Kompatibilisten kein Problem dar, ihn anzuerkennen und in seine Theorie zu integrieren. Im Gegensatz zu kompatibilistischen Analysen geht der Inkompatibilismus an dieser Stelle zwei entscheidende Schritte weiter. Zum einen wird aus der Tatsache, dass wir beim verantwortlichen Handeln die Abwesenheit einer freiheitsgefährdenden Determination unterstellen, darauf geschlossen, dass wir Freiheit im Sinne einer generellen Indetermination voraussetzen. Zum anderen wird diese unterstellte Freiheit dann positiv gewendet als Urheberkausalität, welche die Annahme enthält, dass ein Handelnder durch seine Entscheidungen einen notwendigen und indeterministischen Beitrag zum Verlauf der Ereignisse beisteuert.

Doch beide inkompatibilistischen Interpretationsschritte sind strittig. Die

Annahme einer indeterminierten Entscheidung haben wir schon mit dem Hinweis darauf kritisiert, dass diese Vorstellung eine ungeeignete Basis für die Rekonstruktion unserer Praxis der Verantwortungszuschreibung ist. Doch schon der erste Schritt der inkompatibilistischen Argumentation ist problematisch. Aus der Tatsache, dass wir uns im Entscheiden und Handeln frei fühlen, folgt weder, dass wir faktisch das metaphysische Konzept der Urheberkausalität voraussetzen, noch, dass wir es implizit voraussetzen müssen. Dieses Freiheitsbewusstsein lässt sich auch so deuten, dass wir uns frei glauben von bestimmten Zwängen, deren Vorliegen uns als Minderung oder Ausschluss von Verantwortung gilt. Aus der Abwesenheit solcher Zwänge auf das Vorliegen einer metaphysischen Freiheit zu schließen, ist ein durch die Phänomene nicht gedeckter philosophischer Interpretationsvorschlag von zweifelhaftem Wert.

Freiheit und Verantwortung

Versuchen wir daher, uns der letzten Frage (F 6*) von der anderen Seite her zu nähern, indem wir untersuchen, ob sich der vom Kompatibilismus angebotene Freiheitsbegriff mit dem Freiheitsverständnis deckt, welches unserer ethischen Praxis der Verantwortungszuschreibung eingeschrieben ist.

Wir haben schon gesehen, dass der Kompatibilist nicht bei der Handlungsfreiheit stehen bleiben kann. Er muss dies aber auch nicht, sondern kann Willensfreiheit in dem Sinne zulassen, dass Menschen sich im Lichte von Absichten, Wünschen und Zwecken mit Gründen für oder gegen eine Handlungsalternative entscheiden. Dass wir die Fähigkeit haben, unser Verhalten nach Vernunftgründen auszurichten, und darüber hinaus sogar in der Lage sind, von egoistischen Interessen zugunsten berechtigter Ansprüche anderer abzusehen, ist für unser ethisches Selbstverständnis zentral. Zugleich ist dies jedoch kein Argument gegen den Kompatibilismus. Wir halten eine Person, die sich stets gegen offenkundig besser begründete Alternativen entscheidet, oder einen Menschen, der sich immer zugunsten kurzfristiger Bedürfnisse und gegen seine langfristigen Interessen entscheidet, nicht für rational und schätzen diesen Mangel an Rationalität als Einschränkung seiner Freiheit ein. Unfreiheit besteht nicht in der Tatsache, dass auch Menschen unter den Geltungsbereich von Gesetzen fallen. Unfreiheit wird vielmehr dadurch hervorgerufen, dass Zwang ausgeübt wird. Nun üben aber weder die Naturgesetze noch z. B. die Gesetze der Logik einen Zwang auf uns aus, selbst wenn wir qua physische Wesen unter die ersteren und qua rationale Wesen unter die letzteren Gesetze fallen.

Ein Blick auf unsere Praxis der Verantwortungszuschreibung zeigt uns, dass wir solche Fälle als unfrei ansehen, in denen der Handelnde oder diejenigen, welche die Handlung bewerten, Grund zu der Annahme haben, dass der Handelnde in seinem Überlegen und Entscheiden das für Menschen normale Maß an kritischer Einsicht und Beherrschung nicht aufbringen konnte. Wir erwarten nicht, dass eine Entscheidung ganz ohne bestimmende Einflüsse zustande kommt. Vielmehr entscheidet jeder Mensch im Lichte seiner Bedürfnisse, Interessen, auf der Grundlage seines Wissens sowie im Lichte seiner Absichten, Wertvorstellungen und Normen. Gerade die Möglichkeit von Menschen, sich an ethisch relevanten, die jeweils individuellen Interessen und Bedürfnisse überschreitenden Ansprüchen, Werten und Normen auszurichten, bildet einen zentralen Kern unserer ethischen Praxis. Es ist daher kein Zufall, dass in der Fähigkeit des Menschen, sich nicht allein von kurzfristigen oder langfristigen egoistischen Zielen leiten zu lassen, die Freiheit und die Verantwortung des Menschen gesehen worden ist.

Praktische Vernunft als Bedingung von Verantwortung

Es ist die Fähigkeit des Menschen, sich durch rationale und ethische Argumente in seinem Handeln bestimmen zu lassen, die unserer Praxis der Verantwortungszuschreibung und unserem ethischen Freiheitsbegriff zugrunde liegt. Nicht die Abwesenheit jeder Bestimmung, wie sie im Begriff der Urheberkausalität gedacht wird, sondern die Abwesenheit von solchen Zwängen, durch die unsere Fähigkeit zur Ausübung praktischer Vernunft verhindert wird, ist von unserer ethischen Praxis als Freiheitsanforderung gestellt. Dabei muss unsere Praxis zeigen, welche Umstände hinreichend dafür sind, Verantwortung und damit Freiheit im ethischen Sinne einzuschränken oder ganz abzusprechen. Freiheit ist ein negativer Begriff. Dies bedeutet, dass wir nicht in der Lage sind, ihm einen positiven Inhalt zu geben. Vielmehr können wir in konkreten Fällen sagen, ob die Bedingungen für freies und verantwortliches Handeln gegeben sind oder nicht, obwohl auch dies häufig schwierige empirische Fragen aufwirft, wie das Beispiel von Sexualstraftätern zeigt. In unserer ethischen Praxis zeigt sich dies am Zusammenhang von Freiheit, Verantwortung, Rechtfertigung und Entschuldigung. Wir gehen bei erwachsenen und kompetenten Mitgliedern unserer Gesellschaft davon aus, dass sie in hinreichendem Maße die Fähigkeit dazu haben, ihr Handeln nach rationalen und ethischen Gesichtspunkten auszurichten. Daher beginnen wir unsere Bewertungen in aller Regel mit der Verantwortungs- und der Freiheitsunterstellung. Stellt sich im Einzelfall diese Ausgangsvermutung als unzutreffend heraus, weil Zwang ausgeübt worden ist oder aber individuelle Inkompetenz vorgelegen hat, dann lassen wir diese besonderen Umstände als Rechtfertigungs- oder Entschuldigungsgründe gelten. Ganz offensichtlich gehört nun der Hinweis auf die durchgängige Determination aller Ereignisse in unserer Welt nicht zu den Gründen, die wir als Entschuldigungen gelten lassen (kein Straftäter wird vor Gericht einen Freispruch durch den Hinweis auf die Wahrheit des physikalischen Determinismus erwirken können). Ließen wir, seine Wahrheit einmal vorausgesetzt, den Determinismus als Entschuldigung gelten, dann würde aufgrund der universellen Gültigkeit dieses Grundes die Entschuldigung zum Normalfall werden. Das aber ist eine inkonsistente Vorstellung, da eine Entschuldigung immer nur als Ausnahme, niemals als der Regelfall vorkommen kann.

Determinismus versus Zwang

Unsere Praxis der Verantwortungszuschreibung setzt mit der Freiheitsunterstellung als dem Normalfall an und akzeptiert im Einzelfall bestimmte äußere Zwänge oder Inkompetenzen als Faktoren, die diese Freiheit verhindern. Eine Analyse, die den Zusammenhang von Freiheit und Verantwortung als internes Moment unserer ethischen Praxis begreift, vermeidet die beiden problematischen Interpretationsschritte des Inkompatibilismus. Sie hält den Unterschied zwischen Determination und Zwang für wesentlich. Vor allem lässt sie die Möglichkeit unterschiedlicher Grade der Verantwortlichkeit zu, da das Vorliegen oder die Abwesenheit von Faktoren, welche die Handlung oder die Entscheidung beeinflussen, sich unterschiedlich stark auswirken kann. Eine gradualistische Konzeption von Verantwortung ist gegenüber der Alles-oder-nichts-Konsequenz einer absolut indeterministischen Urheberkausalität ein mit unserer ethischen und rechtlichen Praxis wesentlich besser zu vereinbarender Aspekt (man denke nur an die mildernden Umstände vor Gericht).

Die Relativitität ethischer Freiheit

Auf den ersten Blick unbefriedigend ist vielleicht, dass eine endgültige Liste der Faktoren, die Freiheit und Verantwortung verhindern, nicht aufgestellt werden kann. Die interne Perspektive setzt bei unserer ethischen Praxis an. Deshalb lässt sich nicht unabhängig von empirischen Daten, sozialen Standards und kulturellen Erfahrungen bestimmen, welches Ausmaß an Inkompetenz oder welcher Grad von Zwang hinreichend dafür ist, einer Person die Fähigkeit zu verantwortlichem Handeln nur eingeschränkt zu- oder ganz abzusprechen. An dieser Stelle kommt damit ein Moment individueller, kultureller und historischer Relativität in unsere Analyse des Verhältnisses von Freiheit und Verantwortung hinein. Da wir aber bereits gesehen haben (vgl. Kapitel IX, 3c), dass unsere ethische Praxis ohnehin ein gewisses Maß an Relativität enthält und auch aushalten kann, liegt hierin kein gravierender Nachteil. Aus diesem, der internen Perspektive verpflichteten kompatibilistischen Freiheitsverständnis ergibt sich ein doppelter Vorteil: Diese Analyse von Freiheit und Verantwortung erlaubt es, flexibel und möglichst nahe an der ethischen Praxis zu bleiben. Außerdem können wir nun auch danach fragen, welche Rahmenbedingungen und Umstände für unsere ethische Praxis förderlich sind. Wenn nicht jeder Faktor, der unsere Handlungen beeinflusst, per se als freiheitsgefährdend angesehen werden muss, dann können wir überlegen, welche Einflüsse auf Handelnde ethisch zu erstreben sind. Der Gestaltungsspielraum, den unsere ethische Praxis dadurch erhält, darf nicht als Bedrohung angesehen werden. Vielmehr sollten wir ihn anerkennen als Konsequenz unserer Autonomie, die sinnvoll auszugestalten ein zentraler Aspekt menschlicher Freiheit und Verantwortung ist.

4. Zusammenfassung, Lektürehinweise, Fragen und Übungen

Zusammenfassung

Die Frage nach der Vereinbarkeit von Freiheit und unserer ethischen Praxis der Verantwortungzuschreibung ist seit der Antike Gegenstand philosophischer Kontroversen. Durch die Unterscheidung zweier Argumentationsstränge wurde in diesem Kapitel die komplexe Debatte aufgeteilt. Einerseits geht es im klassischen Streit zwischen Kompatibilisten und Inkompatibilisten um die Frage, ob eine metaphysische Freiheit des Menschen, die als externe Voraussetzung unserer ethischen Praxis angesehen wird, mit dem Determinismus vereinbar ist. Durch die Unterscheidung zweier Ebenen dieser Debatte wurden die wichtigsten historischen Positionen mit den ihnen jeweils zukommenden Beweislasten voneinander unterschieden. Für die Ethik von besonderer Relevanz ist die Frage, ob die Wahrheit des Determinismus mit unserer ethischen Praxis verträglich ist. Bei der Beantwortung dieser Frage werden zentrale Elemente (und Begriffe) unseres Selbstverständnisses als Handelnde analysiert (z. B. die Begriffe der Kontrolle, des Hätte-anders-Können oder auch der Verantwortung). Es zeigt sich, dass die Diskussion zwischen Kompatibilisten und Inkompatibilisten nicht entscheidbar ist, wenn man davon ausgeht, dass unsere ethische Praxis mit der metaphysischen Freiheit eine unabhängige, externe Voraussetzung enthält. Denn es droht immer die Gefahr, dass die streitenden Parteien die fraglichen Voraussetzungen bereits im Sinne ihrer eigenen Position interpretieren. Andererseits lässt sich in umgekehrter Blickrichtung auch fragen, welches Verständnis von Freiheit durch unsere Praxis der Zuschreibung von Verantwortung für Handeln bestimmt wird. Geht man auf diese Weise von einem Konzept ethischer Freiheit aus, das in interner Perspektive im Ausgang von unserer ethischen Praxis bestimmt wird, dann lässt sich eine kompatibilistische Position entwickeln. Aus dieser internen Perspektive ist es nicht der Determinismus, der für unsere Verantwortungszuschreibung und unsere reaktiven Einstellungen (z. B. Lob, Tadel) einen Unterschied macht, sondern die Vorstellung des Zwangs und der Abwesenheit von Kontrolle. Wir rechtfertigen oder entschuldigen Handelnde, wenn sie ihr Handeln unter Zwang ausführen oder ihnen die Kontrolle mangelt. Ein universaler Determinismus würde diese auf den einzelnen Fall oder auf bestimmte Handlungsweisen begrenzte Bewertungspraxis zur allgemeinen Regel werden lassen. Dadurch würde die interne Zuschreibungspraxis zerstört, weshalb der Determinismus in dieser Perspektive kein relevanter Gesichtspunkt für unsere Praxis sein kann.

Lektürehinweise

Einen Überblick zum gegenwärtigen Stand der Diskussion liefern [X-11] sowie die Beiträge in [X-12]; wichtige Ausarbeitungen des Kompatibilismus sind [X-13] und [X-14]; elaborierte inkompatibilistische Ansätze sind [X-15] und die Beiträge in [X-16]; eine gut lesbare Analyse des „Hätte-anders-Können" findet sich in [X-17]; einen Überblick der verschiedenen Ansätze zur Bestimmung des Verhältnisses von Freiheit und Verantwortung liefern die Beiträge in [X-18]; [X-19] und [X-20]; eine Konzeption der Freiheit, die von der Offenheit für rationale Gründe und Werte ausgeht, wird entwickelt in [X-21]; einen Überblick zur Debatte um die Vereinbarkeit eines allwissenden Gottes mit menschlicher Freiheit gewinnt man durch die Beiträge in [X-22].

Fragen und Übungen

- Erläutern Sie, weshalb Freiheit und Determinismus zumindest *prima facie* nicht miteinander vereinbar sind.
- Erläutern Sie, weshalb der Kompatibilismus und der Inkompatibilismus der externen Perspektive verpflichtet sind, wenn sie vom metaphysischen Freiheitsbegriff ausgehen.
- Welche Arten von Determinismus gibt es?
- Erläutern Sie die allen Varianten des Determinismus gemeinsame Grundidee.
- Erläutern Sie den Unterschied zwischen Handlungs- und Willensfreiheit.
- Was ist mit der Bedingung des Hätte-anders-Können gemeint?
- Unterscheiden Sie die beiden Ebenen des Problems der Vereinbarkeit von Freiheit und Determinismus.
- Charakterisieren Sie die Positionen des weichen und harten Kompatibilismus sowie des Libertarianismus.
- Bestimmen Sie die Gemeinsamkeiten und Unterschiede zwischen weichem und hartem Kompatibilismus und Libertarianismus.
- Auf welche Weise erreicht die konditionale Analyse des Hätte-anders-Können die Vereinbarkeit mit dem Determinismus?
- Worin besteht die Grundidee der internalistischen Deutung des Zusammenhangs von Verantwortung und Freiheit?
- Was ist mit dem Begriff der ethischen Freiheit gemeint?
- Nennen Sie die Vor- und Nachteile des internalistischen Ansatzes.
- Weshalb ist der internalistische Ansatz ein Kompatibilismus?

Danksagung

Für das Angebot, im Rahmen ihrer Reihe die Einführung in die Ethik zu übernehmen, bedanke ich mich bei Dieter Schönecker und Niko Strobach. Dabei gilt Dieter Schönecker mein besonderer Dank für zahlreiche inhaltliche Anregungen, die den vorliegenden Text auf vielfache Weise verbessert haben. Darüber hinaus danke ich Ludwig Siep für seine langjährige Unterstützung: Durch unsere gemeinsamen Diskussionen über die Grundprobleme der Ethik habe ich mehr gelernt, als ich in dieser Einleitung zum Ausdruck bringen konnte. Andreas Vieth danke ich für wertvolle Hinweise und Verbesserungsvorschläge sowie seine Hilfestellung bei der Bewältigung der technischen Untiefen. Simon Derpmann und David P. Schweikard danke ich für die Hilfe bei der Endredaktion dieses Buches.

Senden, den 14. Juni 2003 Michael Quante

Literatur

I. Dimensionen der Ethik

[I-1] Williams, Bernard: Der Begriff der Moral. Eine Einführung in die Ethik, Stuttgart: Reclam 1978.

[I-2] Kutschera, Franz von: Grundlagen der Ethik, Berlin/New York: de Gruyter 1982.

[I-3] MacIntyre, Alasdair: Geschichte der Ethik im Überblick. Vom Zeitalter Homers bis zum 20. Jahrhundert, Meisenheim: Anton Hain 1984.

[I-4] Martineau, James: Types of Ethical Theory (2 Bände), Oxford: Clarendon Press 1885.

[I-5] Singer, Peter (Hrsg.): A Companion to Ethics, Oxford: Blackwell 1991.

[I-6] Grewendorf, Günther/Meggle, Georg (Hrsg.): Seminar: Sprache und Ethik. Zur Entwicklung der Metaethik, Frankfurt am Main: Suhrkamp 1974.

II. Grundbegriffe der Ethik

[II-1] Daniels, Norman: Justice and Justification, New York: Cambridge University Press 1996.

[II-2] Moore, George E.: Principia Ethica, Stuttgart: Reclam 1970.

[II-3] Ross, William David: The Right And The Good, Oxford: Clarendon Press 1930.

[II-4] Ricken, Friedo: Allgemeine Ethik, Stuttgart: Kohlhammer 1983.

[II-5] Kutschera, Franz von: Grundlagen der Ethik, Berlin/New York: de Gruyter 1982.

[II-6] Kant, Immanuel: Grundlegung zur Metaphysik der Sitten, enthalten in Band IV in der Ausgabe von Kants gesammelten Schriften von der Preußischen Akademie der Wissenschaften (Nachdruck Berlin: de Gruyter 1968) sowie in Band IV in der Ausgabe von Kants Werken in 6 Bänden von Wilhelm Weischedel (Darmstadt: Wissenschaftliche Buchgesellschaft 1998); weitere verfügbare Ausgaben: herausgegeben von Wilhelm Weischedel im Suhrkamp Verlag (Frankfurt am Main), herausgegeben von Hans Ebeling im Reclam Verlag (Stuttgart) sowie herausgegeben von Bernd Kraft und Dieter Schönecker im Meiner Verlag (Hamburg).

[II-7] Broad, Charles D.: Five Types of Ethical Theory, London: Kegan Paul 1930.

[II-8] Geach, Peter T.: Good and Evil, in: Analysis 17 (1956), S. 33–42.

[II-9] Wright, Georg H. von: The Varieties Of Goodness, London: Routledge & Kegan Paul 1963.

[II-10] Frankena, William K.: Analytische Ethik, München: Deutscher Taschenbuch Verlag 1972.

[II-11] Rawls, John: The Independence of Moral Theory, in: Proceedings and Addresses of the American Philosophical Association 47 (1974), S. 5–22.

[II-12] Wright, Georg H. von: An Essay in Deontic Logic and the General Theory of Action, Amsterdam: North-Holland Publishing Company 1968.

[II-13] Wright, Georg H. von: Handlung, Norm und Intention. Untersuchungen zur deontischen Logik, Berlin/New York: de Gruyter 1977.

[II-14] Kutschera, Franz von: Einführung in die Logik der Normen, Werte und Entscheidungen, Freiburg/München: Alber 1973.

[II-15] Hilpinen, Risto (Hrsg.): Deontic Logic: Introductory and Systematic Readings, Dordrecht: Reidel 1971.

[II-16] Hilpinen, Risto (Hrsg.): New Studies in Deontic Logic: Norms, Actions and the Foundations of Ethics, Dordrecht: Reidel1981.

[II-17] Ewing, Alfred C.: The Definition of Good, London: Routledge & Kegan Paul 1948.

[II-18] Ewing, Alfred C.: Second Thoughts in Moral Philosophy, London: Routledge & Kegan Paul 1959.

[II-19] Ross, William David: Foundations of Ethics, Oxford: Clarendon Press 1939.

[II-20] Blanshard, Brand: Reason and Goodness, London: George Allen & Unwin LTD 1961.

III. Die nonkognitivistische Herausforderung

[III-1] Kutschera, Franz von: Grundlagen der Ethik, Berlin/New York: de Gruyter 1982.

[III-2] Ayer, Alfred J.: Sprache, Wahrheit und Logik, Stuttgart: Reclam 1970.

[III-3] Stevenson, Charles L.: Ethics and Language, New Haven: Yale University Press 1944.

[III-4] Stevenson, Charles L.: Die emotive Bedeutung ethischer Ausdrücke, in: Grewendorf, Günther/Meggle, Georg (Hrsg.): Seminar: Sprache und Ethik. Zur Entwicklung der Metaethik, Frankfurt am Main: Suhrkamp 1974, S. 116–139.

[III-5] Hare, Richard M.: Die Sprache der Moral. Frankfurt am Main: Suhrkamp 1983.

[III-6] Austin, John L.: Zur Theorie der Sprechakte, Stuttgart: Reclam 1972.

[III-7] Searle, John R.: Sprechakte, Frankfurt am Main: Suhrkamp 1973.

[III-8] Searle, John R.: Ausdruck und Bedeutung, Frankfurt am Main: Suhrkamp Jahr 1982.

[III-9] Wunderlich, Dieter: Pragmatik und sprachliches Handeln, Frankfurt am Main: Suhrkamp 1972.
[III-10] Hare, Richard M.: Freiheit und Vernunft, Frankfurt am Main: Suhrkamp 1983.
[III-11] Hare, Richard M.: Moralisches Denken: seine Ebenen, seine Methoden, sein Witz, Frankfurt am Main: Suhrkamp 1992.
[III 12] Edwards, Paul: The Logic of Moral Discourse, Glencoe, Illinois: The Free Press 1955.
[III-13] Nowell-Smith, Patrick H.: Ethics, Melbourne/London/Baltimore: Penguin Books 1954.
[III-14] Blanshard, Brand: Reason and Goodness. London: George Allen & Unwin LTD 1961.
[III-15] Rashdall, Hastings: Is Conscience an Emotion?, London: T. Fisher Unwin 1914.
[III-16] Blackburn, Simon: Ruling Passions. A Theory of Practical Reasoning, Oxford: Clarendon Press 1998.
[III-17] Hume, David: Ein Traktat über die menschliche Natur, Zwei Bände, Hamburg: Meiner 1978.

IV. Der Subjektivismus

[IV-1] Leist, Anton: Die gute Handlung, Berlin: Akademie 2000.
[IV-2] Kutschera, Franz von: Grundlagen der Ethik, Berlin/New York: de Gruyter 1982.
[IV-3] Gosepath, Stefan: Aufgeklärtes Eigeninteresse, Frankfurt am Main: Suhrkamp 1992.
[IV-4] Tugendhat, Ernst: Vorlesungen über Ethik, Frankfurt am Main: Suhrkamp 1994.
[IV-5] Raiffa, Howard: Einführung in die Entscheidungstheorie, München/Wien: Oldenbourg 1973.
[IV-6] Davis, Morton D.: Spieltheorie für Nichtmathematiker, München/Wien: Oldenbourg 1972.
[IV-7] Rawls, John: Eine Theorie der Gerechtigkeit, Frankfurt am Main: Suhrkamp 1996.
[IV-8] Gesang, Bernward (Hrsg.): Gerechtigkeitsutilitarismus, Paderborn: Schöningh 1998.
[IV-9] Aristoteles: Nikomachische Ethik. Verfügbare deutsche Ausgaben: (1) Übersetzt von Franz Dirlmeier. Berlin: Akademie 1959. (2) übersetzt von Olof Gigon erschienen im Deutschen Taschenbuch Verlag (München); (3) übersetzt von E. Rolfes erschienen im Meiner Verlag (Hamburg).
[IV-10] Butler, Joseph: Fifteen Sermons preached at the Rolls Chapel; to which are added Six Sermons preached on Public Occasions; In: The Whole Works of Joseph Butler. New Edition: Complete in one volume. London: Thomas Tegg & Son 1836.
[IV-11] Hume, David: Ein Traktat über die menschliche Natur, Zwei Bände, Hamburg: Meiner 1978.
[IV-12] Hume, David: Untersuchung über die Prinzipien der Moral, Hamburg: Meiner 2003.
[IV-13] Gauthier, David: Morals by Agreement, Oxford: Clarendon Press 1986.
[IV-14] Nida-Rümelin, Julian (Hrsg.): Praktische Rationalität, Berlin/New York: de Gruyter 1994.
[IV-15] Kersting, Wolfgang: Politische Philosophie des Gesellschaftsvertrags, Darmstadt: Wissenschaftliche Buchgesellschaft 1994.
[IV-16] Rescher, Nicholas: Rationalität, Würzburg: Königshausen & Neumann 1993.
[V-17] Shrader-Frechette, Kristin: Risk and Rationality, Berkeley: University of California Press 1991.
[IV-18] Nagel, Thomas: Eine Abhandlung über Gleichheit und Parteilichkeit und andere Schriften zur politischen Philosophie, Paderborn: Schöningh 1994.
[IV-19] Dworkin, Ronald: Sovereign Virtue. Cambridge: Harvard University Press 2000.
[IV-20] Broad, Charles D.: Five Types of Ethical Theory, London: Kegan Paul 1930.

V. Objektivismus und Realismus (I)

[V-1] Kuhlmann, Wolfgang: Reflexive Letztbegründung, Freiburg i. Br./München: Alber 1985.
[V-2] Kuhlmann, Wolfgang: Moralität und Sittlichkeit. Ist die Idee einer letztbegründeten normativen Ethik überhaupt sinnvoll?, in: Kuhlmann, Wolfgang (Hrsg.): Moralität und Sittlichkeit, Frankfurt am Main: Suhrkamp 1986, S. 194–216.
[V-3] Kant, Immanuel: Die Metaphysik der Sitten, enthalten in Band VI in der Ausgabe von Kants gesammelten Schriften von der Preußischen Akademie der Wissenschaften (Nachdruck Berlin: de Gruyter 1968) sowie in Band IV in der Ausgabe von Kants Werken in 6 Bänden von Wilhelm Weischedel (Darmstadt: Wissenschaftliche Buchgesellschaft 1998); weitere verfügbare Ausgaben: herausgegeben von Wilhelm Weischedel im Suhrkamp Verlag (Frankfurt am Main), herausgegeben von Hans Ebeling im Reclam Verlag (Stuttgart) sowie herausgegeben von Bernd Ludwig im Meiner Verlag (Hamburg).
[V-4] Kant, Immanuel: Grundlegung zur Metaphysik der Sitten, enthalten in Band IV in der Ausgabe von Kants gesammelten Schriften von der Preußischen Akademie der Wissenschaften (Nachdruck Berlin: de Gruyter 1968) sowie in Band IV in der Ausgabe von Kants Werken in 6 Bänden von Wilhelm Weischedel (Darmstadt:

Wissenschaftliche Buchgesellschaft 1998); weitere verfügbare Ausgaben: herausgegeben von Wilhelm Weischedel im Suhrkamp Verlag (Frankfurt am Main), herausgegeben von Hans Ebeling im Reclam Verlag (Stuttgart) sowie herausgegeben von Bernd Kraft und Dieter Schönecker im Meiner Verlag (Hamburg).

[V-5] Kant, Immanuel: Kritik der praktischen Vernunft, enthalten in Band V in der Ausgabe von Kants gesammelten Schriften von der Preußischen Akademie der Wissenschaften (Nachdruck Berlin: de Gruyter 1968) sowie in Band IV in der Ausgabe von Kants Werken in 6 Bänden von Wilhelm Weischedel (Darmstadt: Wissenschaftliche Buchgesellschaft 1998); weitere verfügbare Ausgaben: herausgegeben von Wilhelm Weischedel im Suhrkamp Verlag (Frankfurt am Main), herausgegeben von Joachim Kopper im Reclam Verlag (Stuttgart) sowie herausgegeben von Horst D. Brandt und Heiner Klemme im Meiner Verlag (Hamburg).

[V-6] Steigleder, Klaus: Kants Moralphilosophie, Stuttgart/Weimar: Metzler 2002.

[V-7] Hegel, Georg W.F.: Über die wissenschaftlichen Behandlungsarten des Naturrechts, seine Stelle in der praktischen Philosophie und sein Verhältnis zu den positiven Rechtswissenschaften, Band 4 der kritischen Edition der Gesammelten Werke herausgegeben von Hartmut Buchner und Otto Pöggeler (als Taschenbuchausgabe neu herausgegeben von Hans Brockard und Hartmut Buchner in G. W. F. Hegel: Jenaer Kritische Schriften (II), Hamburg: Meiner 1983) sowie enthalten in Band 2 der von Eva Moldenhauer und Karl Markus Michel herausgegebenen Ausgabe der Werke (Frankfurt am Main: Suhrkamp 1986).

[V-8] Hegel, Georg W.F.: Grundlinien der Philosophie des Rechts oder Naturrecht und Staatswissenschaft im Grundrisse, enthalten in Band 7 der von Eva Moldenhauer und Karl Markus Michel herausgegebenen Ausgabe der Werke (Frankfurt am Main: Suhrkamp 1986); weitere verfügbare Ausgaben: herausgegeben von Johannes Hoffmeister im Meiner Verlag (Hamburg) sowie herausgegeben von Bernhard Lakebring im Reclam Verlag (Stuttgart).

[V-9] Apel, Karl-Otto: Diskursethik als Verantwortungsethik – eine postmetaphysische Transformation der Ethik Kants, in: Schönrich, Gerhard/Kato, Yosushi (Hrsg.): Kant in der Diskussion der Moderne, Frankfurt am Main: Suhrkamp 1996, S. 326–359.

[V-10] Apel, Karl-Otto: Fallibilismus, Konsenstheorie der Wahrheit und Letztbegründung, in: Philosophie und Begründung, herausgegeben vom Forum für Philosophie Bad Homburg, Frankfurt am Main: Suhrkamp 1987, S. 116–211.

[V-11] Tugendhat, Ernst: Probleme der Ethik, Stuttgart: Reclam 1984.

[V-12] Leist, Anton: Die gute Handlung, Berlin: Akademie 2000.

[V-13] Düwell, Marcus: Moralischer Status, in: Düwell, Marcus/Hübenthal, Christoph/Werner, Micha H. (Hrsg.): Handbuch Ethik, Stuttgart/Weimar: Metzler 2002, S. 417–423.

[V-14] Habermas, Jürgen: Moralbewußtsein und kommunikatives Handeln, Frankfurt am Main: Suhrkamp 1983.

[V-15] Höffe, Otfried: Immanuel Kant (1724–1804), in: Höffe, Otfried (Hrsg.): Klassiker der Philosophie, Band II, München: C. H. Beck 1981, S. 7–39.

[V-16] Steigleder, Klaus: Kant, in: Düwell, Marcus/Hübenthal, Christoph/Werner, Micha H. (Hrsg.): Handbuch Ethik, Stuttgart/Weimar: Metzler 2002, S. 128–139.

[V-17] Werner, Micha H.: Diskursethik, in: Düwell, Marcus/Hübenthal, Christoph/Werner, Micha H. (Hrsg.): Handbuch Ethik, Stuttgart/Weimar: Metzler 2002, S. 140–151.

VI. Objektivismus und Realismus (II)

[VI-1] Willaschek, Marcus: Realismus, in: Prechtl, Peter/Burkard, Franz-Peter (Hrsg.): Metzler Philosophie Lexikon, Stuttgart/Weimar: Metzler 1996, S. 436–437.

[VI-2] Kutschera, Franz von: Grundlagen der Ethik, Berlin/New York: de Gruyter 1982.

[VI-3] Scheler, Max: Grammatik der Gefühle, ausgewählt und mit einem Vorwort herausgegeben von Paul Good, München: Deutscher Taschenbuch Verlag 2000.

[VI-4] Brentano, Franz: Vom Ursprung sittlicher Erkenntnis, mit Einleitung und Anmerkungen herausgegeben von Oskar Kraus, Hamburg: Meiner [4]1969.

[VI-5] Scheler, Max: Der Formalismus in der Ethik und die materiale Wertethik, Band 2 von Gesammelte Werke, Bern/München: Francke [6]1980.

[VI-6] Hartmann, Nicolai: Ethik, Berlin/Leipzig: de Gruyter & Co. 1926.

[VI-7] Mackie, John L.: Ethik. Auf der Suche nach dem Richtigen und Falschen, Stuttgart: Reclam 1981.

[VI-8] McDowell, John: Mind, Value & Reality, Cambridge: Harvard University Press 1998.

[VI-9] Blackburn, Simon: Errors and the Phenomenology of Value, in: Carson, Thomas L./Moser, Paul K. (Eds.): Morality and the Good Life, New York/Oxford: Oxford University Press 1997, S. 324–337.

[VI-10] Locke, John: An Essay concerning human understanding, mit einer Einleitung herausgegeben von Peter H. Nidditch, Oxford: Clarendon Press 1975; deutsche Ausgabe in zwei Bänden Hamburg: Meiner 1981.

[VI-11] Blackburn, Simon: Spreading the word, Oxford: Oxford University Press 1984.

[VI-12] Quante, Michael: Personales Leben und menschlicher Tod, Frankfurt am Main: Suhrkamp 2002.

[VI-13] Willaschek, Marcus: Der mentale Zugang zur Welt, Frankfurt am Main: Klostermann 2003.

[VI-14] Willaschek, Marcus (Hrsg.): Realismus. Paderborn: Schöningh (UTB) 2000.

[VI-15] Bennett, Jonathan: Locke, Berkeley, Hume – Central Themes, Oxford: Clarendon Press 1971.

[VI-16] Schaber, Peter: Moralischer Realismus, Freiburg/München: Alber 1997.

[VI-17] Dancy, Jonathan: Moral Reasons, Oxford/Cambridge: Blackwell 1993.

[VI-18] McNaughton, David: Moral Vision, Oxford/Cambridge: Blackwell 1988.

[VI-19] Murdoch, Iris: The Sovereignty of Good, London/Henley: Routledge & Kegan Paul 1970.

[VI-20] Carson, Thomas L./Moser, Paul K. (Eds.): Morality and the Good Life, New York/Oxford: Oxford University Press 1997.

[VI-21] Darwall, Stephen, Gibbard, Allan/Railton, Peter (Eds.): Moral Discourse and Practice, New York/Oxford: Oxford University Press 1997.

[VI-22] Scarano, Nico: Moralische Überzeugungen, Paderborn: Mentis 2001.

[VI-23] Siep, Ludwig: Konkrete Ethik, Frankfurt am Main: Suhrkamp 2004.

VII. Ethischer Naturalismus

[VII-1] Moore, George E.: Principia Ethica, Stuttgart: Reclam 1970.

[VII-2] Nagel, Ernest: The structure of science, London: Routledge & Kegan Paul 1961.

[VII-3] Bickle, John: Psychoneural Reduction, Cambridge/London: Bradford Book, MIT Press 1998.

[VII-4] Bayertz, Kurt: Evolution und Ethik, in: Bayertz, Kurt (Hrsg.): Evolution und Ethik, Stuttgart: Reclam 1993, S. 7–36.

[VII-5] Rosenberg, Alexander: Darwinism in Philosophy, Social Science and Policy, Cambridge: Cambridge University Press 2000.

[VII-6] Sober, Elliot: From a biological point of view, Cambridge: Cambridge University Press 1994.

[VII-7] Ruse, Michael/Wilson, Edward O.: Moral Philosophy as applied Science, in: Philosophy 61 (1986), S. 173–192.

[VII-8] Wilson, Edward O.: Sociobiology (the abridged edition), Cambridge: The Belknap Press 1980.

[VII-9] Kitcher, Philip: Vier Arten, die Ethik zu „biologisieren", in: Bayertz, Kurt (Hrsg.): Evolution und Ethik, Stuttgart: Reclam 1993, S. 221–242.

[VII-10] Wilson, Edward O.: Altruismus, in: Bayertz, Kurt (Hrsg.): Evolution und Ethik, Stuttgart: Reclam 1993, S. 133–152.

[VII-11] Axelrod, Robert: Die Evolution der Kooperation, Wien: Oldenbourg 1988.

[VII-12] Kropotkin, Peter: Gegenseitige Hilfe in der Tier- und Menschenwelt, Frankfurt am Main: Ullstein 1976.

[VII-13] Kropotkin, Peter: Ethik, Berlin: Karin Kramer 1976.

[VII-14] Hume, David: Ein Traktat über die menschliche Natur, Zwei Bände, Hamburg: Meiner 1978.

[VII-15] Timmons, Mark: Morality without Foundations, New York: Oxford University Press 1999.

[VII-16] Bayertz, Kurt (Hrsg.): Evolution und Ethik, Stuttgart: Reclam 1993.

[VII-17] Bayertz, Kurt: Der evolutionäre Naturalismus in der Ethik, in: Lütterfelds, Wilhelm (Hrsg.): Evolutionäre Ethik zwischen Naturalismus und Idealismus, Darmstadt: Wissenschaftliche Buchgesellschaft 1993, S. 141–165.

[VII-18] Engels, Eve-Marie: Evolutionäre Ethik, in: Düwell, Marcus/Hübenthal, Christoph/Werner, Micha H. (Hrsg.): Handbuch Ethik, Stuttgart/Weimar: Metzler 2002, S. 341–346.

[VII-19] Wilson, Edward O.: Biologie als Schicksal, Frankfurt am Main: Ullstein 1980.

[VII-20] Darwin, Charles: Die Abstammung des Menschen. Stuttgart: Kröner 1982.

[VII-21] Spencer, Herbert: The Principles of Ethics, zwei Bände New York: D. Appleton & Company 1893.

[VII-22] Siep, Ludwig: Was ist Altruismus?, in: Bayertz, Kurt (Hrsg.): Evolution und Ethik, Stuttgart: Reclam 1993, S. 288–306.

[VII-23] Engels, Eve-Marie: Herbert Spencers Moralwissenschaft – Ethik oder Sozialtechnologie?, in: Bayertz, Kurt (Hrsg.): Evolution und Ethik, Stuttgart: Reclam 1993, S. 243–287.

[VII-24] Engels, Eve-Marie: George Edward Moores Argument der „naturalistic fallacy" in seiner Relevanz für das Verhältnis von philosophischer Ethik und empirischen Wissenschaften, in:

Eckensberger, Lutz H./Gähde, Ulrich (Hrsg.): Ethische Norm und empirische Hypothese, Frankfurt am Main: Suhrkamp 1993, S. 92–132.

[VII-25] Quante, Michael: Natur, Natürlichkeit, und der naturalistische Fehlschluß, in: Zeitschrift für medizinische Ethik 40 (1994), S. 289–305.

[VII-26] Rorty, Richard: Ist Naturwissenschaft eine natürliche Art?, in: Rorty, Richard: Eine Kultur ohne Zentrum, Stuttgart: Reclam 1993, S. 13–47.

[VII-27] Sorley, W.R.: The Ethics of Naturalism. London: William Blackwood & Sons [2]1904.

VIII. Haupttypen der Ethik

[VIII-1] Broad, Charles D.: Five Types of Ethical Theory, London: Kegan Paul 1930.

[VIII-2] Frankena, William K.: Analytische Ethik, München: Deutscher Taschenbuch Verlag 1972.

[VIII-3] Nida-Rümelin, Julian: Kritik des Konsequentialismus, München: Oldenbourg 1993.

[VIII-4] Pence, Greg: Virtue theory, in: Singer, Peter (Ed.): A Companion to Ethics, Oxford: Blackwell 1991, S. 249–258.

[VIII-5] Oakley, Justin/Cocking, Dean: Virtue Ethics and Professional Roles, Cambridge: Cambridge University Press 2001.

[VIII-6] Kuhse, Helga: Die „Heiligkeit des Lebens" in der Medizin, Erlangen: Harald Fischer 1994.

[VIII-7] Quante, Michael: Personales Leben und menschlicher Tod, Frankfurt am Main: Suhrkamp 2002.

[VIII-8] Birnbacher, Dieter: Utilitarismus/Ethischer Egoismus, in: Düwell, Marcus/Hübenthal, Christoph/Werner, Micha H. (Hrsg.): Handbuch Ethik, Stuttgart/Weimar: Metzler 2002, S. 95–107.

[VIII-9] Anscombe, G. Elisabeth M.: Moderne Moralphilosophie, in: Grewendorf, Günther/Meggle, Georg (Hrsg.): Seminar: Sprache und Ethik. Zur Entwicklung der Metaethik, Frankfurt am Main: Suhrkamp 1974, S. 217–243.

[VIII-9] MacIntyre, Alasdair: Der Verlust der Tugend, Darmstadt: Wissenschaftliche Buchgesellschaft 1988.

[VIII-10] Aristoteles: Nikomachische Ethik. Verfügbare deutsche Ausgaben: (1) Übersetzt von Franz Dirlmeier, Berlin: Akademie 1959. (2) übersetzt von Olof Gigon erschienen im Deutschen Taschenbuch Verlag (München); (3) übersetzt von E. Rolfes erschienen im Meiner Verlag (Hamburg).

[VIII-11] Ross, William David: The Right and the Good, Oxford: Clarendon Press 1930.

[VIII-12] Bentham, Jeremy: An introduction to the principles of morals and legislation, Oxford: Clarendon Press 1996.

[VIII-13] Mill, John Stuart: Der Utilitarismus, Stuttgart: Reclam 1976.

[VIII-14] Sidgwick, Henry: The methods of ethics, Indianapolis/Cambridge: Hackett Publishing Company 1981.

[VIII-15] Rashdall, Hastings: The Theory of Good and Evil, 2 Bände, Oxford: Clarendon Press 1907.

[VIII-16] Hare, Richard Marvin: Moralisches Denken: seine Ebenen, seine Methoden, sein Witz, Frankfurt am Main: Suhrkamp 1992.

[VIII-17] Gähde, Ulrich & Schrader, Wolfgang H. (Hrsg.): Der klassische Utilitarismus. Einflüsse – Entwicklungen – Folgen, Berlin: Akademie 1992.

[VIII-18] Smart, John J.C./Williams, Bernard: Utilitarianism for and against, Cambridge: Cambridge University Press 1973.

[VIII-19] French, Peter/Uehling, Theodore/Wettstein, Howard (Eds.): Ethical Theory: Character and Virtue (= Midwest Studies in Philosophy, Volume XIII), Notre Dame: University of Notre Dame Press 1988.

[VIII-20] Kruschwitz, Robert/Roberts, Robert (Eds.): The Virtues: Contemporary Essays on Moral Character, Belmont: Wadsworth 1987.

[VIII-21] Wolf, Ursula: Aristoteles' „Nikomachische Ethik", Darmstadt: Wissenschaftliche Buchgesellschaft 2002.

IX. Begründung in der Ethik

[IX-1] Williams, Bernard: Ethics and the Limits of Philosophy, London: Fontana Press 1985.

[IX-2] Descartes, René: Meditationen über die Grundlagen der Philosophie mit den sämtlichen Einwänden und Erwiderungen, Hamburg: Meiner 1972.

[IX-3] Wolf, Ursula: Die Suche nach dem guten Leben, Reinbek bei Hamburg: Rowohlt 1996.

[IX-4] Platon: Apologia Sokratous. Verfügbare deutsche Ausgaben: (1) Griechisch-deutsch herausgegeben von Gunther Eigler in Platon, Werke in acht Bänden. Band 2, Darmstadt: Wissenschaftliche Buchgesellschaft [3]1990. (2) herausgegeben von Ursula Wolf in Platon, Werke in vier Bänden. Band 1, Reinbek: Rowohlt 1994, (3) herausgegeben von Karlheinz Hülser, Sämtliche Werke in zehn Bänden. Band 1, Frankfurt: Insel 1991.

[IX-5] Siep, Ludwig/Quante, Michael: Der Umgang mit dem beginnenden menschlichen Leben, Münster: LIT 2003.

[IX-6] Quante, Michael: Präimplantationsdiagnostik, Stammzellforschung und Menschenwürde, Bochum: Zentrum für Medizinische Ethik 2002.

[IX-7] Quante, Michael/Vieth, Andreas: Konkrete Ethik, in: Gesang, Bernward (Hrsg.): Biomedizinische Ethik, Paderborn: Mentis 2002, S. 62–85.

[IX-8] Brandom, Robert B.: Making it explicit, Cambridge: Harvard University Press 1994.

[IX-9] Bayertz, Kurt: Einleitung: Warum moralisch sein?, in: Bayertz, Kurt (Hrsg.): Warum moralisch sein?, Paderborn: Schöningh (UTB) 2002, S. 9–33.

[IX-10] Platon: Theaitetos. Verfügbare deutsche Ausgaben: (1) Griechisch-deutsch herausgegeben von Gunther Eigler in Platon, Werke in acht Bänden. Band 6, Darmstadt: Wissenschaftliche Buchgesellschaft [3]1990. (2) herausgegeben von Ursula Wolf in Platon, Werke in vier Bänden. Band 3, Reinbek: Rowohlt 1994, (3) herausgegeben von Karlheinz Hülser, Sämtliche Werke in zehn Bänden. Band 6, Frankfurt: Insel 1991.

[IX-11] Feyerabend, Paul: Irrwege der Vernunft, Frankfurt am Main: Suhrkamp 1989.

[IX-12] William, Bernard: Der Begriff der Moral. Eine Einführung in die Ethik, Stuttgart: Reclam 1978.

[IX-13] Foot, Philippa: Die Wirklichkeit des Guten, Frankfurt am Main: Fischer Taschenbuch Verlag 1997.

[IX-14] Wong, David: Moral Relativity, Berkeley: University of California Press 1984.

[IX-15] Quante, Michael: Existentielle Verpflichtung und Toleranz, in: Raters, Marie-Luise/Willaschek, Marcus (Hrsg.): Hilary Putnam und die Tradition des Pragmatismus, Frankfurt am Main: Suhrkamp 2002, S. 344–362.

[IX-16] Quante, Michael/Vieth, Andreas: In defence of principlism well understood, in: Journal of Medicine and Philosophy 27 (2002), S. 623–651.

[IX-17] Bayertz, Kurt: Moral als Konstruktion, in: Kampits, Peter/Weiberg, Anja (Hrsg.): Angewandte Ethik/Applied Ethics, Wien: Hölder, Pichler, Temsky 1998, S. 73–89.

[IX-18] McNaughton, David: Moral Vision, Oxford/Cambridge: Blackwell 1988.

[IX-19] Vieth, Andreas: Intuition, Reflexion, Motivation – zum Verhältnis von Situationswahrnehmung und Rechtfertigung in der Ethik. Freiburg/München: Alber (im Erscheinen).

[IX-20] Ross, William David: Foundations of Ethics, Oxford: Clarendon Press 1939.

[IX-21] Bieri, Peter (Hrsg.): Analytische Philosophie der Erkenntnis, Frankfurt am Main: Athäneum 1987.

[IX-22] Badura, Jens: Kohärentismus, in: Düwell, Marcus/Hübenthal, Christoph/Werner, Micha H. (Hrsg.): Handbuch Ethik, Stuttgart/Weimar: Metzler 2002, S. 194–205.

[IX-23] Krausz, Michael/Meiland, Jack W. (Eds.): Relativism. Cognitive and Moral, Notre Dame: University of Notre Dame Press 1989.

[IX-24] Ladd, John (Ed.): Ethical Relativism, Lanham: University Press of America 1973.

[IX-25] Moser, Paul K./Carson, Thomas L. (Eds.): Moral Relativism, Oxford: Oxford University Press 2000.

[IX-26] Rippe, Klaus Peter: Relativismus, in: Düwell, Marcus/Hübenthal, Christoph/Werner, Micha H. (Hrsg.): Handbuch Ethik, Stuttgart/Weimar: Metzler 2002, S. 481–486.

X. Freiheit, Verantwortung und Determinismus

[X-1] Kane, Robert: The Significance of Free Will, New York: Oxford University Press 1996.

[X-2] Quante, Michael: Freiheit, Autonomie und Verantwortung in der neueren analytischen Philosophie, in: Philosophischer Literaturanzeiger 51 (1998), S. 281–309 (Teil I) und S. 387–414 (Teil II).

[X-3] Kristjánsson, Kristján: Social Freedom, Cambridge: Cambridge University Press 1996.

[X-4] Baumann, Peter: Die Autonomie der Person, Paderborn: Mentis 2000.

[X-5] Pothast, Ulrich: Die Unzulänglichkeit der Freiheitsbeweise, Frankfurt am Main: Suhrkamp 1980.

[X-6] Schopenhauer, Arthur: Die beiden Grundprobleme der Ethik, in: Sämtliche Werke, herausgegeben von Arthur Hübscher, Band 4, Wiesbaden: Brockhaus 1972; weitere verfügbare Ausgabe: herausgegeben von Hans Ebeling im Meiner Verlag (Hamburg).

[X-7] Quante, Michael: Philosophische Freiheiten, in: Mischer, Sibille/Quante, Michael/Suhm, Christian (Hrsg.): Auf Freigang, Münster: LIT 2003, S. 11–37.

[X-8] Moore, George Edward: Ethics, New York: Henry Holt & Company 1912.

[X-9] Rheinwald, Rosemarie: Eine konditionale Analyse von Freiheit – Bündel von kontrafaktischen Aussagen, in: Mischer, Sibille/Quante, Michael/Suhm, Christian (Hrsg.): Auf Freigang, Münster: LIT 2003, S. 175–198.

[X-10] Rohs, Peter: Libertarianische Freiheit, in: Mischer, Sibille/Quante, Michael/Suhm, Christian (Hrsg.): Auf Freigang, Münster: LIT 2003, S. 39–60.

[X-11] Guckes, Barbara: Ist Freiheit eine Illusion?, Paderborn: Mentis 2003.
[X-12] Kane, Robert (Ed.): The Oxford Handbook of Free Will, New York: Oxford University Press 2002.
[X-13] Fischer, John Martin/Ravizza, Mark: Responsibility and Controll, Cambridge: Cambridge University Press 1998.
[X-14] Mele, Alfred R.: Autonomous Agents, New York: Oxford University Press 1995.
[X-15] Van Inwagen, Peter: An Essay on Free Will, Oxford: Clarendon Press 1983.
[X-16] O'Connor, Thimothy (Ed.): Agents, Causes, Events, New York: Oxford University Press 1995.
[X-17] Fischer, John Martin: The metaphysics of free will, Oxford: Blackwell Publishers 1994.
[X-18] Betzler, Monika/Guckes, Barbara (Hrsg.): Autonomes Handeln, Berlin: Akademie 2000.
[X-19] Fischer, John Martin/Ravizza, Mark (Eds.): Perspectives on Moral Responsibility, Ithaca: Cornell University Press 1993.
[X-20] Fischer, John Martin: Moral Responsibility, Ithaca: Cornell University Press 1986.
[X-21] Wolf, Susan: Freedom within Reason, New York: Oxford University Press 1990.
[X-22] Fischer, John Martin (Ed.): God, Foreknowledge, and Freedom, Stanford: Stanford University Press 1989.

Wichtige Fachzeitschriften zur Ethik

- Ethical Theory and Moral Practice
  http://www.kluweronline.com/issn/13 86–2820
- Ethics
  http://www.jstor.org/journals/00141 704.html
- Erwaegen Wissen Ethik
  http://www.luciusverlag.com
  http://iug.uni-paderborn.de/ewe/ind ex.html
- Jahrbuch für Wissenschaft und Ethik
  http://www.degruyter.de/journals/jb we/
- Journal of Ethics
  http://www.kluweronline.com/issn/13 82–4554
- Journal of Value Enquiry
  http://www.kluweronline.com/issn/00 22–5363
- Philosophy and Public Affairs
  http://muse.jhu.edu/journals/philos ophy_and_public_affairs/
  http://www.jstor.org/journals/00483 915.html
- Social Philosophy and Policy
  http://www.bgsu.edu/offices/sppc/jo urnal.htm

Namenregister

Sachregister

In diesem Register sind nicht alle Vorkommnisse der verzeichneten Begriffe erfasst, sondern nur solche Stellen, die entweder definitorischen Charakter haben oder zentrale inhaltliche Bestimmungen enthalten.

Einführungen Philosophie

Die Reihe wird bis Herbst 2005 abgeschlossen sein und umfasst folgende weitere Bände:

Bereits erschienen:

B 15461-4 Michael Esfeld
Einführung in die Naturphilosophie

In Planung:

B 15460-6 Ali Behboud
Einführung in die Logik

B 15466-5 Christoph Horn
Einführung in die Politische Philosophie

B 15471-1 Winfried Löffler
Einführung in die Religionsphilosophie

B 15458-4 Uwe Meixner
Einführung in die Ontologie

B 15467-3 Jean-Christophe Merle
Einführung in die Rechtsphilosophie

B 15459-2 Albert Newen/Markus Schrenk
Einführung in die Sprachphilosophie

B 15469-X Maria Elisabeth Reicher
Einführung in die Philosophische Ästhetik

B 15457-6 Christina Runtenberg
Einführung in Didaktik und Methodik der Philosophie

B 15473-8 Ralf Schumacher
Einführung in die Erkenntnistheorie

B 15462-2 Gerhard Schurz
Einführung in die Wissenschaftstheorie

B 15470-3 Christian Thies
Einführung in die Philosophische Anthropologie

B 15465-7 Andreas Vieth
Einführung in die Angewandte Ethik

B 15468-1 Alejandro G. Vigo
Einführung in die Philosophische Hermeneutik

B 15472-X Thomas Zwenger
Einführung in die Geschichtsphilosophie